书香中国 全民阅读推广丛书（第二辑）

朱永新　徐　雁 ◎ 主编

分地阅读

读 物 联 通 文 脉

凌冬梅　郑闰辉　朱　琳　林肖锦 ◎ 编著

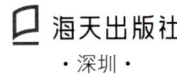
海天出版社

· 深圳 ·

图书在版编目（CIP）数据

分地阅读：读物联通文脉 / 凌冬梅等编著. —深圳：海天出版社，2020.1

（书香中国·全民阅读推广丛书 / 朱永新，徐雁主编. 第二辑）

ISBN 978-7-5507-2777-9

Ⅰ.①分… Ⅱ.①凌… Ⅲ.①读书活动—研究—中国 Ⅳ.①G252.17

中国版本图书馆CIP数据核字(2019)第216706号

分地阅读： 读物联通文脉

FENDI YUEDU: DUWU LIANTONG WENMAI

出 品 人	聂雄前
出 版 策 划	于志斌
项目负责人	孙 艳
责 任 编 辑	曾韬荔
责 任 技 编	梁立新
封 面 设 计	知行格致

出 版 发 行	海天出版社
地 址	深圳市彩田南路海天综合大厦（518033）
网 址	www.htph.com.cn
订 购 电 话	0755-83460239（邮购、团购）
设 计 制 作	深圳市龙墨文化传播有限公司（电话：0755-83461000）
印 刷	深圳市希望印务有限公司
开 本	787mm×1092mm 1/16
印 张	16.75
字 数	250千
版 次	2020年1月第1版
印 次	2020年1月第1次
定 价	70.00元

我心目中理想的"书香社会"

◎ 朱永新

　　人们都在说"倡导全民阅读，建设书香社会"。那么，所谓"书香社会"到底应该是什么模样呢？阿根廷国家图书馆前馆长、著名文学家博尔赫斯说过："如果有天堂，天堂应该是图书馆的模样！"既然天堂的模样就是图书馆的模样，那么也该是"书香社会"的模样了。不过，"天堂"终究是一个抽象概念，实在地说，我心目中的"书香社会"，一定是一个全民阅读的社会，它至少该有以下四个方面的特征：第一，人人溢书香；第二，处处有书香；第三，时时闻书香；第四，好书飘书香。用这四个标准，大致可以来评估一个地方、一个社区乃至一个社会，究竟是不是"书香社会"。

一、人人溢书香

　　全民阅读，从书香家庭到书香社区，从书香学校到书香机关，从书香企业到书香乡村……它应该是全方位，涉及所有人群的。从群体来说，重点有三个方面，即领导、教师与儿童。所以，领导带头读、亲子共读与师生共读，在全民阅读中具有特别重要的作用。

　　第一，书卷气也是领导力。作为领导人来说，阅读是非常重要的，它是领导能力的重要构成部分。衡量一个领导，最重要的就是他的思维能力和决策能力，是他的视野与胸怀。这些能力从哪里来？最重要的是从阅读中来。

当然，领导干部带头读书不仅仅是为了胜任工作。陶行知先生说，人生为一大事来。我把这"大事"理解为"看风景"。人类有两种风景：自然的风景和精神的风景。"行万里路"，是为了看自然的风景；"读万卷书"，是为了看精神的风景。自然的风景是有限的，精神的风景却是没有边际的，这才是无限风光的顶峰。如果静心想想就能发现，在温饱的基础上，人们所追求的一切幸福，归根结底都是为了精神上的幸福。领导干部读书，可以帮助他们拥有宁静的心态、从容的心情、理智的头脑、开放的胸怀，拥有这些无限的精神财富，也就拥有了更为丰富和幸福的人生。

领导干部读书，不仅仅是为了胜任工作，也是为了让自己的人生丰富多彩。领导干部阅读不仅能够有助于科学决策，本身也能率先垂范，引领风尚。领导干部读书有一个特别的作用——对社会有示范作用，上有所行，下有所效。领导干部在讲话里引用什么书，他正在读什么，会从相当程度上影响到一个部门甚至一个城市的阅读风气。从"学习型政党"到"学习型社会"，正体现了这样的示范与推动。

第二，教师要读书。要有教育智慧，没有教育的情怀是成为不了好老师的，而这些都需要通过阅读来获得。在你教室里发生的故事，在其他教室里早就发生过了。人类数千年积累的文明智慧，就在伟大的书里，这些伟大的书就在图书馆里。教师要读书，这是"书香社会"建设中的关键人群，关键人群抓好了，整个社会的推动力就会很强。

教师读书不仅是寻求教育思想的营养，教育智慧的源头，也是情感与意志的冲击与交流。从过去的教育家的著作中，教师可以学习的东西很多。有心的教师会认真阅读教育的重要文献，认真学习不同时代教育家的人生理想与人格力量。读书会让我们的教师更加善于思考，远离浮躁，从而让我们的教师更加有教育的智慧，让我们的教育更加美丽。

在当今社会，教师阅读能够让教育行为更科学，更能够带动孩子阅读。孩子怎么读书？就像群众看领导一样，孩子看老师。有一个爱读书的老师，才会有一群爱读书的孩子，才能帮助孩子真正养成阅读的兴趣和习惯。阅读不仅仅是语文老师的事情，也是所有学科老师的事情。科学、人文、艺术等学科，如果没有爱阅读的教师，永远培养不出爱阅读的学生。阅读正是让教师们站在大师的肩膀上前行的有效途径。

第三，青少年阅读直接影响着未来的"书香社会"建设。一个人一生阅读的种子，可能是在青少年时期才能真正扎根。我曾经讲过两句话："童年的秘密我们远远没有发现，童书的价值我们远远没有认识。"我到过全国很多图书馆，到图书馆以后，首先关注的就是少儿图书馆。不管哪个图书馆，它都必须高度重视青少年的阅读，尤其是儿童阅读。

人在 14 岁以前的阅读体验，对孩子的成长也是至关重要的。人生以后的历程，只不过是前面 14 年所阅读的东西的展开。事实上，孩子长大以后，是用 14 岁以前所阅读的东西、所体验的东西、所经历的东西，用从书本当中获得的基本价值观，用感恩、慈善、友爱等这些最伟大的观念和知识在建设未来。

儿童阅读到底具有什么样的价值？惠特曼说过，有一个孩子每天向前走去，他最初看见并且感受到了什么，他就会成为什么，他的所见所感成了他生命的一部分。这说明早期的阅读对一个人的影响是刻骨铭心的。格林在《童年的消逝》一书中也说过，或许只有童年读的书，才会对人生产生深刻的影响。孩提时，所有的书都是"预言书"，告诉我们有关未来的种种。

从人生前 14 年所读的书中，我们获得激励与启示。人生前 14 年阅读的书，将会对人生产生重要的影响，所以应该让阅读的种子在青少年时期扎根，在青少年时期产生精神的饥饿感，养成阅读的兴趣与习惯。

二、处处有书香

"书香社会"应该是阅读非常便利的社会。政府应该为全民提供良好的阅读条件，在社区、学校、城市、乡村建设合格的图书馆。公共图书馆具备优质的服务体系，人们随时随地可以读书、借书，良好的阅读条件与阅读设施，可以为人们阅读提供最大的便捷。

一个城市的中心图书馆，就是所在城市的"精神会客厅"。对于一个城市来说，公共图书馆是保存、保护和弘扬地方文化，为当地读者提供方便快捷的公共文化服务的场所。一个城市有没有文化品位，这个温馨的"精神会客厅"很重要。

随着社会的发展，不仅要有社区图书馆，还要有民间的阅读空间，生活在社区中的居民要如何才能便捷地获得书，图书馆又该如何跟社区联动、互动？这些都是值得思考的问题。社区图书馆是人们的"精神驿站"，如果能够与藏书丰富的市级图书馆有效合作，流动方便，会更加有利于"书香社会"形成。

实体书店是一个城市的精神风景线。一个城市、一个区域有没有书店，这是建设"书香社会"最基本的条件。今后我们要评估"书香城市"，衡量是不是"书香社区"，首先要看这个地方有没有好的书店，买书是否方便。一个城市有没有文化，有没有品位，在于这座城市有没有一些上档次的、够水准的书店。实体书店在一定程度上也是"精神家园"之一，爱书的人可以在这里聚集。无论时代怎么变，我都希望实体书店能保留自己的人文特色，成为所在城市的风景线。

家庭是社会的细胞，阅读习惯和阅读风气必须从家庭开始传承。我们在推广"书香校园"建设的过程中发现，要建设"书香校园"，"书香家庭"的营造非常关键。有爱读书的父亲，有爱读书的母亲，常常就会有爱读书的孩子。这样的孩子上学以后，他对阅读的兴趣，他的阅读习惯与阅读能力已经初步形成了，这就为学校推广阅读打下了坚实的基础。

韩国在 20 世纪 50 年代，曾经发起"以书柜代替酒柜"的运动。韩国在经济起飞之后，许多富裕的家庭都拥有了酒柜，但没有书柜，于是有了这个口号。我一直梦想着，有一天中国所有的家庭至少有一个书柜，让"书香门第"成为中国永远的传统。什么叫"书香门第"？中国古代的书都是如传家宝一般，代代相传。父亲喜欢什么样的书，传递给孩子，父子间就有了共同语言，所以家庭阅读很重要。

我们的"新教育学校"要求所有孩子都要为自己建一个图书架，在不断阅读的过程中慢慢增加一些书。拥有更多书籍的孩子，就如拥有了一个小图书馆。孩子如果有了永远属于自己的书，等他老的时候还会如数家珍，娓娓道来，作为传家宝一般传授给他的孩子。

"留守儿童"在没有人陪伴的时候，好书应该是陪伴他们最好的朋友。如果有一批温馨的童书伴随他们成长，那孩子们便能获得一点精神的慰藉。书虽然代替不了妈妈，但是书可以成为他的好伙伴。

学生的精神世界如何，在很大程度上与他们的阅读生活有关。学校图书馆就是青少年的精神食堂，食堂的环境和饭菜的质量，直接影响着学生们的成长。我希望有关部门能够建立科学的中国中小学图书馆基本配置，这是保障我们国家青少年健康成长的基本精神营养。希望有关专家和部门携起手来一起做这件事，为书香飘逸校园尽一份力。

尽管现在很多单位的图书馆（阅览室）已经取消了，但我还是主张每个单位要有图书馆（阅览室），它们可以在工作之余成为员工们的"精神加油站"。

现在各地为客房提供书籍的宾馆越来越多，其关键在于如何选书。宾馆客房里要设置小书架，要有一二十本好书和新书。如果有一个城市用心去做好这件事，那么，这个城市南来北往的宾馆，完全可以成为流动的"精神驿站"。

"农家书屋"，应该建设成为乡村的"精神驿站"。我建议应该把"农家书屋"与乡村小学相结合，把书屋建到村小里。让村小的孩子有书读，多读书，读好书。

三、时时闻书香

作为阅读的主体，我们每个人应利用一切可能的时间读书。要想找到读书的时间，首先在思想上，必须真正把阅读当作最重要的事情。我自己的体会是，一天再忙也要挤出 20 分钟读下书，即使是儿童图书。

自来水是压出来的，时间是挤出来的。时间抓起来就是黄金，抓不起来就是流水。要想有时间读书，学会利用零碎时间也非常重要。欧阳修有所谓"三上"读书之说，是很重要的经验之谈。其"马背上"，相当于如今的在坐车旅途中阅读；"枕头上"，也就是睡前阅读；至于"厕座上"，是利用在卫生间如厕的时间阅读。

媒体在阅读推广中具有不可替代的重要作用，应该尽可能把黄金时间留给阅读。现在的媒体是 24 小时不间断的，过去人们在灯光下阅读的时间被电视等媒体占用了。希望电视台把更多的"黄金时段"用来推荐好的诗篇，好的散文，好的书籍。国际上很多著名的媒体机构、报纸、杂志、电视、电台都是把"黄金时段"留给读书的，也因而形成了一批"独立书评人"，通过他们与大众进行对话，让更多的好书为人们所熟悉，也因此熏陶出一批真正爱书的人。

节假日是读书的大好时段。既要看好山丽水，更要读好书佳作。我们生活在两个世界，一个是物质世界，有好山丽水；一个是精神世界，有好书佳作。人生有两道风景，好书佳作的风景，绝不亚于好山丽水的风景。"行万里路"，是为了看好山丽水；"读万卷书"，是为了看好书佳作。两者相辅相成，都可以给我们的心灵以滋养。

自 2003 年起，我一直在各种场合呼吁要设立"国家阅读节"，在全社会营造良好的阅读氛围，唤醒国民的阅读意识，让阅读变成我们中国人的一种日常生活方式，共同把阅读进行到底。

四、好书飘书香

"书香社会"，是一个品质阅读的社会。

如今出版物鱼龙混杂，图书浩如烟海，好书难以追寻，因此"读什么"的问题，已经上升到比阅读本身更重要的位置。正是基于这一现状，我们专门成立了"新阅读研究所"，为幼儿、小学生、初中生、高中生、大学生、父母、教师、企业家、领导人与公务员等不同的人群分别选择阅读书目。

近年来，我们一直在做对应幼儿、小学生、初中生、高中生、大学生、教师、父母、企业家、领导干部的基础阅读书目，有的还正式出版了"导赏手册"。每种书目保持 100 本的基础，我相信这是最好的书目。因为我们会很用心为大家去选，庞大的专家团队会对每本书进行认真研究。

毋庸讳言，当前的"书香社会"建设还存在一些问题：一是人们的思想认识和觉悟还没有到位，没能形成"共识"和"合力"；二是各级政府公共财政投入的资金支持不到位；三是各地围绕"书香社会"组织的一些活动还流于形式。因此，我们应该从如下几个方面来解决：中央和地方政府要大力推动，社会各界要积极参与，还应该成立全民阅读推广的专业机构，如中国阅读学会等，已有的中国图书馆学会阅读推广委员会等组织要积极引领，还要发挥民间阅读组织的作用。

总之，"书香社会"的形成是一个系统工程，需要全社会的共同推动。由"书香家庭"和"书香校园"奠定社会的基础，由图书馆系统作为"书香社会"的枢纽，由媒体积极推广优良读物，发挥好领导干部、教师、家长的关键性作用，共同在儿童和青少年阅读上下功夫，就一定能够逐步推进整个社会的书香构建。

"书香中国·全民阅读推广丛书"（第一辑），是由现任国务院参事室参事王京生先生与中国阅读学研究会名誉会长、南京大学博士生导师徐雁教授共同主编的，于 2017 年 4 月在海天出版社出版。具体包括四种，即《书香社会：全民阅读导论》（周燕妮、聂凌睿、马德静编著）、《书香传家：家庭阅读指南》（万宇、周晓舟、李海燕、曹娟编著）、《书香满园：校园阅读推广》（钱军、蔡思明、张思瑶编著）、《书香在线：数字阅读导航》（陈亮、连朝曦、张婷编著）。

为此，我很乐意与徐雁教授联名主编"书香中国·全民阅读推广丛书"的第二辑。本辑共有六种：《分级阅读：读物提升幸福》（尹士亮、李海燕、王成玥、蒋小峰著）、《分众阅读：读物给养头脑》（万宇、王奕著）、《分类阅读：读物优化气质》（周燕妮、唐曦、石莹、王碧蓉编著）、《分时阅读：读物愉悦性情》（蔡思明、江少莉、陈欣、章笑笑编著）、《分地阅读：读物联通文脉》（凌冬梅、郑闯辉、朱琳、林肖锦编著）、《分校阅读：读物增益才华》（徐雁、张思瑶、张麒麟、冯展君编著）。每一部书稿，都在 20 万字左右。

"书香中国·全民阅读推广丛书"（第二辑）的编著者以"分级""分众""分类""分时""分地"及"分校"的理念，从不同的视角、不同的层面，共同关切着读物对于读者的心智影响，从而在不同程度上深化了全民阅读的基本理念，细化了全民阅读推广的具体方法。书中还通过总结各级各类图书馆的阅读推广经验，具体解析各有特色的阅读推广案例，充实和丰富了阅读文化学的内涵，相信在问世之后，会受到广大图书馆读者和全民阅读界人士的欢迎。

我期待着海天出版社坚持多年的包括"书香中国·全民阅读推广丛书"在内的书香品牌，能够可持续地组稿编辑、出版发行下去，为促进"全民阅读"，建设"学习型社会"，源源不断地提供优良的读物和精粹的精神食粮。

我们期待着"书香中国·全民阅读推广丛书"（第二辑），能够对"促进全民阅读，建设学习型社会"的进程有所贡献，更期待着读者们的批评和教正。

（作者系全国政协常务委员兼副秘书长、中国民主促进会中央委员会副主席）

上编　导论

003　第一章　地方文献与文脉传承

005　第一节　地方文献及其类型

013　第二节　地方文献与文脉传承

017　第二章　图书馆地方文献资源建设

019　第一节　纸质文献整理与收藏

023　第二节　特色数据库开发与建设

035　第三章　图书馆分地阅读推广

037　第一节　分地阅读推广及其意义

041　第二节　图书馆分地阅读推广方式

中编　地域文化与分地读物

051　第四章　地域文化与分地读物

053　第一节　齐鲁文化之书香

061　第二节　荆楚文化之书香

069　第三节　三晋文化之书香

078　第四节　三秦文化之书香

086　第五节　吴越文化之书香

094　第六节　中原文化之书香

102　第七节　巴蜀文化之书香

112　第八节　燕赵文化之书香

121　第九节　关东文化之书香

130　第十节　草原文化之书香

139　第十一节　岭南文化之书香

146　第十二节　闽台文化之书香

155　第十三节　西域文化之书香

下编　图书馆分地阅读推广案例与实践

165　第五章　分地阅读推广模式

167　第一节　公共图书馆类
191　第二节　高校图书馆类

209　第六章　分地阅读推广馆刊

211　第一节　分地馆刊的功能与特色
216　第二节　主要分地阅读推广馆刊
228　第三节　分地馆刊的提升策略

233　第七章　新世纪以来分地阅读推广活动推介
249　后　记

读物联通文脉

上编

导论

地方文献作为地域文化的最重要载体，是地域文脉最核心、最精髓、最流传有序的文化载体，即地域文脉所系，其传播关乎地方文脉的存亡绝续。图书馆作为文化机构，肩负人类文化遗产保存、开发、传播的职责，理应承担起"分地阅读"之重任。每位读者都来自不同的地域，都拥有各自的祖籍、故土和家乡；而图书馆则拥有在品种和数量上，都有一定优势的乡土读物和地方文献资源。这便是图书馆开展"分地阅读推广"所依据的社会现实和文化事实。

第一章

地方文献与文脉传承

地方文献及其类型

地方文献与文脉传承

地方文献是地域文化的最重要载体，极具史料价值和学术价值，其丰富与否是衡量地域文化遗存和地域文化发展的关键标尺。地域文化从起源延续至今，称之为地域文脉。地方文献的传播关乎地方文脉的存亡绝续。

第一节　地方文献及其类型

　　地方文献是某一地域内自然现象、社会现象以及人的群体活动方式的记录，具有区域性、历史资料性等特征，内容上包罗万象，上自天文，下及地理，旁及社会、人文领域等各个方面，是人们认识某地域的工具，具有重要的史料价值和学术价值。"地方文献"概念的提出最早源自我国图书馆界地方文献事业奠基人杜定友："地方文献是指有关本地方的一切资料，表现于各种记载形式的，如图书、杂志、报纸、图片、照片、画片、唱片、拓片、表格、传单、票据、手稿、印模、簿籍，等等。"后之学者在此基础上对地方文献概念多有研究，据统计其定义不下 200 种[①]。对地方文献类型的划分亦多有探讨，如按文献著述形式可分为地方政府发布的工作报告（如文件、通告、白皮书等）、地方统计年鉴与统计公报、地方年鉴、地方志、地方史、地方档案、地方百科全书、地方丛书、地方著述、地方报刊、回忆录、传记、家谱、地方人事碑志、地方图录、地方音像资料、网络地方资料等；按出版形式可分为公开出版物、非公开出版物及背景资料（如书信、手稿、日记、文书等）；按所属文献层面可分为方志层面、家族层面及个人层面的地方文献[②]（本书参照此法对主要的地方文献进行概述）。

一、方志层面的地方文献

　　方志层面的地方文献主要有地方志、地方史、地方年鉴、地方百科全书等

---

① 黄俊贵.地方文献工作刍论.中国图书馆学报，1999（1）：54-59，72.

② 邹建军.地方文献与文学地理学研究领域的拓展.武汉科技大学学报（社会科学版），2018（1）：109-116.

文献。

　　地方志简称方志，"是认识和分类记述特定区域情况的资料性著述"①，亦有图经、传、录、乘、考、书、簿等别名异称，是我国优秀文化典籍之一，具有"资政""存史""教化"等功能，是该层面最重要的一类。据学者统计，我国古代方志总量已知者有1万多种、11万多卷，约占全部典籍的1/10。②我国地方志大约起源于周朝，当时已有专门编纂地方志书的史官。据《周礼》记载：小史掌管"邦国之志"，外史掌管"四方之志"，小史、外史即管理地方志的官吏；至西晋时基本成熟，从《三国志》的《魏志》《蜀志》《吴志》到《华阳国志》，已是地地道道的地方志；南北朝时期，政书体开始成为地方志书的一种体系形式；北宋、辽、西夏时期发展至成熟，其中宋朝地方志达600余种；明清时期更为繁荣，明朝皇帝亲自下诏，云"天下郡县卫所皆修志"，且颁布了《纂修志书凡例》以规范地方志书编纂工作，清代编纂的地方志达6000多种；民国时期，在三民主义、马克思主义的影响下出现不同风格的地方志；中华人民共和国成立以来，地方志的修撰进入新阶段，除各省、市、县、镇、村志等，还编撰有文化志、博物志、水文志、艺术志等专门志。③按照记述内容不同，地方志可分为综合性志书和单一性志书两大类。综合性志书记述该地区自然和社会各方面的历史和现状，"纪地理则有沿革，疆域，面积，分野；纪政治则有建置，职官，兵备，大事记；纪经济则有户口，田赋，物产，关税；纪社会则有风俗，方言，寺观，祥异；纪文献则有人物，艺文，金石，古迹"④，故有"博物之书""一方之全史"之称，《华阳国志》《八旗通志》《民国浙江通志》等均属此列。单一性志书侧重于记述地域的某一方面，如各类专门志，《山东盐法志》《浙江省出版志》《浙江省新闻

---

① 曹子西，朱明德.中国现代方志学.北京：方志出版社，2005：44.

② 乔俊.地方志文化资源价值及开发利用研究.南京：南京农业大学2008年硕士学位论文.

③ 高金山.地方志的起源与发展.新疆地方志，2008（3）：3-6，12.

④ 顾颉刚.中国地方志综录·序.朱士嘉方志文集.北京：北京燕山出版社，1991：17.

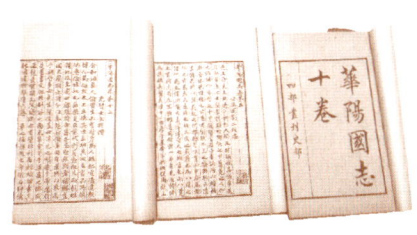

民国四部丛刊本《华阳国志》，涵芬楼据明钱叔宝钞本影印

《嘉善县志》

志》等均属此列。

地方史是记述某一地域过去人类社会的活动，包括生产斗争和阶级斗争，生产力和生产关系的发展变化，物质文明和精神文明的发展变化，重大的政治、经济、军事事件等，着重于社会现象而非自然现象，亦分综合性和专门性两类。综合性地方史记述了该地域发展中的方方面面，如《浙江通史》《上海史话》等。专门性地方史着重于地方某一方面的发展历史，如《广东革命报刊史》《嘉兴蚕桑史》《嘉兴藏书史》《日本侵占旅大四十年史》《四川苗彝民族发展史》《土家族古史探讨》等。

地方年鉴是从综合角度或专业角度对地域或系统某一年内本地的重要时事、文献等进行资料性的总汇，全面、翔实、系统地记载和反映当地政治、经济、军事、法制及教育、科技、文化、卫生、文体等社会事业和人民生活发展概况，是认识与研究该区域的权威性工具书，如《嘉兴市年鉴》《四川省年鉴》等。地方百科全书是概述地方知识的著述，如《沈阳百科全书》《四川百科全书》等。地方图录是用绘画、摄影等方式反映某一地域有关事物或人物形象

部分浙江藏刻书史著作

的工具书，包括地图、历史图谱、文物图录、艺术图谱、科技图录等，具有形象直观的特点，如《汉初诸侯长沙国南部地形图》等。

二、家族层面的地方文献

"家庭是社会的细胞，家风是地域的脉搏。一家之崇尚，关乎一地之风俗，而一地之民风，又关乎一域之文化。"[1]可见家族层面的地方文献的重要性。家族层面的地方文献最重要者为家谱（或称族谱、家乘、宗谱、谱牒等，一般意义上可以混称），以记载一个血缘家族的世系与事迹为主要内容，是我国历史上影响人数最多、影响时间最长、影响面最广的文献之一。据王鹤鸣主编的《中国家谱总目》（上海古籍出版社，2008 年版）所录，我国（包括港澳台地区）各藏书机构、其他国家藏书机构及散见于民间的 2003 年之前刊印的以汉字为主的中国各民族家谱达 52401 种，计 608 个姓氏、1200 万字。

我国家谱古已有之，《史记》中的《五帝本纪》《夏本纪》《殷本纪》《楚世家》等篇目较详细记录了黄帝等的历代世袭，或可看成我国家谱之滥觞。魏晋隋唐时期，因士族门阀制度的需要，官修的世家大族族谱兴盛，可惜大多在唐末战乱中散佚。北宋时期，家谱由皇室、贵族进入普通百姓家，欧阳修、苏洵创立了为后人所遵循的谱例。明清时期，家谱修纂异常繁盛，时"全国各地各家族，不论是望族还是乡村农家，普遍纂修、重修家谱（族谱、宗谱），几乎达到了没有无谱之族的程度"[2]，其中官宦人家一般都采用装订成册的家谱，平民百姓、商人士绅、豪门则多为悬挂供后人供奉的图表式家谱。民国后期至 20 世纪 80 年代中期，家谱纂修一度停滞。20 世纪 90 年代至 21 世纪初，家谱修纂、重修再度兴起，不少地方还成立了姓氏文化研讨会、家族联谊会。尽管各地的各家谱不尽一致，但古代家谱有其基本体例：谱名、谱序、凡例、目录、姓氏源流、先人传

---

① 见徐雁在《地域文化与阅读推广》栏目的编者按语。刊于《图书馆》，2017 年第 11 期。

② 王全营. 家谱的功能及主要内容. 决策探索（上），2017（12）：46-48.

记、像赞、恩荣录、五服图、仕宦录、世系、字辈、家规家训、艺文、祠堂（郡望、堂号）、坟茔、谱论、余庆录、风俗礼仪、族产、契约、领谱字号等。由于时代变迁，20 世纪 90 年代以后纂修的家谱则大多没有了像赞、恩荣录、五服图、仕宦录、余庆录、谱论、风俗礼仪、族产、契约、领谱字号等内容。作为中国特有的文化遗产，家谱与方志、正史共同构成了中华民族历史文献大厦的三大支柱，蕴藏着大量有关人口学、社会学、经济学、历史学、民族学、教育学、人物传记及地方史的资料，对于开展学术研究具有重要价值，对海外华人寻根认祖、增强民族凝聚力均具有重要意义。

家谱

三、个人层面的地方文献

以个人为基础的地方文献是数量最多、涉及面最广的一类，其可靠性可能超过许多国家层面与地方层面的文献。[①]

回忆录、传记、口述史等文献自然地与地域性高度相关，此类文献主要为在政治、军事、经济、教育与文化领域具有突出成就的人所写，以供后人参考，其中又以作家、艺术家、学者为著者主体。地方名人本就是地方文化的重要组成部分，其著述的重要性可窥一斑。回忆录、传记、口述史三者之间既有区别又有联

---

① 邹建军 . 地方文献与文学地理学研究领域的拓展 . 武汉科技大学学报（社会科学版），2018（1）：109-116.

系。其中回忆录是以亲历、亲见、亲闻、亲感的名义回忆的（包括写作、口述等方式），让他人相信其回忆内容在过去确实发生过的作品，具有还原历史、反映时代特征及个人情况等特征，亦有自传、口述历史

部分嘉兴名人传记

等特殊形式①。传记有自传和他传等多种类型，其内容与社会历史和事实紧密相关，具有准确性、真实性、系统性等特征，其中自传是与地方文献最紧密相关的一类。

以口述文献为主要内容的地方文史资料尤其值得重视。我国县（区）以上的人民政协，自 1960 年以来，相继成立了文史资料委员会及其办公室，在开展文史资料征集工作基础上，编印了大量的文史资料丛刊、丛书和专辑。1982 年后，各地在"文史资料"工作中，将对地方资料的收集作为立足点，如《南昌文史资料》前言指出：要把南昌八一起义、南昌作为五次反围剿的指挥中心、"新生活运动"和"特种教育"的发起地等多少尚留在老年人脑海中的事迹记录下来传给后人；《遵义文史资料》（第一辑）前言中言：要把遵义会议、丝绸和化工（遵义两大工业项目）作为《遵义文史资料》的重要选题；《湘潭文史资料》前言强调

部分文史资料

将刘揆一、秋瑾、齐白石、杨度、黎锦熙、杨昭植、毛泽东、彭德怀等在本地生活或成长的重要历史人物作为资料收集的重点……可见，"地方性"就成了其显著特色。全国各地的文史资料数量非常庞大，仅截至 1990 年，就已出版 2300 多种、13000 多

① 廖久明.回忆录的定义、价值及使用态度与方法.当代文坛,2018（1）：92-101.

辑（期）、30 余万篇，近 2 亿字数。①1990 年后，仍在持续出版中。文史资料的内容，大多为亲历、亲见、亲闻者自撰或由他人记录整理，从不同视角记录了当地近代历史上政治、军事、外交、经济、文化、社会、地理诸方面情形，大大小小事件的始末和形形色色人物的活动，是认识当地近代文化的重要文献。

日记是私人记载的一种文献，按照年月日记录作者的亲身经历和见闻，以及作者对人、对事的看法。日记对于研究人物（主要指日记创作者）的生平、思想等极具价值，而如前文所言，人是地域文化的重要组成部分，故日记是一种具有直接史料价值的地方文献。如浙江海宁人管庭芬的日记，记事起于清嘉庆二年（1797），止于同治四年（1865），前后跨度达 69 年，记载涉猎面广，从生活到自然，从科举考试到对目录版本的考据，以及动荡时期基层民众的生活，尤其是太平天国时期的记载，颇为详细，极具史料价值。

《管庭芬日记》（管庭芬著，张廷银整理，中华书局2013年版）

游记是对一个地域的气候、水文、地貌、动植物等的具体描述的文献，对地域文化研究具有重要价值。古代游记如《徐霞客游记》《水经注》《经行记》《吴船录》等，不仅记述了所经地区的疆域沿革、经济文化、风俗习惯，而且描述了这些地区的山川、气候、动植物、地貌、水文等自然景观，甚至还探讨该地自然地理现象的成因，是我们研究一地域在不同历史时期地理变化和发展规律的重要文献。

个人的文学创作或研究亦与地域之间有着千丝万缕的关系，地域文化对个人创作具有重要的影响，个人创作往往自觉不自觉地反映着地域文化。如文学地理学研究专家邹建军教授出生于四川省内江市威远县，该县的"穹窿地貌"极具特色（地球上总共有两处，另一处在西半球的巴西），极大地影响着他的创作与研究，他说："可以这样说，高台深谷地区的地理形态与地方文化，对笔者的个性、

---

① 李永璞. 全国各级政协文史资料篇目索引·前言. 北京：中国书籍出版社，2009.

气质的形成及文学创作产生了重要的影响。没有这样的以高台深谷为基本内容的地理形态，以及在此基础上形成的地方文化，就不会有笔者最近十年以诗歌、散文和辞赋为主体的文学作品以及文学批评与文学研究……在从事文学创作的过程中，笔者对于地理与文学的关系问题产生了一些新的认识，成为文学地理学理论的来源之一。笔者创作的汉语十四行组诗、散文和赋，都和特定的地理形态与地方传统密切相关，主要作品都是在实地考察、田野调查以及个人生命体验的过程中创作的。"[1]他进一步指出："在文学地理学理论看来，文学的本质首先是地方的，任何作家都生活在特定的地域，任何文学作品都产生于特定的地方，所以任何作家和作品都不可能脱离特定空间和特定时间而存在。"[2]

---

[1][2] 邹建军.地方文献与文学地理学研究领域的拓展.武汉科技大学学报（社会科学版），2018（1）：109-116.

地方文献是地域文化的最重要载体，其丰富与否是衡量地域文化遗存和地域文化发展的关键标尺，甚至可以说地方文献决定地域历史文化的深度、厚度和广度。地域文化具有地域性、关联性、传承性等特征，其不停地运动、变化、发展及演变，从起源延续至今，便称之为地域文脉，地方文献在文脉传承中至关重要，其传播关乎地方文脉的存亡绝续。

一、地域文化与地域文脉

地域文化又称地方文化、区域文化，是由多个文化群体所构成的文化空间区域，其产生、发展受地理环境的影响，即不同地区居住的不同民族在生产方式、生活习俗、心理特征、民族传统、社会组织形态等物质和精神方面存在着不同程度的差异，形成具有鲜明地理特征的地域文化。[①]地域文化有大有小，假如从世界范围来看，中国文化亦可以看成与印度义化、埃及文化等相媲美的独立地域文化。而在中国内部，又可划分为若干个次级地域文化，如依泰山而濒大海的齐鲁之地在春秋时已发展成为全国政治文化中心，创造了深刻影响中华文化几千年的儒学体系，其民风"重礼崇义好学，人情朴厚，山东梆子粗狂刚劲"；以四川盆地为中心的巴蜀文化则以"土地肥美、风俗淳朴、民力农桑、人勤稼穑、山川挺秀、多产英奇"为特色；以长江三角洲为中心的吴越之地地形平坦、水网交错、经济发达、商业繁荣，江南园林典雅秀丽，方言细软柔美，其民风"人性柔慧，敏于习文，疏于用武，男务耕桑，女勤蚕织"；位于东北的关东之地"白山

---

① 李慕寒，沈守兵.试论中国地域文化的地理特征.人文地理，1996（1）：7-11.

黑水"，森林密布，林产富饶，其民风朴实淳厚、直爽豪放，"国语（满语）骑射"独具风格；以山地、盆地、高原为主的西域之地是古代中西文化的交汇点，丝绸之路沿途古迹众多、民情绚丽，人们载歌载舞、热情奔放，形成了以民族特色为核心、兼备东西方文化气质的特色文化……各地域之文化从起源延续至今，便称之为"文脉"。

　　"脉"原指人体内的血管，又引申为脉搏以及类似血管般联通且有条理的事物，或者用来指在空间分布、时间传承上有联系的事物，具有"传承性"和"关联性"特征，人们将"脉"概念引入现实社会生活中，便有了"地脉""水脉""商脉""人脉""文脉"之称。"文脉"源自语言学范畴，于20世纪60年代正式提出，之后被广泛应用于史学、文学、建筑学、民俗学、城市学等领域中，不同领域对"文脉"的理解不尽相同。文学界认为文脉"是文明进化之历史血脉，表现在历史、传统等形式上并通过教育、学习等方式传承下来"①。长江学者特聘教授樊和平指出："（文脉）是息息相通的文化血脉，是慎终追远的文化命脉，是沧海桑田中以人的灵性和作品打造的高耸入云的文化山脉。"②中国出版协会古籍出版工作委员会主任徐俊说："文脉既是文化传统、文化基因，又是文化延展、文化承序。"③凌文锋博士指出："文脉更多的是指文化的脉络，也就是特定区域内包括社会、文化、历史等内容在内的系统人文地理特征在时间上的传承和空间上的分布，这一特征建立在区域的地脉基础之上，同时又融进了当地的历史文化传统和民众的社会心理积淀。"④尽管学界对"文脉"尚未有统一的定义，但综观各家所言不难发现，"文脉"依存于特定地域（广义而言，某一个国家亦是世界的一个特定区域），是该地域人文质地和精神品格承前启后、继往开来的脉络演变，有地域性、关联性、传承性等特征，既含物质与空间的概念，又具运动与时

①④　凌文锋. 茶马古道与"牵牛花"网络——茶叶与滇藏川的文脉化研究. 昆明：云南大学2012年博士学位论文.

②　见《世界华文文学论坛》2017年第2期《文脉传承与创新》专栏主持人语。

③　徐俊. 文脉传承与古籍整理. 世界华文文学论坛，2017（2）：8-10.

间的概念。地域文化所体现的"过去——现在——将来"，是不停地运动变化与发展的过程，是不停地继承与创新的过程，这便是地域文脉。

二、地方文献与文脉传承

文脉在文化演变中至关重要，"文化生易，是为变易；文化存脉，是为不易"。那么文化如何存脉，即文脉在何处、如何传承？徐俊指出："（文脉）一是在物质文化遗存中——文化遗产，二是在文字记载中——古代典籍，三是隐藏在现实生活中——人们的精神世界（观念、思维、文学、艺术、风俗习惯等），即中国人之所以为中国人，日常习而不察的世界观、价值观和生活方式"，"三者之中作为人类文明的文字记载的古代典籍是最核心、最精髓的，也是最流传有序的传统文化载体，是'文脉'所系。"[1]同理，地方文献作为地域文化的最重要载体，亦是地域文脉最核心、最精髓、最流传有序的文化载体，即地域文脉所系，而挖掘、整理与研究某一地域之文献，可以清晰地梳理出该地域之文脉。如历史文化名城江苏无锡，是江南文明的发源地之一，其有文字记载的历史可追溯到3000多年前的商朝末年，3000多年来，其文化是如何演变、传承与发展的？学者依据地方文献及文物遗迹，进行了梳理，指出：泰伯南奔为无锡文脉亮出了尊贤重德的重要底色；汉置县使无锡文脉发展步入正轨；以"书画二圣"为标志，东晋无锡文脉迎来首度辉煌；民本意识在无锡文脉发展中始终居突出地位；读书办学风尚是无锡文脉发展的重要支点；晚明东林党人使无锡再度成为全国瞩目的焦点；实学崛起，开启无锡文脉发展的百年兴盛；中华人民共和国成立后直至进入新的纪元，3000多年来的文脉传承体现了无锡地域文化的特色，即尚德崇义是灵魂，经世致用是精要，经济工商是根本。[2]

随着社会对地方文献重要性的认识与重视，在政府的支持下，各地逐渐开展

---

[1] 徐俊.文脉传承与古籍整理.世界华文文学论坛，2017（2）：8-10.

[2] 樊锡刚.无锡文脉演变的历史轨迹.江南论坛，2017（4）：7-9.

大型地方文献整理工程。如 2005 年广州市政府将《广州大典》的编纂列为广州市"十一五"时期重点文化工程，至 2015 年累计出版 520 册，收录了 1911 年以前有关广州的著作、广州人的著作和广州出版的丛书等 3000 多种，成为迄今为止最为全面的广州历史文化史料著作。①目前《广州大典》二期工程正在进行。湖南省在 2006 年启动《湖湘文库》出版工程，历时 11 年完成。《湖湘文库》共702 册，分甲乙两编，总计近 4 亿字，从帛书简牍到屈贾辞章，从大儒集钞到通史传记，从书画雕刻到方言楹联，尽显湖湘文化魅力。2011 年，浙江省有史以来规模最大的地方文献整理出版项目"浙江文丛"被列入省"十二五"重点文化建设工程，至 2017 年，第一期 500 册出版面世，包含 128 位浙江文化史上最重要的文化名家的文集，涵盖哲学、文学、史学等学科，总约 1.25 亿字。据悉，二期工程正按计划推进，预计用 5 年时间出版图书 300 册，并逐步完成浙江经典文献资源数据库的建设。②江苏省将"江苏文脉整理与研究工程"作为一项全省性文化发展战略工程，是江苏历史上首次全面系统梳理江苏文化发展脉络。该项目于2016 年 2 月 4 日启动，计划用 10 年左右时间编辑出版 300 册江苏典籍、3000册江苏文库，分为书目编、文献编、精华编、方志编、史料编、研究编六部分，其成果规模将超过其他省市现已编和在编的任何一部同类著作。政府高度重视地方文献的挖掘、整理、出版，于图书馆地方文献资源建设与推广而言无疑是千载难逢之契机。

---

① 陈焕文.历史文献传承与城市文化传播——《广州大典》及其历史文化价值发掘.图书馆论坛，2013（6）：51-55.

② 陆健."浙江文丛"出版，展现千年浙学文脉.光明日报，2017-03-20.

第二章

图书馆地方文献资源建设

纸质文献整理与收藏
特色数据库开发与建设

我国地方文献工作起源于二十世纪三四十年代，以杜定友为代表的广东地方文献工作者率先积极开展了此项工作。自新世纪以来，图书馆在实践中认识到地方文献在地域经济社会文化发展中的重要性，越来越重视地方文献资源建设工作。目前而言，公共图书馆在地方文献资源建设上较高校图书馆更为重视，据学者统计，全国 23 个省（包括台湾省）、5 个自治区、4 个直辖市、2 个特别行政区的总共 34 个省区市级公共图书馆中，有的建立了独立的地方文献部，有的建立了古籍与地方文献联合的特藏部、历史文献部或者地方文献与古籍部，也有的把地方文献归入采编部，并设立了地方文献阅览室。①高校图书馆专门设地方文献部（室）的较少，河南师范大学图书馆的"新乡地方文献整理中心"、嘉兴学院的"地方文献室"则是其中代表，而更多高校图书馆则致力于开发与建设地域特色数据库。本章主要以图书馆如何做好纸质文献的整理与出版、地域特色数据库的开发与建设为切入点，阐述图书馆如何做好地方文献资源建设。

---

① 许志云.公共图书馆地方文献建设的现状与变革.图书馆，2016（4）：97-100.

第一节　纸质文献整理与收藏

一、地方文献的整理与出版

在采购相关地方文献基础上，图书馆可以利用馆藏资源与业务优势，做好地方文献的整理出版工作。我们知道，地方文献除了近二三十年新修的之外，有非常大的一部分都是历朝历代的府志、县志、文集、家谱、信札等，时间已久，大多保藏于各省、市、县图书馆的古籍地方文献部门，或者博物馆、档案馆等收藏机构，也有一小部分由私人藏家收藏，利用起来并不方便。除了前述由政府等主导的地方文献出版工程外，图书馆亦可担起此责。就地方文献的整理出版而言，大体上可以分为三类：第一类是原样影印出版，如《广州大典》；第二类是点校整理出版，如《绍兴丛书》《温州文献丛书》；第三类是二者兼而有之，如"浙江文丛"。图书馆可依据自身情况进行选择，亦可参与到政府的文献整理工程中去。

广东省东莞市莞城图书馆发起并组织出版《东莞历代著作丛书》便是图书馆进行纸质文献整理与出版的典型。莞城图书馆自 2011 年 8 月 17 日发起《东莞历代著作丛书》的编撰工作，并邀请著名文史学者杨宝霖先生担任主编，以"随得随刊"方式，在优选历代东莞人著作的基础上进行校点出版。该项目至今已出版了 4 辑，共 48 册。第 1 辑《历代莞人三十二种著作》收录自宋代以来东莞地区重要的乡邦文献，目前已出版 14 种，其中明代东莞学者陈琏所著的《琴轩集》等近 10 种文献，原是海内孤本。第 2 辑《容庚学术著作全集》是东莞现代国学大师容庚先生的著作，此次发布的文集共有 25 种之多，不仅包括他享誉学林的《金文编》《殷周青铜器通论》等古文字学佳作，还首次将他的数十篇学术论文结集为《颂斋述林》出版。第 3 辑《莞城历代诗词选》为杨宝霖先生编辑，他从莞城现存万余首的历代诗词中，精选了部分，编成了这部《莞城历代诗词选》。第 4

辑《容肇祖全集》汇集了我国近现代著名民俗学家、历史学家、文献学家容肇祖先生的著述作品，内容涵盖历史学、民俗学、文献学、哲学思想史等领域；该书获 2015 年"全国优秀古籍图书奖"一等奖。

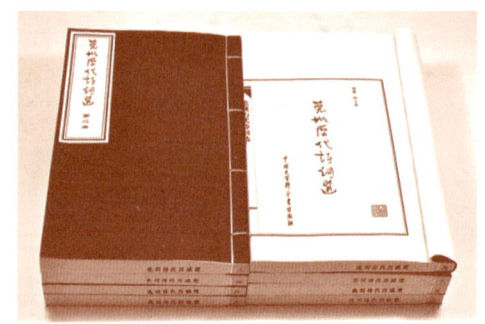

《莞城历代诗词选》（上）

温州图书馆参与《温州文献丛书》的编制便是图书馆参与政府文献整理工程的一个极好例子。2001 年 7 月，温州市政府投入 200 万元，成立《温州文献丛书》整理出版委员会，欲系统抢救整理一批有价值、有影响的温州地方文献，并从 2002 年起将丛书整理出版任务列入市委市政府年度重要工作责任制考核范围。温州市图书馆与温州市文化局、财政局、博物馆、档案馆等部门积极参与，共组织 41 位学术工作者耗时 5 年精心编撰整理，于 2007 年 3 月全部问世。该套丛书总计 2000 万字，涉及文化、历史、政治、经济、科技、医学、军事等诸多领域，系统整理了上起北宋晚期的周行己、刘安节、刘安上、许景衡，下至中华人民共和国成立前后王理孚、刘景晨、孙延钊、梅冷生等温州先贤遗留文献，时间跨度近千年。丛书以点校、校注（校释）、校笺、校补、汇编等方式进行整理，在抢救挖掘稿本、抄本、孤本的同时，收录了大量文集及零散资料，是温州市迄今为止最完整、最准确并最具权威性的历史文献总汇。据丛书整理出版委员会专职委员卢礼阳介绍，近代温州先后进行了四次较大规模的文献整理刊印工作，该文献丛书出版工程使诸多珍贵善本甚至孤本得以流传保存，目前丛书除在上海、北京、广州、福州等十几个大中城市销售外，还通过中国国

《温州文献丛书》

际图书贸易集团公司远销美、德、韩、日等国，为海内外学术文化界了解、研究温州历史文化提供了一套比较翔实、权威的文献资料。

但就大部分图书馆而言，是无法独立完成如此大规模并涉及多个部门的文献整理工程的，简便易行的方法是依据馆藏文献陆续整理出版一些当地的地方文献。如嘉兴市图书馆在 2014 年依据馆藏出版了《嘉兴市珍贵古籍图录》，成为读者了解嘉兴珍稀古籍的重要途径；在 2015 年整理出版了《稀见嘉兴抗战旧影集》，为嘉兴抗战历史的普及与研究增添了不少色彩；为满足广大史学、方志工作者和爱好者查考及阅读需要，在 2016 年以馆藏清光绪四年（1878）鸳湖书院刻本《嘉兴府志》为底本，影印出版了《光绪嘉兴府志》。再如温州市图书馆依据馆藏稿本、钞本日记，编辑出版了《温州市图书馆藏日记稿钞本丛刊》（全 60 册，时间跨度从清道光年间到中华人民共和国成立之初），不仅有助于梳理地方历史的脉络，对研究近现代中国尤其是沿海地区的社会变迁，也都有积极的意义。因此，如何依据馆藏文献进行地方文献的整理与开发，是值得所有图书馆思考与实践的课题。

二、地方文献的收藏与阅览

如前所述，我国大部分公共图书馆、少部分高校图书馆建立了地方文献（阅览）室，以进行地方文化的宣传与弘扬。就筹建方式而言，除常规性通过图书馆采购地方文献进行建设外（为常见方式，此处不赘述），还有与他人合作建设等。

浙江杭州的"城市书房"是图书馆与其他单位合作之典型。"城市书房"的发起单位是国内第一座城市学兼容性博物馆——"世界城市博物馆"，位于杭州市余杭区杭州师范大学仓前校区。为打造国内领先、世界一流的城市学理论研究中心、人才培养中心和协同创新中心，加强与全国主要城市的交流合作，该馆在馆内建设 200 个"城市书房"，通过地方文献展示世界不同城市的前世今生、发展经验、建设方向，与各重点城市共建共享"世界城市博物馆"。截至 2018 年 8 月，已建设有西安、洛阳、北京、安阳、郑州、开封、南京、杭州、丽水等城市书房。

以"丽水书房"为例，2018 年 5 月上旬，杭州国际城市学研究中心致函丽水市，称丽水是中国生态第一市、浙西南中心城市，历史悠久，特色文化丰富，在"世界城市博物馆"设立"丽水书房"不仅能在更大平台上宣传展示丽水的城市特色和丰富的文化旅游资源，也将为世人进一步了解丽水深厚的文化提供重要窗口。丽水市 9 县（市、区）图书馆全身心投入地方文献征集与筛选工作，紧锣密鼓地为"丽水书房"的设立积极筹备，在短短半个月时间内，共收集各类地方文献 878 种 957 册，均为市直和各县（市、区）编印的地方志、专业志、年鉴、历史文化研究书籍、城市各类规划、旅游资料、特色文化丛书、图书资料等，具有较高的参考和研究价值。如从 1997 年开始至 2016 年完整的《丽水年鉴》中，可以全面了解改革开放 20 年后丽水的发展历史，从《丽水瓯江文化丛书》、点校版《处州府志》等珍贵文献中，可领略丽水的地方历史文脉。

郑州大学图书馆的河南地方文献阅览室则是与个人合作的典型。河南地方文献阅览室位于郑州大学北区图书馆内，收藏有 4 万余种河南地方文献，在国内文献学界及河南省内文史圈中声名远播。其创建者就是郑州大学图书馆赵长海研究馆员。赵长海先生收藏的中原文献，其门类之全、数量之巨，被誉为中州私家收藏之冠，仅各类名人手稿即有 5000 余部，其中不乏国内一流学者和作家的作品，如苏金伞、李准等河南大部分作家的手稿均有入藏。所有资料大致有图书馆标准书架 150 余架之多，共计 5 万余册。如此系统的资料，是许多图书馆纵然花费多年时间和财力也难以达到的收藏效果。为使这批系统的文献资料发挥更大作用，赵长海在 20 世纪末与郑州大学图书馆合作，开办河南地方文献阅览室，免费对外开放，对于宣传河南、研究河南起到了重要作用。

第二节　特色数据库开发与建设

自建特色数据库是当代图书馆开展的一项很重要的业务，主要是利用馆藏资源，建设在图书馆内或在网络上提供开放利用的数字资源库。

在公共图书馆领域，对自建特色数字资源库产生重大影响的是两项国家工程，即共享工程与国家数字图书馆工程。共享工程启动于2002年，2006年开始实施以项目申报方式推进数字资源建设，它不仅是数字资源库的建设平台，同时也是数字资源的推广与使用平台。国家数字图书馆工程启动于2005年，其目标是希望在数字信息时代建设世界上最大的中文数字信息保存基地，通过数字资源生命周期的技术支撑平台为全国，乃至全球提供高质量的中文数字信息服务基地。在这一设想中，国家图书馆是服务中心，各大图书馆是服务节点。[1]根据数字图书馆推广工程的总体规划，"2011年至2012年是基础建设阶段，目标是完成所有省级和部分市级数字图书馆的硬件搭建平台工作，与此同时，与国家数字图书馆实现网络对接与资源整合，初步构建一个服务于全国的数字图书馆网络体系。……2013年至2015年是全面推广工程实施阶段，经有效地实施部署，推动了各馆的数字资源建设工作"[2]。

在高校图书馆领域，自CALIS（中国高等教育文献保障系统）全国高校专题特色数据库项目启动实施以来，为高校图书馆特色数据库建设提供了强有力的保障，地域特色数据库在这股东风中获得了很大发展。仅以福建省高校图书馆为例，截至2017年6月，共有16所高校图书馆建设了40个闽台地域特色数据库，其中厦门大学图书馆建有"东南海疆研究数据库""区域研究文献数据库""闽台族谱数据库""莆仙妈祖地方文化特色库""台湾文献联合目录"等5个，华侨大

①②　丑楚.公共图书馆自建数字资源库的发展路径分析.图书馆，2017（8）：83-87.

学图书馆建有"福建戏曲文献资料库""华侨大学图书馆馆藏港台图书全文数据库"等2个，福建工程学院图书馆建有"闽台建筑文化专题数据库""林纾文化研究专题库"等2个，福建农林大学图书馆建有"福建省主要造林树种特色数据库"1个，集美大学图书馆建有"陈嘉庚研究数据库"1个，福建中医药大学图书馆建有"闽港澳台中草药图谱数据库""闽台中医药特色数据库"等2个，福建师范大学图书馆建有"馆藏福建省三十六种新编地方志人物传记目录""馆藏港澳台书目数据库"等2个，闽江学院图书馆建有"闽都文化数据库""三坊七巷数据库""福州非物质文化遗产数据库""海西地方财政数据库""海西服饰文化数据库"等5个，宁德师范学院图书馆建有"畲族与地方文献数据库""宁德师院地方文献特色库"等2个，泉州师范学院图书馆建有"馆藏地方文献数据库""闽南与台湾地方文献目录数据库""泉州运动鞋类数据库"等3个，闽南师范大学图书馆建有"闽南文化地方特色数据库""闽方言""闽台生态农业库"等3个，三明学院图书馆建有"客家文献数据库"1个，莆田学院图书馆建有"妈祖文化资料库""莆仙戏资料库""莆仙地方特色数据库""莆仙古代名人录"等4个，福建船政交通职业学院图书馆建有"船政文化特色库"1个，泉州经贸职业技术学院图书馆建有"泉州古代经贸文化研究""泉商研究""李光地研究""泉州经济模式晋江经验研究"等4个，福建林业职业技术学院图书馆建有"福建省重点保护植物库""福建省古树名木数据库"等2个。[1]可见高校图书馆在地域特色数据库建设上的兴盛。

鉴于笔者供职于浙江省嘉兴市图书馆地方文献部，自2011年起即主要参与或负责地域特色数据库建设，所以，本节主要结合嘉兴市图书馆自建地域特色数据库的情况进行说明，提示自建数据库过程中需要注意的事项，为各馆自建特色数据库提供借鉴。

---

[1] 陈钦明.福建省高校图书馆自建闽台特色数据库现状调查与分析.图书馆学研究，2018（3）：48-52.

一、嘉兴市图书馆自建地域特色数据库整体情况

嘉兴市图书馆自 2009 年至 2017 年，建设了 6 个比较大的自建特色文献数据库。在 2009 年之前，建设有"烟雨楼史话""范蠡湖诗词选""嘉兴记忆""嘉兴辛亥革命史料""嘉兴自然灾害年表""嘉兴槜李谱""鸳鸯湖棹歌""文物精品""民俗民间文化""名人故居""文保单位""古城风貌""嘉兴南湖""嘉兴文史资料""嘉兴院士""马家浜文化""端午民俗文化节""历代嘉兴藏书""嘉兴五十年""五姑娘音乐剧""氏族""百年嘉图""嘉兴非遗名录"等 23 个小型数据库，合计 29 个特色文献数据库，择要叙述之。

1. "南湖文献"数据库

"南湖文献"数据库收集资料品种多样，内容丰富。种类涉及历史地理、诗词曲赋、鸳鸯湖棹歌、散文笔记、碑拓、南湖书画、图片、南湖视频、人物传记、中共一大南湖会议资料、南湖革命纪念馆等，共计文字 63 万字，图片 2000 余幅，影像 5GB，是有关南湖文献的集大成者。其中收录历史地理文献 145 篇，诗词曲

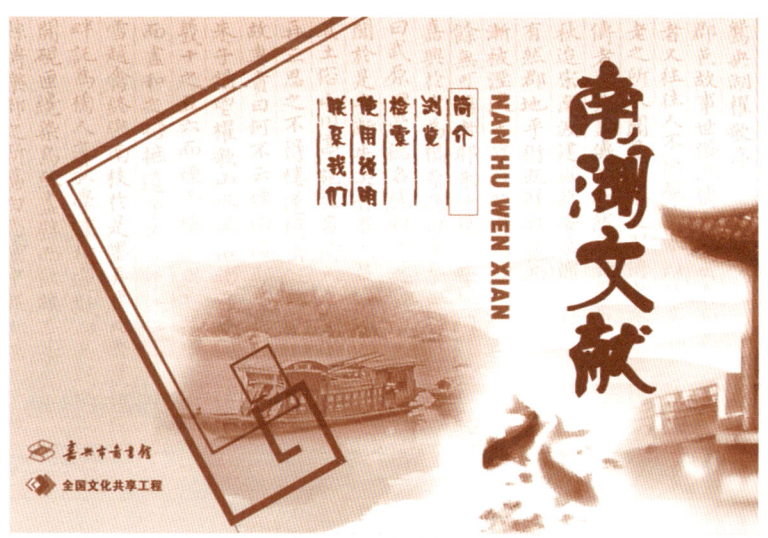

"南湖文献"数据库

赋 1067 篇，鸳鸯湖棹歌 1923 首，散文笔记 56 篇，人物共计 538 人，碑拓资料 54 幅，碑拓注释文字 92000 字，南湖革命纪念馆的珍贵墨迹 64 幅，近现代名人颂咏南湖的书法墨迹 131 幅、绘画作品 189 幅，中共一大南湖会议相关资料 128 篇。"南湖文献"数据库注重特色资料收集，鸳鸯湖棹歌便是其一。鸳鸯湖棹歌是嘉兴古代诗人以风土人情作为诗歌创作题材的诗歌，有谭吉璁、陆以诚、张燕昌、马寿谷、朱麟应、庄一拂、吴藕汀、沈侗廋、单培根、许楼山、苏焕镛、陆翔熊等人所唱和朱彝尊的《鸳鸯湖棹歌》，蔚为壮观，且流风遗韵绵延数百年不绝，在嘉兴诗坛上形成一个特殊的流派。除此之外，在搜集资料过程中，注重全方位收集资料，收录有南湖纪录片、南湖影像、人文南湖讲座等视频资料；收录有名人所绘烟雨楼、南湖等的书画作品；收录有南湖风情照片，如南湖船娘、南湖采菱、南湖龙舟竞赛等相关南湖民俗等摄影资料，文献资料丰富，内容饱满、生动，具有重要的文献价值。"南湖文献"数据库是查阅和研究嘉兴南湖的必要学术工具。

"南湖文献"数据库所收录资料都经过认真考订、校对。所收录的历代记、疏、序、跋、传、铭，皆来自嘉兴市图书馆自印资料或馆藏珍贵古籍文献。谭吉璁、陆以诚、张燕昌等人所唱和《鸳鸯湖棹歌》对照馆藏乾隆四十年（1775）朱芳衡写刻本仔细辨认异体字、讹体字，经过认真识别、考订和校对；单培根、许楼山所唱和《鸳鸯湖棹歌》是作者手稿本，弥足珍贵；《烟雨楼志》（清代朱稻孙著）对照馆藏 1958 年倪禹功手抄本认真校对、整理。碑拓文献经过文字释读，且逐条注释、考证之后加以引用，保证了学术的严谨性和准确性。

数据库注重资料原始性、科学性，文献图文并茂。利用珍贵馆藏，图文展示文献。如《鸳鸯湖棹歌》《烟雨楼志》《鸳鸯湖小志》《南湖碑拓》皆是图文并茂展示；南湖书法、绘画、领导人手迹等皆经过整理、编纲、分类、扫描，以图片形式上传；南湖影像经过实地摄像，以存当代影像文献。资料原始性强，文献价值高。同时，保留所收录的珍贵书影上的题跋、识语、批校、藏章等，利于读者欣赏和利用。

数据库收录注重版本价值。数据库收录同一文章，涉及不同出处的，一概全部收录，这样方便读者对照不同版本文章的差异性，诸如内容的增删、修改、变化等，以利用不同版本的流转价值。

数据库可根据文献标题、文献内容、作者、来源进行检索查阅，方便、快捷。

总之，"南湖文献"数据库的建设坚持高标准、严要求，完成了对南湖文献的发掘、考述和整理，内容丰富，编排科学，符合学术规范和要求，是查阅和研究嘉兴南湖的必要工具，对推动嘉兴南湖文化研究起到重要的作用。

建设时间：2009 年 9 月—2011 年 7 月

2. "嘉兴血防史资料库"

嘉兴的血防历史是我国血防史的典型代表，它反映了血防工作的艰辛及全国血防工作的几个重要阶段和主要事件，产生了具有重要影响力的血防专家和一批不畏艰辛、长期在基层工作的血防医务工作者（绝大部分人曾感染过血吸虫病，很多人死于血吸虫病感染），总结了在国际上也具有一定先进性和代表性的防治成果。

"嘉兴血防史资料库"通过现代技术将血防史资料汇集起来，再次完整地展

"嘉兴血防史资料库"

现在今人面前。主要分为"血防概况""血防文献""血防人物""典型病例""血防大事记"等五大子库。其中最有特色的部分集中在血防工作者所收集的原始资料，包括工作笔记、书信、病人治疗资料、临床报告、实物、标本等，以及后来经整理出版的书籍文献资料和媒体报道等。该数据库不仅将现有资料收集入库，对文献资料进行数字化处理，对原始档案材料数字化及录入；而且将主要的工作集中在"口述嘉兴血防史"的制作上，由经历过血防的当事人讲述血防历史，以拯救性的态度，将这段记忆保存起来。"口述史"是该数据库的一大特色，以此作为原始档案、书籍等文献的补充。

该数据库建成的主要意义在于：一是对血防历史的铭记，向血防工作者致敬，弘扬血防精神，保卫人民生命健康；二是保存血防史记忆，这既是嘉兴地方史的重要方面，也是我国血防史的一个缩影；三是传承先进的血防技术和经验，是中华人民共和国防疫史、医疗史发展的典型案例，其在医学上的意义，也将对医疗工作者的研究工作产生启示；四是告诫今人，切不可放松对血吸虫病的防治，在今天，仍存在着新感染的血吸虫病人，也存在着复发的血吸虫病人。

建设时间：2011 年 3 月—2013 年 6 月

3."嘉兴古代名人"数据库

"嘉兴古代名人"数据库收录了唐代贤相陆贽，明代收藏家项元汴、文学家李日华、才女柳如是、杰出画家项圣谟、文学家曹溶，清代文宗朱彝尊、秀水诗派创始人钱载、金石家张廷济、外交家许景澄、大儒沈曾植、国学大师金蓉镜、海上画派大家蒲华等文化名人约 50 人。内容包括这些人物的基本资料（生平事迹、年谱或年表），手稿墨迹，主要成果或作品（包括文字或绘画等），成果资料集成，历代对该名人的研究成果等资料，集文字资料、原始档案、视频、照片等于一体，内容真实、全面，具有科研参考性及研究性。数据内容在 6GB 左右。

建设时间：2012 年 6 月—2013 年 6 月

"嘉兴古代名人"数据库

4. "嘉兴运河文化"数据库

京杭大运河嘉兴段位于太湖东南的水网地带，是杭嘉湖平原水系的干河，也是京杭大运河自北而南沟通五大水系中的太湖和钱塘江两大水系的主动脉。大运河嘉兴段干道长约 110 千米。其中，目前的嘉兴段运河主河道以嘉兴环城河为中心，北苏州塘（苏嘉运河）接江苏，南杭州塘（嘉杭运河）连杭州，长 81.22 千米。另有元代以前的运河主河道崇长港、上塘河，长 29.5 千米。运河经过嘉兴市本级、桐乡市和海宁市，其中市本级 40.8 千米，桐乡 43.87 千米，海宁 27.4 千米。大运河嘉兴段从北至南包括苏州塘、嘉兴环城河、杭州塘、崇长港、上塘河等河道。大运河的开通，打破了嘉兴长期偏于江南一隅的封闭状态，确立了嘉兴"左杭右苏""南北通衢"的运河古城地位，促进了嘉兴地区经济社会的发展。尤为可贵的是，历经 2000 余年的持续发展与演变，以明清运河主河道为骨干，各历史时期的运河干道并存，其网状河道体系至今保持畅通，一直发挥着重要的交通、运输、行洪、灌溉、输水等作用，是孕育嘉兴的"母亲河"，是活着的、流

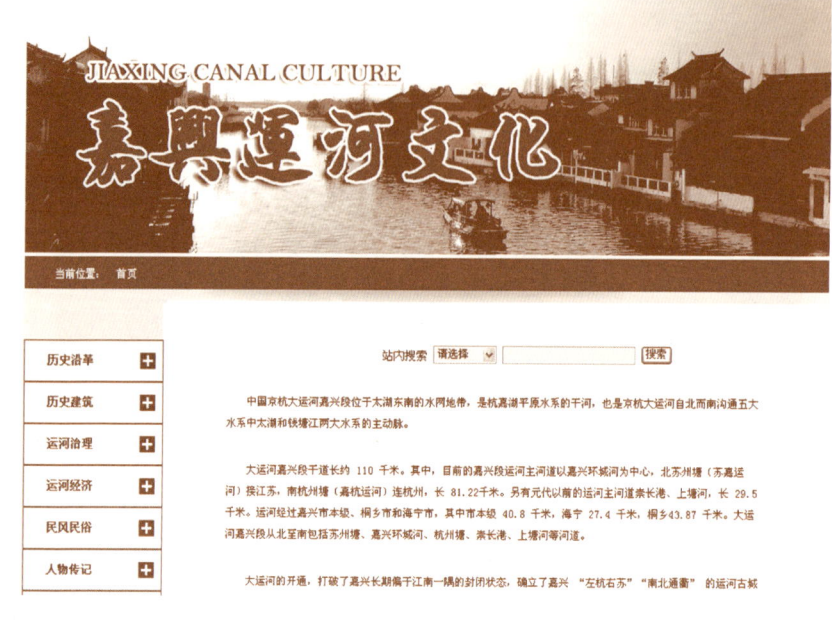

"嘉兴运河文化"数据库

动的重要文化遗产。

2014 年 6 月，嘉兴市图书馆启动了"嘉兴运河文化"数据库建设项目，至 2015 年 8 月基本建成。全库收录了与嘉兴运河有关的图书、期刊论文、图片、音频、视频等多种类型的资料。该库的建设，得到了嘉兴市非遗中心的大力支持，提供了"嘉兴船民口述史"的文字整理资料。该库所收录的资料，除嘉兴市图书馆馆藏外，其余多由嘉兴市文化局、嘉兴文物局、嘉兴博物馆、嘉兴市非遗中心等单位提供。

建设时间：2014 年 6 月—2015 年 8 月

5. **"嘉兴方言库"**

嘉兴作为吴语区的核心区域之一，有着鲜明的方言特色。嘉兴方言属于吴语区沪苏嘉小片，是浙北吴语中的一种重要方言。该数据库的建设目标为保存嘉兴方言文化、方言读音、民间俗语、民间故事等内容资料。将与嘉兴方言有关的资料集中到一个数据库中，保存嘉兴地方文化，方便检索与利用。亦可以用于新居

"嘉兴方言库"

民学习嘉兴方言，培养方言的听说读写能力。该库首先利用嘉兴市图书馆纸质与电子资源、网络资源，其次与嘉兴市文化馆等机构合作，收录有关嘉兴方言的相关文字、视频、音频资料。并约请了两位方言纯正的本地老人陈雄明、徐美英，录制了两天的方言音频，使得该库的资料更为鲜活、丰富。

建设时间：2016 年 9 月—2017 年 3 月

6."记忆嘉兴——杜镜宣先生老照片"数据库

杜镜宣先生于 20 世纪 50 年代末从专业飞行大队转业到嘉兴，一直都在宣传部门和新闻媒体工作，曾是我国第一代航空摄影员、《杭嘉湖报》摄影记者、《嘉兴日报》记者，是中国摄影家协会会员，其摄影作品多次获奖并在《人民日报》《中国日报》等有影响的国家级报刊发表。他的摄影作品大都摄于 20 世纪，给人们留下了记忆中老嘉兴的美好回忆。

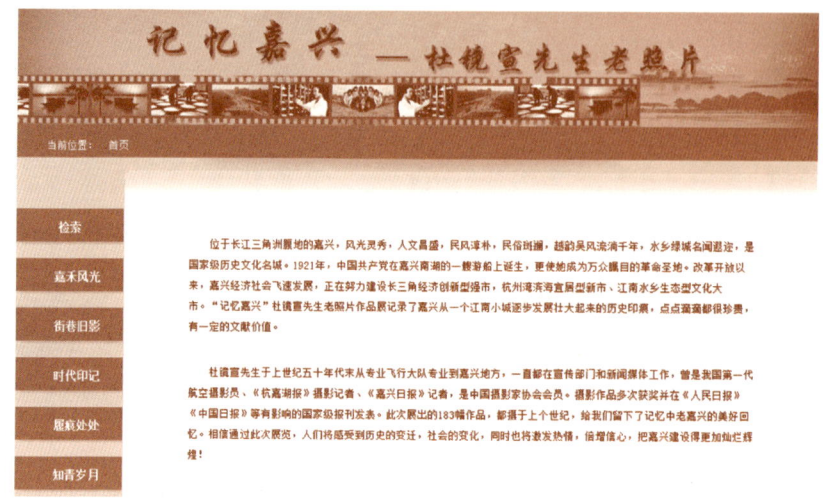

"记忆嘉兴——杜镜宣先生老照片"数据库

该数据库共分为五大部分，分别为"嘉禾风光""街巷旧影""时代印记""履痕处处""知青岁月"。同时，该库提供了较为完备的检索功能。

建设时间：2012 年 9 月—2013 年 9 月

二、自建地域特色数据库经验谈

1. 重视选题

自建地域特色数据库的选题很重要，甚至可以说是决定一个自建地域特色数据库好坏成败的关键所在。一个平平无奇的选题，会让人觉得这个数据库的建设没有意义。一个好的选题，则会让人对数据库建设倍加期待。而且，选题要能够与当地历史文化、当地特色结合起来，才是一个比较好的选题。近年来比较常见的选题，如"名人库""方志库"，都是属于与本地特色结合得比较紧密的选题，当然，也因为太常见而不容易出彩。选题还要注重覆盖面与深度的问题。比如"嘉兴古代名人"数据库，只力求在覆盖面上做到尽量齐全地收录相关名人资料，对每位名人却不可能有太多的篇幅介绍。而如嘉兴市图书馆正在建设中的"吴镇研究资料库"，就一定要在深度上进行挖掘，广泛搜集方方面面的资料，不但要在全国范围内搜集资料，甚至要在全世界的范围内搜集资料。

2. 技术平台选择

确定好选题之后，就是搭建技术平台了。一般有三种选择：一是本馆自己搭建技术平台；二是采用上级馆的技术平台；三是采购第三方商业数据库公司搭建的平台。三者各有利弊。

采用本馆自己搭建的技术平台，好处是方便管理，技术人员对平台熟悉，一旦访问出了问题，能够很快定位到问题所在，并及时解决问题，不需要向第三方求助。弊端是对本馆技术人员的技术水平要求相对较高，要求具备数据库平台搭建技术，以及提供相应的技术支持。

采用上级馆的技术平台，比如市级图书馆可采用省级图书馆的平台，好处是比较省心，建设完成之后就交由上级馆统一负责管理和维护，本馆的技术人员相对要轻松很多。弊端是管理权不在本馆自己手中，一旦数据库出了问题，需要先向上级馆反映问题，多次沟通之后才有可能解决问题，比较费时费力。

采用第三方商业数据库公司的平台，如超星、CNKI、维普、万方等比较大的商业数据库平台，好处是较为省心省力，而且可以把一部分数据库建设任务外包给数据库公司，比如文字录入、文献数字化等。弊端是所需费用较高，商业公司所开发的技术平台，其采购费用和管理服务费用都比较高，需要图书馆有较强的财力支撑，而且本馆技术人员对第三方公司的管理后台不熟悉，维护起来比较困难，一旦出问题，沟通解决也是比较耗时的。

3. 做好项目管理

作为一个自建数据库的实际负责人，更多地是承担项目经理的工作。他要能够随时随地关注整个项目的进度情况，以及每位成员的进度情况，如果哪个环节出了问题，要能够尽快解决这个问题，使得项目能够继续顺利推进下去。因此，高效项目管理的几个要点，在地域特色数据库建设中也同样适用：

（1）明确且达成共识的项目目标。确保项目的每项工作都是在为实现这个目标作贡献。

（2）精细化的任务分解。要点是每个单独的子任务时间不要超过一周，要有明确的子任务目标、时间节点、交付物。

（3）有时间保障且有能力执行的资源分配。有些项目虽然分配了资源，但不能保障资源的有效投入，这就是项目不能推进的非常重要的原因。

（4）每日检查、每周检查项目进展和交付物。

（5）根据检查情况调整任务目标、资源投入、项目进度，并修改计划。①

4. 验收答辩工作

在确认自建数据库建设完备之后，就要进入到验收答辩环节了。需要提前做到对数据库资源了如指掌，并多次确认重要的功能比如检索功能能用好用，精心准备答辩PPT，在介绍完项目之后，冷静面对专家的质询，做出合情合理的解释。如果确实有做得不到位的地方，要能够及时整改。在整改完成之后，要及时反馈给上级主管部门。

5. 注意版权问题

在知识产权越来越受重视的当下，自建数据库时一定要高度重视知识产权问题。具体需要注意的地方有：收录到数据库里面的每一条资料，都要做到注明出处，最好把作者、来源、出版时间、页码等信息全部注明，同时确保自建数据库的使用是完全没有任何营利目的的公益行为；另外，如果确定收录了比较多的版权不甚清楚的数字资源，想避免纠纷，较为保险的做法是仅在图书馆内提供使用，不在网络平台上面向大众开放，这样就属于公益机构的合理使用行为，而不构成侵犯知识产权。

总之，自建地域特色数据库工作是一项系统工程，一般需要古籍地方文献部、信息技术部、数字资源部等多个部门的通力合作，互相配合，才能打造一个比较理想的自建数据库。在自建数据库的过程中，有许多需要注意的问题，如果能在规划和建设阶段都注意到，将为后续的使用带来很大的便利。

---

① 以上五条来自@maggie在知乎上对"多项目同时进行如何做好进度管理？"的回答，原答案地址：https://www.zhihu.com/question/19911326/answer/13332376。

第三章

图书馆分地阅读推广

分地阅读推广及其意义

图书馆分地阅读推广方式

每位读者都来自不同的地域，都拥有各自的祖籍、故土和家乡；而图书馆则拥有在品种和数量上，都有一定优势的乡土读物和地方文献资源。这便是图书馆开展"分地阅读推广"所依据的社会现实和文化事实。

第一节　分地阅读推广及其意义

　　地方文献作为地域文化的跨时空记录，其传播关乎地方文脉的存亡绝续。图书馆作为文化机构，肩负人类文化遗产保存、开发、传播的职责，理应承担起地方文献阅读推广之重任。地方文献阅读推广亦称"分地读物推广"，简称"分地阅读"，是阅读文化学的方法论之一，在"分众阅读"理念下，与"分级读物推广""分龄读物推广""分时读物推广""分类读物推广"等共同组成阅读文化学的重要方法论系统。① "分众阅读"理念系南京大学徐雁教授提出，即"通过调研和掌握读者的基本需求，然后锁定某个，或者某几个需求最为迫切的特定目标读者群，推出专属度高、针对性强、服务程度更贴近具体需求的阅读推广活动节目"，即"把最合适的读物，推介、推送、推广给最合适的读者"。② 具体到分地阅读，即将最合适的地方文献与读物，推介、推送、推广给最合适的读者。

　　一方面"中国社会是乡土性的"（费孝通），乡土情结是中国人具有的一种生命的烙印，广泛地渗透到了全民的血液中③，并已升华为民族精神的一部分④。我国早期的文学作品之一《诗经》，便有诸多思乡之作，如被推为"千古羁旅行役诗之祖"的《魏风·陟岵》："陟彼岵兮，瞻望父兮……陟彼屺兮，瞻望母兮……陟彼冈兮，瞻望兄兮……"唱的便是登上高冈、思念家人的心声。公元前278年，楚国郢都被秦国攻陷，在流放途中的屈原将对国事的忧虑和对家乡的思念熔铸在一起，发出了"鸟飞反故乡兮，狐死必首丘"的哀叹。不仅被迫离家的人思乡，

①② 徐雁.把握分众阅读原理，做实分地读物推广——以湖南地方文献主题著述为中心.图书馆，2017（11）：22–28，35.

③ 舒志武，袁炎林.中国人的乡土情结.华南农业大学学报（社会科学版），2003（2）：150–153.

④ 张爱霞.从文学角度透视中国人的乡土情结.山西财经大学学报，2015（S1）：134–135.

在外为官者亦如此。西晋时期，在洛阳做官的吴江人张翰见秋风起而思念吴中莼菜、莼羹、鲈鱼脍，并说："人生贵得适志，何能羁宦数千里以要名爵乎！"即兴吟成著名的《思吴江歌》："秋风起兮木叶飞，吴江水兮鲈正肥。三千里兮家未归，恨难禁兮仰天悲！"遂弃官回乡。仕途官场之荣华富贵，不抵鲈脍莼羹的家乡风味，被世人传为美谈。东晋陶渊明亦是典型的行动派，把辞官归故里比作飞鸟归林，把家园生活描绘成了世外桃源。唐玄宗开元十四年（726），"诗仙"李白客居扬州旅舍，夜深人静之时思乡之情油然而生，吟出了传世名句"举头望明月，低头思故乡"。唐肃宗乾元二年（759）秋，因"安史之乱"与兄弟分散的"诗圣"杜甫在秦州发出了"月是故乡明"的感慨，之后辗转流落于四川；至唐代宗广德元年（763）春，持续八年之久的"安史之乱"结束，诗人听闻唐军"收蓟北"后泣涕涟涟，伴着"青春作伴好还乡"的希冀，挥笔写就了在他1400多首诗中最为喜悦的《闻官军收河南河北》……1971年，20多年未回过祖国大陆的当代著名学者、诗人余光中先生思乡情切，在台北厦门街的旧居内写下家喻户晓、广为流传的《乡愁》，吟诵出了对故乡、对祖国大陆的深深眷恋之情……思乡也好，乡愁也罢，都归结于"乡土情结"。何为乡土情结？著名评论家柯灵说："每个人的心里，都有一方魂牵梦萦的土地。得意时想到它，失意时想到它。逢年逢节，触景生情，随时随地想到它……辽阔的空间，悠邈的时间，都不会使这种感情褪色：这就是乡土情结。"当思乡情重时，如何慰藉？地方文献与乡土读物，往往便是首选。如吕振，他18岁离开农村，在城市求学、工作十几年，夜深人静"思乡"满怀时，他便通过阅读乡土读物来寻求慰藉，"刘庆邦的小说《黄泥地》，梁鸿的长篇纪实散文《中国在梁庄》《出梁庄记》，焦波的纪录片《乡村里的中国》《俺爹俺娘》，我都看了很多遍"[①]。

另一方面，乡土文化凋敝、传统文化断裂、城市趋同现象是当代不可回避的事实。我国近几十年来经济高速发展的同时，伴随着成千上万的村落的消失。据第二次农业普查数据显示，2006年，我国的自然村有330万个；据国务院参事

[①] 吕振．我的乡土情结．中国文化报，2018-01-04.

冯骥才调查，到 2011 年，自然村只剩下 270 万个，每天以 80—100 个的速度在消亡。[1]自然村往往是一个或多个家族聚居之地，是由村民经过长时间在某处自然环境中聚居而自然形成的村落，被认为是传统文化的载体之一，它的消失意味着传统文化的消亡、传统文明的解体、人类精神家园的陷落。即使尚存的乡村，其文化传统亦在凋零，如天津市宝坻区黄庄镇村拥有浓郁的剪纸文化，但现在会剪纸的已没几个人了；浙江省桐乡市新农村，历代以蚕桑为生，拥有丰厚的蚕桑文化，但现在年轻一辈基本不懂养蚕种桑，更遑论蚕桑文化……浙江浦江县，拥有 1800 多年历史，素有"文化之邦""书画之乡"之称，当代作家王向阳便生长于浦江县郑宅镇的连宅村，长大后居城市，在年过不惑时萌生回乡之意，但无奈看到曾经熟悉的故园"被推土机推得一马平川，田亩重新划，池塘重新挖，渠道重新修，道路重新建，弄得方方正正，像香糕一样，变成一块陌生的土地"[2]，发出"我回得去的是今日的家乡，回不去的是童年的故乡，心里充满乡愁"[3]的哀叹。当"乡愁无处安放"之时，文脉又该怎样传承？知识分子尤其应该承担起传承文脉之重任，如王向阳说："（我们）有责任也有义务重构精神的故乡，以慰藉游子越来越浓的乡愁，也为理解传统中国与现代中国搭起一座沟通的桥梁。"[4]正是在这种道义、责任、担当驱使下，王向阳写下了《乡愁中国》（浙江大学出版社 2015 年版），原原本本记录了二十世纪七八十年代江南乡村的生活方式；而宁夏回族自治区彭阳县王洼镇崖堡村的高荣峰老人，忧虑村子即将消失，以一己之力修纂了《崖堡村志》，他说："我总算是把全村人对崖堡的记忆，都装在这一本书中，可以说死而无憾了！"[5]作为知识分子群体中的图书馆人，作为肩负文化传播的阅读推广人，我们有能力且更应当承担起这种责任。

当我们思乡怀家之时，承载着乡土文化的书籍便是我们的精神食粮，可以给

---

[1] 数据来源于国务院发展研究中心调查研究报告《城镇化背景下的我国村镇发展的现状和趋势分析》。

[2][3][4] 王向阳.乡愁中国.杭州：浙江大学出版社，2015：334-335.

[5] 张芽芽等."美丽乡村"遭遇文化凋敝难题.新农村（黑龙江），2014（15）：25.

我们以慰藉……这便是分地阅读最先锁定的目标人群。"每位读者都来自不同的地域，都拥有各自的祖籍、故土和家乡；而图书馆则拥有在品种和数量上，都有一定优势的乡土读物和地方文献资源。"①这便是图书馆开展"分地阅读推广"所依据的社会现实和文化事实。②

---

①② 徐雁.把握分众阅读原理，做实分地读物推广——以湖南地方文献主题著述为中心.图书馆，2017（11）：22-28，35.

一、图书馆分地阅读推广主要方式

各级各类型图书馆结合当地地方特色，可以有多种多样的阅读推广方式。常见的方式有地方文献展览、讲座、活动、读书会、编辑导读杂志等。鉴于地方文献展览基本是每一个图书馆都会做且都做得很不错的活动，故在此不再赘述。

1. 举办地方文化讲座沙龙

面向地方文史爱好者，举办地方文献与地方文化讲座，是一个比较有效的阅读推广方法。以嘉兴市图书馆为例，依托图书馆"南湖讲坛"的品牌，该馆多次举办与嘉兴地方历史文化有关的讲座。如，2011年6月到7月，嘉兴教育学院副教授徐志平做客"南湖讲坛"，主讲"人文南湖"系列讲座，身处千年历史古城，坐拥众多文化传承，唯有让城中居民了解家乡才会更热爱家乡。2011年10月22日，嘉兴市图书馆原馆长崔泉森做客"南湖讲坛"，讲述了"辛亥革命在嘉兴"的前前后后。2014年8月2日，"南湖讲坛"邀请嘉兴日报报业传媒集团编辑于能，作了"烟雨楼的故事"专题讲座。2018年5月25日晚上，在图书馆一楼秀州书局举办了"满目山河空念远——《碧血剑》漫谈"的地方文化讲座。这些讲座都涉及嘉兴的地方文化，与嘉兴的地方文献高度相关，成为推广地方文献的良好途径。此外，也可举办更加轻型方便的沙龙、故事分享会等。如嘉兴市图书馆每周四晚上，在总馆一楼秀州书局举办文化沙龙，邀请地方文化研究爱好者来做分享交流。已经举办的有关于金庸武侠文化的沙龙，有关于地方作家作品的沙龙，有关于旅行达人的交流分享会，等等，形式更加轻松活泼。

2. 开展相关主题活动

结合地方文献开展相关主题活动，也是阅读推广的有效手段。例如，近年来

"手抄地方文献活动"在全国数地举办得有声有色。2016 年 7 月 5 日，朔州市图书馆率先启动了"手抄地方文献 50 天"阅读推广活动。在活动开展的第一天，就有近 20 位读者踊跃参与，从最小的 12 岁学生到最大的 82 岁退休老干部，纷纷执笔誊抄。软笔笔饱墨酣，笔下龙蛇腾跃，硬笔端庄丰腴，使人见之忘俗，所抄写内容均为朔州市图书馆馆藏地方文献，《朔州文化名片》《朔州古诗选》《中国门神尉迟恭》等均是首选的誊抄对象。活动结束后，朔州市图书馆对誊抄作品从其思想性、艺术性以及参与者的持续时间等方面进行评奖，并组织专题展览。朔州市图书馆工作人员张志弘强调："地方文献是一个地区文化发展的缩影与积淀，可以为读者认识家乡的历史与现状提供可靠资料，我们举办'手抄地方文献 50 天'阅读推广活动，旨在激发市民了解朔州、热爱朔州的情感。"[1]2017 年 7 月 25 日，朔州市图书馆继续举办"手抄地方文献 30 天"阅读推广活动。2018 年 2 月，这项原创的地方文献阅读推广活动在中国图书馆学会举办的"创新引领未来——第一届公共图书馆创新创意征集推广活动"中，荣获"最佳青年创新奖"。该活动在朔州市图书馆推出后，已在河南师范大学图书馆新乡地方文献整理中心、内蒙古自治区鄂尔多斯市东胜区图书馆地方文献部等多处相继展开，均取得了良好的效果，值得大力推广。此外，嘉兴市图书馆以馆藏雕版"嘉禾八景图"为基础，开展了"让传统文化活起来——雕版印刷体验"活动，让地方文献资源通过主题活动的方式传播到中小学、高校、社会读者中去，亦取得了良好成效。

3. 举办乡邦文献读书会活动

组织乡邦文献读书会活动，是分地阅读推广的重要形式。这方面做得好的案例主要分布在区县一级。如 2015 年 12 月，一些爱好地方文史的朋友在浙江省温州市苍南上书房（现为半书房）成立了知行读书会之苍南地方文献小组，每月制订学习计划，定期开展交流活动，旨在"梳理历代苍南人著述的基本面貌和发展脉络，以读书会的形式推动苍南地方文献的整理、研究"。后经人推荐，他们邀

---

[1] 袁兆辉. 朔州市图书馆举办手抄地方文献活动. 山西日报，2016-07-11.

请了南京师范大学古文献研究所研究员、博士生导师江庆柏作为顾问。此外，乡邦文献往往还与地方档案史料有紧密的联系。例如浙江省嘉善县，于 2014 年 5 月成立了嘉善县地方档案史料收藏研究会。研究会参与者有着共同的爱好和愿望，关心本土文化，收藏和研究地方史料，并通过档案资料编研，为地方文化挖掘、研究、保护和传承尽一份心力。他们还定期举办研究会沙龙，探讨交流关于地方文史资料的研究心得，并且编有《嘉善记忆》杂志，定期发表有关乡邦文化的文章。

4. 编印地方文献导读刊物

地方文献导读刊物肇始于 1994 年嘉兴市图书馆编印的《秀州书局简讯》，其后有温州市图书馆编印的《温州读书报》、海宁市图书馆编印的《水仙阁》、太仓图书馆编印的《尔雅》、温岭图书馆编印的《阅读温岭》、嘉兴市图书馆编印的《味书轩》，等等。以嘉兴市图书馆的《秀州书局简讯》的成长为例，可一窥地方文献导刊在分地阅读推广中的价值。《秀州书局简讯》由范笑我先生主持。范笑我，1962 年生，退休前供职于嘉兴市图书馆古籍地方文献部，本名范晓华，以"范笑我"之名通行于世。1993 年，范笑我在嘉兴市图书馆创办了一个后来名动全国的小书店——秀州书局。他是一个非常热心的文化人士，与全国文化名人如冰心、张中行、黄裳等人均有来往。这些文化老人在当地寻找不到的图书，会写信给范笑我，拜托他来搜寻。而范笑我则将这些与各地文化人来往的信息，统统记录下来，编成一份份简讯，取名《秀州书局简讯》（起编于 1994 年），先是油印，后改打印，装订后邮寄到全国各地的文化人手中，逐渐成为一个全国文化人交流的平台。在 20 世纪 90 年代初尚未进入互联网的时代，这是一个极其重要的交流平台，起到沟通全国文化人的重要作用。2006 年，秀州书局停止营业后，《秀州书局简讯》也随即停刊，成为绝响。但是，范笑我停刊不停服务，继续在互联网平台上进行专业的地方文献阅读推广工作。2004 年 6 月 7 日，他在天涯开通博客，2010 年后，他又转向新浪博客，开设了"听讼楼"博客空间，内容承继《秀州书局简讯》，大体为记载和推介嘉兴一地的古代史料与现当代资料。2018 年 1 月，他又新开设新浪"听叩楼"博客，继续他的地方文献资料整理记录之旅。截至 2018 年 3 月底，其新浪博客的访问量已超过 138 万人次，天涯博客的访问量超过 417 万人次，新开通的"听叩楼"博客访问量超过 3 万人次，在互联网平台上颇具人气。此外，他还点校整理了《古禾杂识·灯窗琐话》，出版了《笑我贩书》《笑我贩书续编》《药窗词画》等地方文献著作，在地方文史爱好者中有着很大的影响力。类似的由图书馆编辑的地方文献与导读类小杂志还有不少，如太仓图书馆编印的《尔雅》、海宁市图书馆编印的《水仙阁》等，将在本书下编中详细讲述。

二、图书馆分地阅读推广注意要点

地方文献及读物本身也分为入门型、普及型、专深型三种。入门型地方文献浅显易懂，如各地旅游部门编辑的介绍旅游景点的小册子。普及型地方文献有一定的知识含量，但大多是已经形成共识的知识结集，如各地宣传部门编辑出版的图书大多属于此类。专深型的地方文献，多是就某一个具体题目，进行深入的剖析，发前人之所未发，有创新，有洞见，这类图书多由专家学者撰写。面对不同学力水平的读者，要能够提供不同层次的地方文献读物。

1. 推广地方文献要有效区分目标读者

从公共图书馆的实际工作经验来看，若是以地方文化为主要内容的分地阅读推广，老年人是地方文献读物的一个极为重要的阅读群体。老年读者不仅喜欢读，同时也喜欢写出自己的认知和经历。因此，公共图书馆适宜将老年人作为分地读物的主要受众之一。老年人在退休以后，拥有大量的自主时间，其中相当一部分老年人会将时间花在诸如书画创作、阅读书报、聊天娱乐等处。地方文献与读物，往往会成为老年人非常喜欢阅读的一类刊物。因为该类刊物所收录的文章，大多是跟当地的历史文化相关的，老年人在当地生活了数十年，对读物中所涉及的地名、人名都有所了解，也有兴趣进行更加深入的阅读。以浙江省平湖市图书馆为例，该馆专门创办了一份刊物，名为《晚晴》，其阅读对象就是退休之后的老年人；栏目主要有《当湖记忆》《当湖名人》《诗词集锦》《历史钩沉》《参观学习》《民俗民情》《生活随笔》《旅游天地》等；作者也多是当地退休老同志。此外，还可以跟当地的政协文史资料编委会加强联系与合作，共同推进地方读物的推广阅读。

于高校图书馆而言，其学生具有五湖四海的特点，而大一新生初入校后，往往需要一定的时间来调整与适应，于是在这一段时期内，便是"乡愁"极易发生的时期。因此，高校图书馆可抓住新生入学季，一方面，开展一系列丰富多彩的分地阅读推广，用于缓解学生的思乡情节；另一方面，可开展本地域地方文献阅读推广活动，以助力新生加快知晓、融入当地文化。

此外，公共图书馆以及中小学图书馆还要注意面向少年儿童的地方文献读物推广。面向少年儿童的乡土文化教育也非常重要。"在未成年人读书活动中运用地方文献，能引导未成年人了解、利用地方文献，养成良好的阅读习惯，提升阅读能力，增强读书活动文化内涵"。[①]目前，有许多中小学校都编制了乡土文化教材，在小学与中学阶段开展乡土文化教育，这也是分地读物推广的重要层面。我们图书馆员在图书馆的分地读物推广工作中，要充分重视与中小学的乡土文化教材结合起来，这样推广的效果会更好。在图书馆举办的阅读推广活动中，可以对乡土教材中收录的文献篇章进行扩展阅读和更深入的分析。

2. 推广地方文献要利用好各种渠道与平台

我们可充分利用官方渠道和民间渠道来做相应的阅读推广工作，具体有图书馆平台、政府平台、本地媒体平台、互联网与新媒体平台等，可结合各种平台开展相应的阅读推广活动。

（1）图书馆平台。作为图书馆阅读推广人，自身所在的图书馆平台是最重要、优先度最高的推广平台，也是从事阅读推广工作最重要的阵地。无论是高校图书馆还是公共图书馆，一切阅读推广活动，最终都要落实到具体的场馆。每个场馆，都是一个展示分地读物的极佳平台。公共图书馆方面，尤其是 2017 年 2 月，文

---

① 吕佳兰. 地方文献在未成年人读书活动中的运用——以海宁市图书馆为例. 图书馆研究与工作，2013（1）：56-57.

化部、新闻出版广电总局、体育总局、国家发展改革委、财政部联合印发了《关于推进县级文化馆图书馆总分馆制建设的指导意见》的通知，为图书馆提供了一个总分馆体系联合展示分地读物的极好平台。以嘉兴市图书馆为例，总馆在人流量比较密集的大厅入口处、办证处、外借处、信息服务与体验中心、参考阅览室等部室，均设置专架，用于放置分地读物与其他宣传资料，方便读者自行取阅。同时，在下辖的两个区分馆、十个乡镇分馆、两个街道分馆均同步放置分地读物，便于展示和取阅。此外，嘉兴市图书馆每年都会与嘉兴日报社、嘉兴新华书店举办"好书有约"活动，定期推荐图书，并向嘉兴市本地读者征集书评，在每年2月份结集出版。在每年2月底的"好书有约"总结大会上，对优秀作者进行奖励，同时向到场听众发放导读小杂志《味书轩·好书有约专辑》。

（2）政府平台或高校平台。公共图书馆作为各地文化部门领导下的事业单位，是国家和地方政府的重要文化窗口，因此应该利用好政府平台，做好分地读物的阅读推广工作。以嘉兴市图书馆为例，在嘉兴市政府设置了24小时自助图书馆，每期《味书轩》杂志都送100册到自助图书馆，供政府工作人员取阅。同时，在市政府文件收发室，为市委办、市府办、政策研究室、政协办公室等30多个部门分发杂志到文件柜，实现定点投送。高校图书馆是学校文化建设、信息服务的重要部分，要做好阅读推广活动，就必须充分借助学校平台。事实上，也唯有借助学校平台，引起校领导的重视，才能获得资源、经费等各方面的资助。

（3）本地媒体平台。借助当地媒体的力量来进行分地阅读推广是非常有必要的。以嘉兴市为例，嘉兴市的媒体主要有《嘉兴日报》《南湖晚报》、嘉兴电视台、嘉兴广播电台等，每家媒体都在文化版块专门安排一名或多名对口联络员，嘉兴市图书馆与这些媒体的联络员一直保持联系，每当图书馆要办阅读推广活动时，都会在第一时间通知到相关媒体的联络人。这样，相关的阅读活动（包括分地读物）信息，都可以通过当地媒体的宣传报道，更加方便迅捷地送达当地群众的家中、电视里、手机里。

（4）互联网与新媒体平台。在互联网时代与移动互联网时代，网络上的新媒体平台是非常重要的传播渠道，能以最快的速度抵达目标读者。现在最重要的新媒体有微博、微信、QQ 群，以及相对小众的豆瓣、知乎等平台。许多图书馆都有自己的微博账号、微信公众号，通过这些便捷的渠道，能够直接与读者进行联系和互动，使得阅读推广活动的开展更有效、更有针对性。

读物联通文脉

中编

地域文化与分地读物

本编以我国文化区域为中心，着重推荐各个文化区域的代表性地方文献，以期为各类型图书馆开展地方文献建设与分地阅读推广，提供一定的文献指南。

第四章

地域文化与分地读物

齐鲁文化之书香

荆楚文化之书香

三晋文化之书香

三秦文化之书香

吴越文化之书香

中原文化之书香

巴蜀文化之书香

燕赵文化之书香

关东文化之书香

草原文化之书香

岭南文化之书香

闽台文化之书香

西域文化之书香

中华文化最早起源于 5000 多年前的黄河中下游地区，经过夏商周三代的发展，到春秋战国时期构成了经济发展方向与水平的差异，形成了丰富多彩、风格迥异的区域文化特征，时齐鲁之地为华夏文化的重心，三晋文化、秦文化、楚文化、吴越文化、巴蜀文化陆续形成。之后经历 2000 多年漫长的封建社会的演变，社会变革及生产力的发展，地区经济文化的联系加强，各地域文化的互相融合，中原文化与少数民族文化的交流与融合，以及朝代更迭、战争频发、人口（民族）迁移、自然条件演变、疆土开拓、外域文化进入等多种因素的影响，地域文化的内容、性质、特点及分布格局不断发展变迁，逐步调整，形成了现今之地域文化分布的基本格局。本书依据辽宁出版社"中国地域文化丛书"，蒋宝德、李鑫生《中国地域文化》，王会昌《中国文化地理》等的分区意见，略作调整，分 13 个地域文化区，分别阐述。

第一节　齐鲁文化之书香

　　齐鲁文化为齐文化和鲁文化的统称。东临滨海的齐国产生了以姜太公为代表的道家思想学说，又吸收了当地土著文化（东夷文化），并加以发展；而春秋时期的鲁国，产生了以孔子为代表的儒家思想学说。战国时期，以稷下黄老道家、孟子二度游学于齐为契机，齐文化与鲁文化开始融合。孟子在齐国居住时间长达10余年，他的学术思想受到了稷下道家的熏陶。荀子在齐、鲁文化合流中也起到了关键作用。荀子兼顾齐学，因而丰富和完善了自己的儒学思想，同时又通过学术交流，把他的儒学思想在齐国文士阶层传播开来。在诸如此类的背景下，齐文化和鲁文化走向融合。齐与鲁两种古老文化存在差异，相对来说，齐文化尚功利，鲁文化重伦理；齐文化讲求革新，鲁文化尊重传统。两种文化在发展中逐渐有机地融合在一起，形成了具有丰富历史内涵的齐鲁文化。

一、齐鲁地域文化读物

1. "齐鲁历史文化丛书"（山东文艺出版社 2004 年版）

　　是书共 10 辑 100 种，每辑 10 种。第 1 辑包括《齐鲁文化概说》《考古学反映的山东古史演进》《齐鲁文明初曙》《东夷古史传说》《大汶口文化》《山东龙山文化》《岳石文化》《商代的山东》《中华名山之首泰山》《齐长城》。第 2 辑包括《姜太公》《周公》《齐桓公称霸》《管仲与〈管子〉》《晏婴与〈晏子春秋〉》《左丘明与〈左传〉》《孔子》《孔子与六经》《〈诗经〉中的山东诗歌》《孙武与〈孙子兵法〉》。第 3 辑包括《齐国威宣盛世》《孙膑与〈孙膑兵法〉》《稷下学宫与百家争鸣》《曾子与〈孝经〉》《墨子与墨家学派》《庄子与〈庄子〉》《孔门弟子》《子思与思孟学派》《孟子与〈孟子〉》《荀子与〈荀子〉》。第 4 辑包括《邹衍与阴阳五行》《田单与田横》《秦皇东巡与汉武封禅》《秦汉齐鲁经学》《滑稽大师淳于髡与东方朔》《齐鲁士人与秦汉社会》《郑玄与今古文经学》《山东汉画像石》《建安文坛上的齐鲁文人》《王弼与魏晋玄学》。第5辑包括《诸葛亮》《左思与左棻》《簪缨世家琅玡王氏家族》《刘勰与〈文心雕龙〉》《贾思勰与〈齐民要术〉》《清河崔氏与北朝儒学》《中古时代的兰陵萧氏》《颜之推与〈颜氏家训〉》《唐初名相房玄龄》《唐代诗人与山东》。第6辑包括《范仲淹与山东》《苏轼与山东》《晁补之与宋代晁氏家族》《山东作家与北宋诗文革新运动》《李清照》《辛弃疾》《金元之际山东三世侯》《丘处机与全真道》《山东元代杂剧》《山东元明散曲》。第7辑包括《李攀龙与"后七子"》《李开先与〈宝剑记〉》《抗倭名将戚继光》《梁山泊与〈水浒传〉》《罗贯中与〈三国演义〉》《兰陵笑笑生与〈金瓶梅〉》《蒲松龄与〈聊斋志异〉》《孔尚任与〈桃花扇〉》《王渔洋与神韵诗》《清代山东名儒》。第8辑包括《郑板桥与潍县》《千古义丐武训》《王懿荣与甲骨文》《威海卫与甲午战争》《晚清山东新式学堂》《晚清山东商埠》《山东古代女杰》《山东古代科学家》《山东古代书画家》《山东著名藏书家》。第9辑包括《齐国史话》《鲁国史话》《山东书院史话》《山东对外交往史话》《齐鲁佛教史话》《齐鲁工艺史话》《齐鲁武术史话》《齐鲁民俗》《齐鲁民居》《齐鲁饮食文化》。第10辑包括《鲁国故都曲阜》《齐国故都临淄》《孟子故里邹城》《齐鲁名塔》《齐鲁名寺》《齐鲁摩崖石刻》《中国著名藏书楼海源阁》《山东老字号》《齐鲁历史文化名人》《齐鲁历史文化大事编年》。

2.《齐鲁史前文化与三代礼器》（王永波，张春玲著，齐鲁书社2004年版）

齐鲁史前文化在远古民族和中华文明形成过程中具有重要历史地位和作用。是书以考古学文化与远古民族、民族分布与九州区划的对应关系为基础，全面论述了三代青铜礼器和礼仪用玉的造型渊源和文化传承，论述了不同时期各考古学文化势力的消长，不同部族的迁徙、交流和融合的过程，指出："中华早期文明是以齐鲁史前文化为主体融合周边其他部族文化而形成的；以鲁中南山地—泰沂山系—为中心的东亚两河平原，乃是'远古中国'民族赖以形成，早期文明赖以发展、演进的中心舞台。"

3. **"齐鲁特色文化丛书"**（朱正昌主编，山东友谊出版社 2004 年版）

是书全 12 册，包括《名胜》《礼仪》《工艺》《戏曲》《服饰》《节庆》《音乐》《杂艺》《人物》《民居》《饮食》《舞蹈》。

4. **"齐鲁人杰丛书"**（山东教育出版社 2016 年版）

是书共 9 册，分别为《兵家之祖——孙子》《一代名相——诸葛亮》《东方哲人——孔子》《亚圣春秋——孟子》《旷世才女——李清照》《志异圣手——蒲松龄》《科技之父——墨子》《翰墨人生——王羲之》《壮怀浩歌——辛弃疾》。

5. **《哲人孔子传》**（许仁图著，上海三联书店 2016 年版）

孔子名丘，字仲尼，春秋末期鲁国陬邑（今山东曲阜）人，我国古代著名思想家、教育家，开创了私人讲学的风气，倡导仁、义、礼、智、信，是儒家学派创始人。是书主要从《论语》取材，参酌《史记》《孔子家语》《四书》《春秋》等典籍，加上推论引证，排出孔子一生言行的时序。孔子从年轻至耄耋，一生思想的蜕变历程也依经解经，清晰呈现。

6. **《稷下学宫与百家争鸣》**（于孔宝著，山东文艺出版社 2004 年版）

稷下学宫又称稷下之学，战国时期田齐的官办高等学府，始建于齐桓公田午，位于齐国国都临淄（今山东省淄博市）稷门附近。稷下学宫是世界上第一所由官方举办、私家主持的特殊形式的高等学府，是中国学术思想史上蔚为壮观的"百家争鸣"的中心园地，有力地促成了天下学术争鸣局面的形成。是书内容包括稷下学宫概说、稷下学宫遗址之谜、稷下学宫的兴盛历程、稷下诸子学派及其代表人物、稷下诸子学说、稷下学宫中的学术活动、稷下学宫的历史地位等。

7. **《海岱文化与齐鲁文明》**（高广仁、邵望平著，江苏教育出版社 2005 年版）

海岱文化是在以渤海、黄海、泰山（岱）、淮河下游（故道）为显著标志的海岱区内发展起来的一支源远流长、自成系统的古代文化。是书分章叙述了海岱文化区各个历史阶段上的经济、社会、文化习俗、意识形态的时代特征及变革；探讨了海岱区文明起源、形成与早期发展的动力以及王权、统治政策、知识阶层在文明发展中的作用。以此为侧面，说明了多源一统的中国古代文明形成道路、特征以及历史在文明与野蛮的矛盾中前进的规律。

8.《齐鲁文化与明清小说》（杜贵晨著，齐鲁书社 2008 年版）

明清小说中与齐鲁文化关系最为密切的作品多为我国乃至世界文学名著。是书以代表性明清小说为例，深入探讨了齐鲁文化对明清小说的影响；内容包括：齐鲁文化——古代小说的摇篮，齐鲁文化与《三国演义》，齐鲁文化与《水浒传》，泰山文化与《西游记》，《金瓶梅》论考，齐鲁文化与《儒林外史》，《聊斋志异》与儒典。

9.《齐鲁兵学》（赵承凤主编，济南出版社 2012 年版）

齐鲁兵学是中国兵学的源头与核心，影响了中国历史乃至世界军事史，有"世界兵学看中国，中国兵学看齐鲁"之说。是书从六个方面展现了源远流长的齐鲁兵学、博大精深的武经典籍、灿如群星的著名将帅、镌刻青史的重大战役、蜚声中外的考证发现、浩如烟海的遗址遗迹。它雄辩地证明了齐鲁兵学几千年来一直居于中华优秀战争文化和兵学文化的主流地位，揭示了齐鲁兵学甲天下的历史现象。

10.《齐鲁家族聚落与文化变迁》（王蕊著，齐鲁书社 2008 年版）

齐鲁家族文化是齐鲁文化的有机组成部分。山东历史上许多权势显赫、历经数百年而不衰的大家族虽然今已烟消云散，但其家族文化却并未随之消失殆尽，其影响至今依然存在。是书以简洁易懂的语言还原历史原貌，勾勒出一幅幅齐鲁传统家族日常生活、读书经商、仕宦的画卷，从中探索齐鲁家族聚落兴衰变迁的内在原因和齐鲁家族文化的内涵。所选取的十大家族极具代表性：曲阜孔氏家族、邹城孟氏家族的显赫是来自历代帝王对孔子、孟子的尊崇；栖霞牟氏、滨州杜氏、聊城傅氏、海丰吴氏是官僚文化世家；黄县丁氏、莒南庄氏是仕宦与经商结合的家族；章丘旧军孟氏和滨州惠民魏氏则是以经商名闻天下的家族。

11.《图说齐鲁地名文化》（齐焕美、于建华著，青岛出版社 2013 年版）

山东省有 16 个地级市、31 个县级市、60 个县、49 个市辖区、10 万多个行政村，分布着约 30 万条以上的地名。是书致力于山东地名文化的研究与普及，涉及的地名以自然地理实体、自然村、名胜古迹、纪念地等为主，也包括部分今天已经消失的古老地名。

12.《蓦然回首：齐鲁画派历史研究》（宋玮主编，齐鲁书社 2014 年版）

"齐鲁画派"是作为一个艺术品牌而被提出的概念，带有明显的地域烙印，特指近现代山东地区的书画家群体。这一群体共分为两个核心层：一是在山东生活和工作的书画家，二是鲁籍并与山东书画界关系密切的书画家。从晚清画家松年开始，"齐鲁画派"先驱画家取得了巨大成就，近代以后，涌现了诸如关友声、黑伯龙、弭菊田、岳祥书等一大批闻名全国的画家，在中国美术史上占有重要的地位。是书共分两部分：第一部分是对"齐鲁画派"的初步研究，第二部分则是"齐鲁画派"书画家的作品集。

13.《近代齐鲁与江南汉族民间衣装文化》（崔荣荣著，高等教育出版社 2012 年版）

传统汉民族服饰具有悠久的历史、繁复精湛的工艺、独特而深刻的哲学与审美意蕴，不仅满足着我国先民的生存需求，同时也编织着民族发展的理想与追求。是书通过深入民间，对我国汉族南北两个具有典型文化特点的地域进行田野考察，并以江南大学民间服饰传习馆藏品为基础资料，对民间服饰进行实证分析，结合历史、民俗志和地方志等文献考证，归纳出两个地区民间服饰及服饰品的形制、色彩与搭配、面料选择、纹饰运用、工艺技术等方面的基本表现特征，及其民俗文化内涵。

14.《齐鲁商贾传统》（朱正昌主编，齐鲁书社 2014 年版）

齐鲁商贾传统的发展离不开齐鲁文化的滋润与供养，同时又成为齐鲁文化的一个组成部分。是书共 4 册，分别为《齐鲁商贾传统·先秦秦汉卷》《齐鲁商贾传统·魏晋隋唐宋元卷》《齐鲁商贾传统·明清卷》《齐鲁商贾传统·近代卷》。《齐鲁商贾传统·先秦秦汉卷》对先秦秦汉时期齐鲁地区的商人的经营行为、经营理念等进行了探讨；《齐鲁商贾传统·魏晋隋唐宋元卷》论述了魏晋南北朝、隋唐五代和宋元三个时期齐鲁商贾传统的演进，注意分析不同时期商品经济发展水平和社会文化环境变化对商贾传统的影响，论述了每一时期商人群体的发展及其经营方式和经营技巧的进步，探讨了不同时期商人的信仰世界及对其经营的影响，另对各时期商业观念或商业思想的发展也有论述；《齐鲁商贾传统·明清卷》

首先探讨了明清山东地区商业交通运输的进步、商品经济的发展及国家政策等对齐鲁商贾传统的影响，然后论述了明清山东商人群体的成长，包括其来源、职业素养、经营范围和业绩及山东商帮的形成和发展，接下来讨论了明清山东商人的经营策略、人际关系、社会公益活动和信仰，最后论述了明清山东地区商业思想的演变；《齐鲁商贾传统·近代卷》则对近代齐鲁地区的商人的经营行为、经营理念等进行了探讨。

15.《**泰山文化研究**》（蒋铁生著，吉林大学出版社 2011 年版）

泰山古称"东岳"，为中华五岳之首，位于山东省中部，自古是百姓崇拜、帝王告祭的神山，有"泰山安，四海皆安"的说法。本书作者生活在泰山脚下，本着对泰山浓厚的感情和长期的学术积累，从泰山名人研究、泰山历史研究、泰山民俗研究等几个方面，对泰山的文化现象、文化痕迹及文化内涵进行了深刻的分析和论证。

二、齐鲁典籍文化读物

1.《**齐鲁古印攗**》（[清]高庆龄藏，上海书店出版社 1989 年版）

清人高庆龄，潍县人，字南郑、叔余，号古雪书庄主人，廪生，好金石，尤精古印，辑校有《齐鲁古印攗》。后其子增补为 5 册，其叔侄郭裕之又增补有《续齐鲁古印攗》。

2.《**齐鲁未刊医籍拾珍**》（王振国主编，人民军医出版社 2014 年版）

历代齐鲁名医留下了大量著作。是书从中选取学术思想突出、影响较大，但在中华人民共和国成立后未曾刊行的医籍，对全国各地特别是山东所藏的孤本、善本，进行系统整理，内容则兼顾医经经典、本草方书、临证各科。主要书目包括明代淄博名医翟良的《痘科类编释意》《疹科纂要》《方药治症提纲》《脉诀汇编说统》《经络汇编释义》《医学启蒙汇编》等。

3.《**齐鲁典籍与小说滥觞**》（王恒展著，齐鲁书社 2008 年版）

齐鲁之地丰富的典籍与中国小说的发生发展关系密切。是书认为：隶属于儒家文化经学范畴的《尚书》《春秋》《左传》《公羊传》《穀梁传》，隶属于历史散文范畴的《国语》《战国策》之《齐策》，隶属于诸子散文范畴的《管子》《论语》《孟子》《墨子》《庄子》《荀子》《晏子春秋》等，其作者或编辑者均为齐鲁（今山东）人，均属于齐鲁文化的范畴。正是这些伟大的齐鲁典籍，不但奠定了齐鲁文化、齐鲁文学的基石，而且其中那些有故事情节、有人物形象、有典型环境甚至已经具有了某些虚构成分的作品，已具有了一定的小说因素，从而形成了中国小说的滥觞。

4.《**齐鲁古典戏曲全集**》（陈公水主编，中华书局 2011 年版）

齐鲁之地具有深厚的戏曲传统，留下了丰富的戏曲文献。是书收入齐鲁地区古代戏曲作家 20 余位，收录现存齐鲁古典戏曲作品 60 余部（其中明清部分，绝大多数为首次整理），上起元代，下至明清，共分 5 卷：元杂剧卷、明清杂剧卷、明清传奇上卷、明清传奇中卷、明清传奇下卷。对所收录的戏曲作家、作品，均按历史年代先后顺序排列。每位戏曲作家之后，依次是作者介绍、剧本题解、戏曲原文、注释以及有关该剧本的笔记、传奇小说和前人题诗词等。

5.《**齐鲁碑刻墓志研究**》（赖非著，齐鲁书社 2004 年版）

山东发现、出土有大量碑刻、墓志作品。是书以"汉代碑刻、云峰刻石、北朝摩崖刻经、汉—唐墓志"为考察对象，阐述碑刻的出土、流传、鉴别，并对碑文进行校读、考释等。

6.《**山东藏书家史略**》（王绍曾、沙嘉孙著，齐鲁书社 2017 年版）

山东自古为文物之邦。自孔子整理六经，以六艺敷教，开私家藏书之风以来，齐鲁藏书大家辈出，代不乏人；私家藏书，蔚然成风，元明以前尤居全国之冠，明清两代亦可与江浙相媲美。是书在对史料钩沉、考订与梳理的同时，对山东历代藏书家进行了系统的、全方位的探索。主要内容包括：先秦、两汉三国、两晋南北朝、隋唐五代、宋、金元、明、清、民国、现代、金石录后序、郡斋读书志序、周书昌别传、海源阁记、楹书隅录初编自序、楹书隅录续编序等。

7.《**海源阁藏书研究**》（丁延峰著，商务印书馆 2012 年版）

山东聊城的海源阁是我国历史上最著名的私人藏书楼之一，清道光二十年

（1840）进士杨以增所建，总计藏书 22 万余卷。它与江苏常熟县瞿绍基的铁琴铜剑楼，浙江吴兴县陆心源的皕宋楼，浙江杭州丁申、丁丙的八千卷楼合称清代四大藏书楼。其中以瞿杨两家所收藏的宋元刻本和抄本书为最多，因之又有"南瞿北杨"之美称，深为海内外学者所仰慕。是书以文献聚散史、文化学术史的交织理路，对海源阁藏书的收集、保藏、抄刻、利用、亡佚情况做了全面、系统、深入的研究，基本摸清了杨氏藏书的真实底蕴；对杨氏于古代目录著录、版本学的探索和研究及其做出的贡献，给予客观的评价和总结。作者另著《清代聊城杨氏藏书世家研究》，主要内容包括：杨氏家世及其发展；杨氏治家、治学与经世；杨氏家族的社会交往；藏书源流与管理维护等。

8.《**海源阁善本叙录**》（丁延峰著，国家图书馆出版社 2015 年版）

海源阁以其收藏精善宏富而著称于世。其中宋元佳椠及名家校抄 400 余种，极为珍贵，是中华民族宝贵的文化遗产。是书从中选取了 38 种善本，从版刻形态、编撰原委、内容、刊刻鉴定、诸本源流、版本价值及递藏始末等方面，对其进行了较全面的挖掘、整理与研究。

9.《**清代山东刻书史**》（唐桂艳著，齐鲁书社 2016 年版）

山东是中国文化的重要发祥地，中华民族主要元典大都出于山东，至清代，在图书的雕版印刷方面取得了辉煌成果。是书以清代山东的刻书为主要研究对象，以时间为序，以官刻、家刻、坊刻三大刻书系统为主，旁及宗教机构、民间组织等刻书，逐府逐县考察，并对每一部书的版本信息、行款版式、题序跋等内容准确记录，加以考证，展示了山东刻书史的全貌。据该书研究，清代山东官府刻书有 500 多种；大小坊铺共 120 多家，有刻书 600 多种；私家刻书最为发达，有 3000 多种。

10.《**山东文献书目续编**》（沙嘉孙编，齐鲁书社 2017 年版）

是书主要内容包括：礼记之属、大戴礼之属、三礼总义之属、乐类、春秋类、春秋左传之属、春秋公羊传之属、春秋穀梁传之属、春秋总义之属、论语之属、孟子之属、四书总义之属等，收录山东地方文献 4900 余部。对每一种文献详细著录书名、卷册数、著者、版本、收藏单位或知见书目，为山东文献的整理和研究提供参考依据。附有《山东文献书目正编勘误表》，以订正《山东文献书目》的部分错误。

第二节　荆楚文化之书香

"楚"一般同"荆"同进同出，号称"荆楚"文化。"荆楚"一词，最早见于《诗经·商颂·殷武》："挞彼殷武，奋伐荆楚。"本指楚族或楚国，后以楚国的境域约相当于古荆州，故沿用泛称长江中游一带。荆，指牡荆；楚，指灌木。古代"荆楚"一词，意为荒芜之地。所以先秦时把荆楚一带的文化视为蛮夷文化。据太史公司马迁考证，"楚之祖封于周，号为子男五十里"。楚人系华夏族的一支，夏商之际，中原地区斗争激烈，楚祝融部的一支被迫南徙，开始在今河南淅川、丹水地区，后推进到今汉水流域荆山一带，和当地土著居民相融合，始有荆蛮之称。周成王时，封鬻熊之后熊绎于楚蛮，才有见于正史"楚"的正式国号和族名。从夏初到战国中期，中原人移居荆楚，带来了中原文化，又和当地居民相结合，从而形成了具有地方特色和民族特色的楚文化。楚人不仅物质文明居春秋战国时期各国之首，而且其精神文明至今仍影响着世人。

楚，既是民族概念，又是国家概念，也是地域概念。楚国是春秋战国时期历史最长的古国之一，历时800余年。荆楚文化的历史，前从远古，后至现代，历史悠久。楚文化是对春秋时期南方诸侯国楚国的物质文化和精神文化的总称，是中华文明的重要组成部分。楚国先民最初生活在黄河流域的中原地区（河南新郑），南迁后给楚地带来了先进的中原文明因素，并以中原商周文明特别是姬周文明为基础向前发展楚文化。现今湖北省大部、河南西南部为早期楚文化的中心地区；安徽北部、江苏北部、河南东南部是晚期楚文化的中心；湖南、江西是春秋中期以后楚文化的中心地区；贵州、云南、广东等地的部分地区也受到了楚文化影响。从文化性质来看，楚文明更多地保留了中原姬周文明的特色，同时也吸收了少量蛮夷文化的特点，时间愈晚，自身的风格凸现则相对较多，沿着整个楚文明始则模仿、继则变异、终则别创的发展路径前进。

一、荆楚地域文化读物

1.《楚辞》

《楚辞》是我国最早的辞赋总集。"楚辞"又称"楚词"，是战国时代伟大的诗人屈原创造的一种诗体。作品运用楚地的文学样式、方言声韵，叙写楚地的山川人物、历史风情，具有浓厚的地方特色。汉代时，刘向把屈原的作品及宋玉等人"承袭屈赋"的作品编辑成集，名为《楚辞》，成为继《诗经》以后，对我国文学发展具有深远影响的一部诗歌总集。

2.《荆楚岁时记》（[梁]宗懔撰）

《荆楚岁时记》是我国最早的一部专门记载古代岁时节令的专著，全书总计37篇，记载了自元旦至除夕的二十四节令和时俗，涉及民俗和门神、木版年画、木雕、绘画、土牛、彩塑、剪纸、镂金箔、首饰、彩蛋画、印染、刺绣等民间工艺美术以及乐舞。这些古代民俗、民间工艺美术延续至后世。其中如门神、彩蛋画、土牛、木版年画等民间工艺美术，至今仍流传。

3."楚学文库"丛书（张正明主编，湖北教育出版社1995—1996年版）

该套丛书总计18部：《楚国的城市与建筑》《楚系青铜器研究》《楚国经济史》《楚史》《中原楚文化研究》《楚文化的南渐》《楚文化的东渐》《楚艺术史》《楚国哲学史》《楚文学史》《楚人的纺织与服饰》《楚国风俗志》《楚系墓葬研究》《荆楚歌乐舞》《楚辞文化背景研究》《楚国的货币》《楚国的矿冶鞣漆和玻璃制造》《楚系简帛文字编》，论述了2000多年前雄踞中华江汉大地数百年的楚国，其文明不仅在当时各诸侯国中名列前茅，而且在世界上也处于领先地位，可与同时期的西方文明相媲美。

4."荆楚文化丛书"（丁凤英主编，武汉出版社2012年版）

该套丛书分胜迹、史传、学术、文艺四个系列，每个系列由10卷组成，凡40卷，约1200万字，堪称湖北历史文化研究与普及的鸿篇巨制。主要书籍包括《荆楚佛寺道观》《荆楚古镇沧桑》《荆楚民居荟萃》《荆楚古墓揭秘》《荆楚桥梁》

《荆楚名山》《荆楚古城风貌》《荆楚名楼览胜》《荆楚名水》《荆楚戏剧》《荆楚书法》《荆楚舞蹈》《荆楚武术与竞技》《荆楚社会生活》《荆楚神话传说》《荆楚绘画》《荆楚雕塑》《荆楚文明曙光》《荆楚音乐》《荆楚古代史话》《荆楚近代史话》《荆楚现代史话》《荆楚科技史话》《荆楚经济史话》《荆楚军事史话》《荆楚建制沿革》《荆楚民间风俗》《荆楚民间文学》《荆楚民间工艺》等 40 部。

5.《荆楚文化》（罗运环主编，山西教育出版社 2006 年版）

是书以史为线索，分门别类地介绍了荆楚大地人民在几千年的文明发展史中所呈现出的多种文化特征，详细叙述了荆楚文化的起源及其发展、演化过程。资料翔实，语言朴实自然，图文并茂，是一部了解荆楚文化的百科全书式的著作。

6.《江汉文化与荆楚文明》（刘彬徽著，江苏教育出版社 2008 年版）

"早期中国文明"丛书之一。是书论述长江中游荆楚地区从史前至汉初的考古文化与文明历程；综述已取得的考古研究成果，并提出不少值得重视的新见解；对荆楚兵器、工具等专题，进行了较全面、深入的论述；讴歌了这一地区早期文明的创造者，赞颂了谱写荆楚历史文化新篇章的文物考古工作者和研究者；对荆楚早期文明的历史地位与荆楚考古的世纪思考，有充满深情的阐述。

7.《中国饮食文化史·长江中游地区卷》（赵荣光主编，中国轻工业出版社2013 年版）

是书运用地方志、考古资料、农业环境、食品生产、餐饮经营等资料，分析这些方面对长江中游地区饮食文化的影响，并梳理出该地区的饮食文化的历史，总结出该区域"饭稻羹鱼"的饮食文化特点。主要内容包括史前时期饮食文明之滥觞、夏商周时期楚地饮食初现风韵、隋唐宋元时期的茶文化及士大夫文化、近现代饮食文化迅速发展等。

8.《湖南楚墓与楚文化》（高至喜著，岳麓书社 2012 年版）

湖南全省发掘的楚墓达 8000 余座，从中可窥楚文化辉煌之一斑。是书对 20世纪 30 年代以来在湖南境内发掘的楚墓和出土楚文物进行了综合介绍和研究论述，分章论述了湖南楚墓的发现与研究概况，湖南楚墓的等级和楚人的礼俗，包括"湖南楚墓的发现与研究概况""民国时期在长沙盗掘出土的楚文物""夏鼐来长沙首次科学发掘楚墓""配合基本建设在全省各地大规模清理发掘楚墓""湖南楚墓研究的进程"等。

9.《战国楚音系及楚文字构件系统研究》（吴建伟著，齐鲁书社 2006 年版）

楚文字和出土楚文字材料的研究是当前古文字学界的热门话题之一。是书内容包括"战国楚文字数据库的建设与运用""战国楚文字系统的单字调查与分析""战国楚音系的构拟""战国楚文字构件的调查与统计""战国楚文字构件的方位研究""战国楚文字羡符研究"等。

10.《楚书法史》（王祖龙著，湖北美术出版社 2013 年版）

楚书法源于商周传统却又有别于商周传统，极具地域特色。是书主要讨论的是楚文化背景下楚系文字书体及其风格演化的历史，兼及工具材料、形式形制、技法技巧和审美观念变迁的考察。这种考察主要从艺术学、文字学、考古学、历史学、文化学和社会学的角度切入，借助已有研究成果对其风格特征和演变规律进行系统梳理。具体而言，是将各个类别的楚书法材料置于上古历史文化背景中，对其发展演化和风格归属进行历时性描述和共时性比较，把握其书写原则和演变规律。在以整体方式观照楚书法艺术风格的一些主要特征及其形成、发展、演化过程的同时，还立足于书法史的结构中，通过对具有代表性的书法品类进行具体考察，从而揭示出特定类别的书法样式之于中国书法史的意义和独特的文化价值。

11.《屈原与楚文化》（潘啸龙著，安徽文艺出版社 1991 年版）

屈原是我国战国时期楚国诗人、政治家，早年受楚怀王信任，任左徒、三闾大夫，兼管内政外交大事。他提倡"美政"，主张对内举贤任能，修明法度，对外力主联齐抗秦。因遭贵族排挤诽谤，被先后流放至汉北和沅湘流域。楚国郢都被秦军攻破后，屈原自沉于汨罗江，以身殉国，成为我国历史上伟大的爱国诗人。屈原作为我国浪漫主义文学的奠基人之一，"楚辞"的创立者和代表作家，开辟了"香草美人"的诗歌传统，被誉为"辞赋之祖""中华诗祖"。屈原作品的出现，标志着中国诗歌进入了一个由集体歌唱到个人独创的新时代。是书探讨了楚历、楚史和屈原生平中两次被放逐和自沉的时间及原因，对屈原的主要诗作如《离骚》《九歌》《天问》《哀郢》《远游》等的作年、题旨、性质和结构艺术进行了研究。

12.《**湖南历代文化世家：四十家卷**》（王勇、唐俐著，湖南人民出版社 2010 年版）

荆楚之地名人辈出。是书为湖南历代文化发展史上具有两代及两代以上相传，并有相当成就和影响的家族 40 家立传，以期反映湖南文化世家的整体面貌。选录者不以是否见于正史经传为限，亦不论所收世家从事的学术门类同异，但均各有著作传世。世家传主一般只写到 1949 年，个别世家在 1949 年后有突出事迹人物的，也只作简要介绍。湘乡曾氏、浏阳欧阳氏、道州何氏、湘潭黎氏、新化邹氏，因单独成书，不在是书选录之列。

13.《**荆楚百位名人**》（宋汉炎、陈昆满主编，湖北教育出版社 2007 年版）

提起楚地的历史名人，人们马上就会联想到"惟楚有材"这个典故。有中华民族人文始祖之一的炎帝神农氏，有"路漫漫其修远兮，吾将上下而求索"的屈原，有明代推行"一条鞭法"的政坛领袖张居正，有为安疆保国而远嫁塞北的王昭君，有为求国泰民安而奋勇革命的恽代英……还有茶圣陆羽、发明家毕昇、医圣李时珍、哲学大师熊十力、民主斗士闻一多、戏剧巨擘曹禺、地质学家李四光等名流，他们在各自的领域开宗立派，独领风骚。是书内容包括"传说中荆楚名人""古代荆楚名人""近现代荆楚名人""古今旅鄂名人"等。

14.《**曾国藩家书**》（［清］曾国藩著，中国言实出版社 2017 年版）

曾国藩家书行文从容镇定，形式自由，随想而到，挥笔自如，在平淡家常中蕴藏真知良言，具有极强的说服力和感召力。尽管曾氏留传下来的著作太少，但仅一部家书就可以体现他的学识造诣和道德修养。曾国藩作为清代著名的理学家、文学家，对书信格式极为讲究，显示了他恭肃、严谨的作风。是书所收录书信记录了曾国藩在清道光三十年（1850）至同治十年（1871）的翰苑和从武生涯。

15.《**血战天下：湘军征战史**》（廖正华著，现代出版社 2017 年版）

湘军是晚清时对湖南地方军队的称呼，或称湘勇。是书是一部关于湘军历史的通俗历史作品，主要侧重于军事方面，全面叙述了湘军自 1853 年成立以来，直至 20 世纪初消亡，对内战争及对外反抗外敌侵略的历史；是历史爱好者了解湘军历史的一本书，也是对湖湘文化的一次别具特色的解读。

二、荆楚典籍文化读物

1. "湖湘文库"丛书

启动于 2006 年，完成于 2017 年。全套丛书共 702 册，分甲乙两编。丛书规模宏大、规划完整，从帛书简牍，到屈贾辞章；从大儒集钞，到通史传记；从书画雕刻，到方言楹联，尽显湖湘文化魅力。为让更多人享受文化大餐，还推出了数字版。

2. "荆楚文库"丛书

启动于 2014 年，以"全方位搜集、整理湖北历代文献，建立完整的研究湖北的资料系统，以深入认识湖北地域特色，传承弘扬优秀文化，促进湖北文化繁荣发展"为宗旨，计划成书达 1600 册，堪称湖北的"四库全书"。2018 年 5 月，首批面世的图书包括《楚地出土战国简册》等 56 种文献、《湖北通志检存稿湖北通志未成稿》等 8 种方志、《楚史》等 25 种今人研究专著。

3.《楚简册概论》（陈伟著，湖北教育出版社 2012 年版）

"楚简"是对战国时期楚地墓葬中出土简册的总称，是迄今发现我国时代最早的古代简牍资料。是书对楚地出土的简册集中论述，涉及简册的发现与研究、整理与解读，还包括简册内容的具体介绍，其中着重研究论述了机构划分、身份地位、司法制度、卜筮丧葬等。书末两个章节集中介绍了出土的一些典籍，对文化研究与积累有积极作用。

4.《楚帛书研究》（李零著，中西书局 2013 年版）

李零致力于楚帛书之研究。是书结集了他多年来研究楚帛书的 11 篇重要学术论文，包括其学术代表作《长沙子弹库战国楚帛书研究》修订版和该文补正，以及其赴美亲验楚帛书写的《楚帛书目验记》《楚帛书与"式图"》《楚帛书的再认识》和相关论文《中国古代的墓主画像》。其中《楚帛书与"式图"》《楚帛书的再认识》同时附有论文的英文稿。这些论文各具特色和代表性，并提供了大量珍贵的一手信息和照片资料，对国内简帛学研究有很高的学术价值。

5.《**现存湖北著作总录**》（阳海清、汤旭岩主编，国家图书馆出版社 2016 年版）

为知见性版本目录，分三大卷，总计 13000 多条款目，130000 多个知识节点。收录历代湖北籍人以各种撰述方式写成的书籍及历代记述湖北的典籍。款目著录包括书名、著者、版本、附注、稽核诸项。

6.《**湖南地方戏剧目提要**》（范正明编著，湖南文艺出版社 2011 年版）

湖南地方戏剧是具有深厚底蕴的湖湘文化的重要组成部分，它萌芽于春秋战国时期，成长于唐宋，兴盛于清代，于中华人民共和国成立后得到了空前的发展，形成了湘剧、祁剧、辰河戏、衡阳湘剧等 19 个不同风格的地方剧种。是书收录了湖南各类地方戏剧目戏文 1000 余出，对抢救、保存地方戏剧文化有重要意义。

7.《**湘人著述表**》（寻霖、龚笃清编著，岳麓书社 2010 年版）

湘人著述浩如烟海，有广为传颂、千古吟唱者，更有随历史的淘浪而沉寂者，留下了无尽的遗憾。从现存一些史书、省志、族谱、诗文集等记载中，可以探寻到湘人足迹，但对湘人著述立言之成就一直未有全面系统的著录。尽管《湖南省志·著述志》中收录古代湖南著述 1624 种，近代 1242 种，现代 1870 种，但仅为现存较为知名、较为重要的湘人著述，不足以反映湖南著述之全貌。而是书从浩瀚的省志、府志、州志、县志、族谱、年谱、地方艺文总集与别集、古今书目、人物辞典等书中，穷搜广采、考证辨伪、钩佚汇辑，收录 1949 年前湖南人著作 3 万多种，湖南籍作者 8000 多人。是书为迄今为止最系统、最全面的记载湘人著述的目录。

8.《**湖湘近现代文献家通考**》（郑伟章、姜亚沙著，岳麓书社 2007 年版）

湖南文献史上具有四大特点：大文献家辈出，重视整理乡邦文献，重视编纂、刊刻文献巨典，重视书目题跋的编纂和版本、目录学研究。是书稽考评述了自藏书万余卷的晚明伍定相、著述近百种的清初王夫子以来，至"年方弱冠即从坊肆游"的叶启勋、自称为"书淫"的叶启发之间，总计 80 位文献家的生平传略、文献活动、藏本菁华、藏书读书刻书处所、藏书印记、书目题跋、纂辑编刻书目，以及文献散佚、传承源流等史实。

9.《湖南家谱知见录》（湖南图书馆编，湖南教育出版社 2011 年版）

从现存文献看，《中国家谱总目》记录有 5 万余种族谱，湖南族谱就占了 1/8。而是书所著录的湖南家谱在总量上大大超过了《中国家谱总目》，囊括了目前存世的湖南家谱 8853 种，涉及的姓氏达 306 个。

10.《湖南文献撷珍》（湖南图书馆编著，湖南人民出版社 2015 年版）

是书以特定的文化现象或特定的文献为陈述支点，一文一图或一文多图，从人物、版本、收藏、流传等各个方面切入，内容涵括作品简介、价值评述、逸闻趣事等。全书分三部分。上编列举近百种对湖湘文化乃至中华文化影响甚巨的湖南文献或文化活动，自内容最古的湖湘文化传说——石刻文献《禹碑》，湖南现存最早的文献实物——战国末年楚简帛书，湖南最早的藏书活动传说——二酉藏书，至民国期间湖南革命文献，再至当今湖南最大的文化出版工程——"湖湘文库"，上下五千年间重要文献，娓娓道来。下编则列举当代湖南各公藏单位所藏珍贵文献，宋元旧椠、明清稿本，皆美不胜收，洋洋大观。附编则为历代有关湖南或湖南人所创作的书画作品。是一部反映湖南文献、湖湘文化发展历程的知识长卷。

　　三晋文化是西周初年至战国末年晋国文化和魏、韩、赵三晋文化[①]的统称，其滥觞于尧、舜、禹传说时代，成熟于西周初年叔虞封唐，兴盛于春秋战国之际，是山西古文化发展的鼎盛阶段，是我国最富特色的地域文化之一。三晋文化区大致以今山西省为主体，旁涉河南、河北、内蒙古和陕西等临近省区的部分地区，后世用"晋"或"三晋"指代山西省。山西省地处我国南北要冲，南部位于中原农耕文化圈中心地带，是中华文明的重要发祥地之一，曾是尧舜禹时期中华民族之政治中心，加之山川地势险固，夏王朝之后历代统一的王朝大都建都附近，千百年来一直是兵家逐鹿之地；北部处于北方游牧文化圈的边缘，中原文化和北方游牧民族文化得以交流、碰撞和融合。文明史上几千年的发展，逐渐形成了三晋文化之兼容并蓄的开放性特质：以中原文化及晋文化为核心，容纳边塞游牧文化以及以佛教为代表的印度文化。山西佛教文化浓郁，云冈石窟、五台寺庙群成为佛教建筑、石刻、雕塑上的艺术宝库；戏曲历史悠久，宋金社戏、元杂剧、明清梆子影响深远；商业资本闻名中外，晋商独领风骚500余年……此外，醋、黄土窑洞、民间剪纸亦都带有浓厚的三晋文化色彩。

一、三晋地域文化读物

　　在推荐三晋地域文化读物之前，有必要先介绍三晋文化研究会。三晋文化研究会成立于1988年8月，是由中共山西省委、山西省人民政府直接领导，山西省委办公厅主管的一个群众性社会学术团体，其在发掘、整理、出版、宣传三晋

---

① 战国初年，晋国分成韩、赵、魏三国，故称为三晋。

古今文化上做了大量工作，其标志性的三大工程是"三晋文化研究丛书"（研究性）、"山西历史文化丛书"（普及性）和"三晋石刻大全"三大系列丛书，出版的图书总计字数超过1.1亿字。其中"三晋文化研究丛书"是三晋文化搜集、整理、研究工作的重大成果和精品之作（包括专著、图史、史籍点校等），涵盖了三晋古代历史和近现代史、地方史志、名人名著、文物考古、民风民俗、戏曲、石刻、晋商、地理、自然风光、宗教、文学艺术、特产、三晋英模等各个领域。"山西历史文化丛书"被誉为山西历史文化和近现代文化的"百科全书"，内容丰富，门类广泛，贯通古今，集历史性、文化性、资料性、通俗性于一体，是山西省有史以来最全面、最系统地反映其历史文化和近现代文化的鸿篇巨制。"三晋石刻大全"则是山西省最全面、最彻底的石刻文献整理、研究和出版工程，被列入"十二五"国家重点图书出版规划项目。以下推荐之书籍，大部分出自上述三大工程。

1.《三晋史话》（胡苏平总主编，山西人民出版社2016年版）

该套丛书共12卷，200余万字，图文并茂，立体式、全景观地讲述了三晋大地上演绎的传奇故事，展现了三晋深厚的文化内涵，包括"华夏之根""黄河之魂""佛教圣地""晋商家园""边塞风情""关公故里""古建瑰宝""太行神韵"等文化品牌。

2.《山西通史》（李茂盛主编，方志出版社2015年版）

是书总计14卷22册，全景式地再现了山西历史发展的全貌，分为通史卷、人物卷和大事记卷三大部分。通史卷又分为远古卷、先秦卷、秦汉魏晋南北朝卷、隋唐五代卷、宋辽卷、金元卷、明代卷、清代卷、中华民国卷、抗日战争卷、解放战争卷、当代卷，描绘了从远古至20世纪末山西纵向的历史进程和横向的政治、军事、经济、社会、文化等各个领域历史变迁的画面。人物卷和大事记卷，分别是对纵贯古今的重要历史人物和历史发展进程中的大事要事的记述，是对通史卷的重要补充和丰富。是书是迄今为止反映山西历史时段最长、涵盖面最广的通史性著述。

3.《晋国史》（李孟存、李尚师著，三晋出版社2015年版）

从叔虞封唐到三家分晋（前11世纪至前453年），前后约600年的晋国史，是山西历史上最为光辉璀璨的一页。是书是一部记述晋国历史的方志，记录了从西周初年唐叔虞被封为唐（晋）君开始，历33个国君，到前453年，晋国被赵、魏、韩三家瓜分为止，详细介绍了晋国各个时期发生的大小事件及农业、畜牧业、手工业、商业等的发展状况。

4.《云冈石窟文化》（赵一德著，北岳文艺出版社1998年版）

驰名中外的云冈石窟是我国最大的早期石窟群之一、最重要的文化遗产之一。云冈石窟始建于北魏，由西域高僧昙曜奉旨开凿，大多完成于北魏迁都洛阳之前，历时四五十年。云冈石窟石雕造像气魄宏伟，内容丰富多彩，现存53个大型洞窟和1100多个小型石龛，总计大小石刻造像5.1万多尊。是书从论述云冈石窟的文化内涵入手，品评了云冈石窟的文化价值，探究了云冈石窟的历史文化、佛教文化、民族文化、民俗文化、艺术文化，以及云冈石窟文化外延、与中国其他石窟文化的比较、价值等。是书指出云冈石窟"是中国石窟文化步入成熟阶段的里程碑，是中国石窟'全石化'的首创者，是鲜卑民族文化的缩影，是北魏王朝的历史博物馆，是南北朝时期佛教信仰的物化体，是世界艺术宝库中的一颗明珠"。

5.《山西古塔文化》（王大斌、张国栋编著，北岳文艺出版社1999年版）

山西境内现存古塔千余座，约占全国现存古塔（3000余座）的1/3，有"古塔之乡"之誉；其风格多彩，造型各异，是地域文化之重要组成部分。是书以我国传统文化为背景，上下两千年，纵横山西八千里，对各类不同风格、造型的古塔进行拍照和品评，并从不同侧面进行多方位研究，是我国第一部研究古塔文化的著作。是书图文并茂，融知识性与普及性为一体，总计收录照片650张，对古塔的缘起、沿革、材质、形制、类型及特点条分缕析、记述分明。

6.《寻访山西古庙》（连达著，清华大学出版社2017年版）

山西省现存占全国约70%的明代以前的大木构建筑，各类形式的古建筑保有量更是高居全国之冠，晋南地区唐、五代、宋、金、元等早期古建筑不胜枚举，明清时期的古建筑群更是数量极为庞大，被誉为"古建筑爱好者的天堂"。是书按地域划分，以绘画和游记的形式将晋东南、晋南的中国传统建筑之美展现给读者，同时也记录了众多古民居的现状。

7.《山西四大梆子唱本精粹》（赵黛明著，三晋出版社 2010 年版）

山西是"戏曲之乡"，地方戏剧源远流长，在我国戏剧史上的地位举足轻重。四大梆子是指山西传统戏曲剧种中的蒲剧（蒲州梆子）、晋剧（中路梆子）、北路梆子和上党梆子。其中，蒲剧、晋剧、北路梆子同根异枝，一脉相承，皆为梆子声腔的正宗；上党梆子起源于素有深厚戏曲传统的古上党郡泽、潞二州，由明清时期外地传来的罗子戏、卷戏和地方小戏俗曲，融会了从山西西南、晋中流入的梆子戏而成，并在 2006 年 5 月 20 日经国务院批准列入第一批国家级非物质文化遗产名录。是书在分别对蒲州梆子、中路梆子、北路梆子、上党梆子论述基础上，展示了 32 部唱本精粹。

8.《漫话山西醋》（刘集贤、万良适著，山西人民出版社 1980 年版）

外地人谈到山西人的饮食爱好，往往用一个字概括："醋"。山西老陈醋是中国四大名醋之一，具有 3000 余年历史，素有"天下第一醋"之盛誉，以色、香、醇、浓、酸著称于世。山西醋文化既源远流长又丰富多彩。是书采用通俗易懂的讲故事、讲传统的方式，较系统地介绍了山西醋的发展历史、品种特色、酿造技术。

9.《晋商兴衰史》（张正明、张舒著，山西经济出版社 2010 年版）

晋商是明清时期国内势力最大的商帮，也是国际贸易中的一大商人群，可与世界商业史上著名的威尼斯商人、犹太商人相媲美。其活跃时间之长，自明初至清末达 500 多年，在世界商业史上亦属罕见；其活动范围之广，不仅遍及国内各地，而且延伸至欧洲、日本、东南亚和阿拉伯国家；其经营项目之广，"上自绸缎，下至葱蒜"，无所不包；尤其在清代创立票号后，商品经营资本与金融资本相结合，曾一度执全国金融界之牛耳。是书采用了从古到今的叙事脉络，以历史的恢宏博大之框架，清晰地再现了晋商的兴衰史，并分析了其兴起、兴盛及衰落各阶段的原因，探究了其历史作用与地位。

10.《中国文化世家·三晋卷》（高增德主编，湖北教育出版社 2008 年版）

三晋之地作为我国古代文明发祥地之一，在文化学术各个领域不仅多有不祧之祖，而且出现了绵绵相传、几世不绝的世家，据不完全统计可达 147 家之多。

是书展示了汉代楼烦班婕妤世家，魏晋安邑卫觊世家，魏晋太原王昶世家，魏晋平遥孙楚世家，魏晋闻喜裴秀世家，南朝闻喜裴松之世家，北朝河东柳僧习世家，南朝解州柳世隆世家，隋代太原王劭世家，隋唐龙门王通世家，唐代祁县温彦博世家，唐代太原王维世家，唐代河东柳芳世家，唐代张彦远世家，宋代司马光世家，宋代河中马远世家，金元陵川郝经世家，金元太原秀容元好问世家，金元隩州白朴世家，金代浑源刘挒世家，金代稷山段克己、段成己世家，明代薛瑄世家，明代阳城张慎言世家，明末清初戴廷栻世家，清代太原傅山世家，清代兴县孙嘉淦世家，清代兴县康基田世家，清代寿阳祁韵士世家，清代五台徐润第世家，清代平定张穆世家、近代洪洞董文焕世家、冯如京世家，清代乡宁杨笃世家，近代榆次常乃德世家及太谷赵昌燮世家等 35 家在哲学（儒道佛，4 家）、史学（地理，17 家）、文学（9 家）、书画（5 家）领域之代表性世家。

11.《三晋古今历史名人大典》（张海亮主编，人民出版社 2013 年版）

三晋名人辈出，如春秋五霸之一的晋文公重耳，中国唯一的女皇帝武则天，中国"武圣"关羽，中国第一部编年体通史《资治通鉴》的作者、宋代著名史学家司马光，《三国演义》作者罗贯中，唐代诗人王勃、王维、白居易，唐代文学家、政治改革家柳宗元，明末清初思想家、文学家、书画家傅山……是书全面记载了 340 位古今三晋名人的生平事迹和主要贡献，分为上古篇、夏商周篇、秦汉篇、魏晋南北朝篇、隋唐篇、宋元篇、明清篇、政治篇、科教篇、文化篇、经济篇等，被誉为"三晋名人展览馆"。

12.《法家史话》（孙开泰著，社会科学文献出版社 2011 年版）

战国时代诸子蜂起，百家争鸣，是我国思想史上少有的黄金时代。法家是百家争鸣中的一家，是以法治为指导思想的学派，而三晋之地是法家的大本营：法家思想根植于三晋，著名的法家人物大多出生或曾活动于三晋，与三晋有着千丝万缕的联系。法家的创始人李悝，其所著《法经》奠定了法家之理论基础。之后，吴起在魏楚对法家思想的实践、申不害对法家"术"的思想的提出、慎到对法家"势"的思想的创建、商鞅在秦国的两次变法，以及韩非子对法家理论的全面总结，使法家思想不断完善。是书以此为脉络着重介绍了法家思想在先秦时期的发展过程，并深入分析了其对秦以后社会所产生的深远影响。

13.《荀子传》（刘志轩、刘如心著，花山文艺出版社 1995 年版）

三晋是名家和纵横家的活动中心，名辩思潮的活跃和政变之士的纵横捭阖，是战国三晋文化的显著特色。出生于赵国的荀子，堪称当时最为博学和最具批判精神的著名学者。他前半生在赵国度过，50 岁后游历天下，考察各国政治，交往各国学派，并从政楚国。晚年定居楚国，收授弟子，著名思想家韩非子和政治家李斯均出自其门。荀子融通百家，是先秦诸子思想的集大成者；博大宏富的荀学承前启后，在思想文化史上具有划时代的意义。是书依据史料并参考现代学者的研究成果，对荀子的一生进行了传述，包括"人之性恶""天行有常""赵国论兵""治土一方""蚕赋"五部分。

14.《源晋姓氏与寻根》（张海瀛、张晨著，山西人民出版社 2017 年版）

在中国历史上，姓氏文化的发展与山西密切相关：上古尧舜禹后裔的姓氏、张姓、王姓、郭姓、陈姓、刘姓，始迁祖都是从山西出去的；魏晋南北朝时，山西是鲜卑姓氏改为汉姓的地方；明代时，山西洪洞大槐树移民遍布全国。是书主要讲述了源自山西的各大姓氏。

15.《晋宝藏：山西省馆藏文物精华》（山西省文物资料信息中心编，山西人民出版社 2016 年版）

山西保存有极为丰富的古代文化遗存，其中有世界文化遗产 3 处，国家历史文化名城 6 座，全国重点文物保护单位 452 处，被誉为"古代东方艺术的博物馆"等。是书从山西省各地文物收藏机构所藏一级文物中遴选精品 500 余件（组），上起新石器时代，下至清代，分"青铜""玉器""陶器""瓷器""书画""雕塑"和"杂项"七个篇章，汇编成册，集中而全面地展示出山西几千年的文明历程。

二、三晋典籍文化读物

1."山右丛书"

山右，即山西，因山西地处太行山之右而得名，向有"山右畿疆屏蔽，西北膏腴"之誉。是书作为大型晋人古籍丛书，收录上自隋唐，下至晚清、新文化运动前后千余年间的山西文化著作，以文、史、哲类人文学科著述为重点，突出学术性、文学性、专著性。该丛书的目标是挖掘整理山西学人之富有学术价值，但尚未被社会和学界充分重视，传布不广甚至濒临遗忘或几乎不为人所知的著作，故最鲜明的特征是不选山西籍历代大家广传于世的集子和一再出版的专门著作，如王通、王维、白居易、柳宗元、司马光、元好问、傅山等硕儒大家的作品都没有收入。自 2009 年启动以来，《山右丛书·初编》《山右丛书·二编》已先后于 2014 年、2017 年出版。其中《初编》初版于 1937 年，时收入自唐迄清代 28 位晋籍学者、作家的重要著作 38 种、附录 5 种，于 1986 年得以影印再版，于 2014 年经点校后再版。《二编》收录 34 种晋人著作，包括宋代 3 人 3 种，明代 17 人 31 种，包含《敝帚集》《枢政录》《大司马张海虹先生文集》《张司隶初集》《条麓堂续集》《蒲坂杨太宰献纳稿》等珍本。

2.《三晋石刻大全》

石刻，指镌刻有文字的历代碑、碣、造像碑、经幢、石幢（内容非经文者）、摩崖题记、墓志铭、画像石等，是历史文化的重要载体。由于表里山河的缘故，山西历代保存下来的石刻大概超过 10 万通，堪称全国之最。山西石刻种类繁多，形态各异：有记事碑、纪念碑、文告碑、诗文碑；有长方形的、正方形的、椭圆形的、组合形的；碑刻阳面记载人物事件，碑刻阴面记载组织者、捐资人的姓名与款项，极具价值。山西古籍出版社（现三晋出版社）与三晋文化研究会自 1998 年开始整理山西石刻，先期出版了全省除忻州、吕梁外的 11 个市的 9 部石刻总目，名《三晋石刻总目》，共收录石刻 2 万余通。在此基础上，启动宏大的"三晋石刻大全"工程。自 2009 年 8 月出版第一部《临汾市洪洞县卷》起，已出版高平、陵川、泽州、阳城、盐湖区、曲沃、侯马、寿阳、宁武、灵丘等 20 余部。其基本体例为图文对照，先介绍碑刻的历史、尺寸、石质、内容等基本情况，配以拓片，然后具录碑文。所收内容，上自该县最早石刻，下止存于现今的碑文，时间绵延 1000 余年。

3."山西文华"丛书

该项目启动于 2015 年 7 月，是一套全面收集山西历史文化特色的重磅文化典籍，分为"史料编""著述编""图录编"三大编，被业界誉为山西的"四库全书"。其中"史料编"收集晋地所存方志、档案、日记、族谱、报刊等内容文献；"著述编"收集晋人著作（含长期在晋学人之著述）；"图录编"收集晋地所存文化遗产，包括古建、壁画、彩塑、出土文物、书画、皮影、年画等。拟整理出版1500 册图书，分 9 年共 3 期完成，于 2017 年已出版第一批项目。

4.《山西文献总目提要》（刘纬毅主编，山西人民出版社 1998 年版）

山西地方文献源远流长，滥觞于春秋时的晋国，显著发展于汉晋南北朝，辉煌于隋唐，瞩目于宋代，空前繁荣于明清。是书在对山西文献进行普查基础上编撰，总计收录文献 5075 种。其中第一部分"地方史"收书 1070 种，第二部分"地方志"收书 822 种，第三部分"晋人著述"收书 1467 种，第四部分"晋人批校"收书 86 种，第五部分"山西刻书"收书 92 种，第六部分"晋藏珍稀善本"收书 235 种，第七部分"碑刻拓片"收集 1066 种，"补遗"收书 237 种。2002年，李裕民撰文《〈山西文献总目提要〉补正》，补充了 23 种文献。

5.《山西藏书家传略》（薛愈编著，山西古籍出版社 1996 年版）

山西历史上不乏著名藏书家。是书所辑之山西藏书家，自南北朝后魏起至清亡止，计 190 余人。所藏不止于图书，亦包括书、画、碑、帖以及钟鼎、彝器等文物。所辑诸藏书家，按时代顺序排序。

6.《山西藏书史话》（王开学、李红著，山西春秋电子音像出版社 2004 年版）

山西藏书文化源远流长。是书阐述了自春秋至近代的山西藏书之历史。据此书，山西最早的官府藏书是春秋时代的"司晋之典籍"，可与我国最早的官府藏书之起源——周之"藏室"平分秋色；佛寺藏书亦随着山西佛寺的建立而较早产生；书院藏书最早始于唐代永济五老峰下的费君书院（民办）；私人藏书则始于孔子，其是我国古代最早的私人藏书家。

7.《山西期刊史：1900—2008》(《山西期刊史》编纂委员会编，山西人民出版社 2010 年版）

期刊是近现代主要的出版物种类之一，它在山西的产生虽迟于全国发达地区，但也有了百年历史。在不同的历史时期，山西的期刊都有过不俗的表现，尤其是改革开放后的 30 年更是山西期刊有史以来大发展、大繁荣的时期。是书采用编年体例对山西期刊 1900 年至 2008 年的发展历史作了详细叙述。

8.《山西革命根据地出版史》(齐峰、李雪枫著，山西教育出版社 2010 年版）

1937 年至 1949 年，中国共产党在山西建立了晋察冀、晋绥、太行、太岳四大革命根据地。在四大革命根据地内，书、报、刊等出版活动非常活跃，不仅出版了《论持久战》《小二黑结婚》等具有重要历史价值的书籍，还建立了一套完整的印刷、发行体系，成为我国近当代出版史上不可或缺的一环。是书全面、系统地梳理了四大革命根据地的出版脉络，包括编、印、发等各个环节，介绍了如邓拓等一大批出版人物，并配有诸多珍贵历史图照。

9.《山西地方志史》(刘益龄著，三晋出版社 2015 年版）

山西地方志编撰历史源远流长，随着汉光武帝刘秀诏修《南阳风俗传》而拉开序幕，今有据可考最早的地方志则是魏晋时期的《上党记》。2000 余年发展至今，山西地方志的发展如何，到底有多少种、多大的存量？《山西地方志史》对此进行了探究。是书以时代为脉络，厘清了山西地方志产生、发展、演变的历史进程，并归纳各时期山西地方志编纂的总貌与特点，对明代、清代和民国时期山西地方志编纂的研究尤为详细。据此书所记，山西地方志旧志有 865 种，其中魏晋时期 5 种，隋唐时期 15 种，宋辽金元时期 70 种，明代时期 303 种，清代时期 394 种，民国时期 78 种（山西地方志新志另计）。

10.《山西新编方志书目提要》(山西省图书馆编，山西人民出版社 2009 版）

是书主要收录 20 世纪 80 年代以来山西新编的社会主义新方志，并以 2006 年底以前馆藏为限，总计 1026 种。其中省志 73 种，市（地）志 52 种，县（市、区）志 313 种，乡镇（街道）志 9 种，村志 25 种，专门志 554 种。

第四节　三秦文化之书香

　　三秦，原指雍王章邯、塞王司马欣、翟王董翳三位被项羽封在关中地区为王的秦朝降将。后来三秦成为地理名词，指代关中地区，见于《晋书》《北史》等。三秦日后成为整个陕西的别称。也可指陕西以地理气候差异由北至南三分为：陕北、关中和陕南。关中之名，始于战国时期，一般认为西有散关（大散关），东有函谷关，南有武关，北有萧关，取意四关之中（后增东方的潼关和北方的金锁两座）。四方的关隘，再加上陕北高原和秦岭两道天然屏障，使关中成为自古以来的兵家必争之地。古人习惯上将函谷关以西地区称为关中。《史记·项羽本纪》："沛公欲王关中，使子婴为相。"《过秦论》："始皇之心，自以为关中之固。"所以三秦文化，主要指的就是关中地区的独特文化。三秦文化中，在学术上最有代表性的是关学。关学作为儒学史上承前启后的一个重要学派，从北宋到清末，延续了800余年，影响深远。从地域角度而言，"关学"即关中之学。明代著名学者王阳明曾说："关中自古多豪杰，其忠信沉毅之质，明达英伟之器，四方之士，吾见亦多矣，未有如关中之盛者也。"

一、三秦地域文化读物

1.《**西周史**》（许倬云著，生活·读书·新知三联书店1994年版）

　　在这部对西周研究有奠基之功的书中，作者着重描述了西周如何从一个蕞尔部落发展成为一个国家，而且建构了超越国家的封建秩序。作者尽力描述西周在成立国家以后，内部的改变，尤其是提出由于国家统治机制的发展，导致职务专业化、逐步形成官僚体制的过程。西周中叶以后，经济力量逐渐发展，呈现了政治力量以外的社会力量，例如，裘卫家族如何从皮毛商人，因其财富而一步一步踏入政治上层。在文化发展方面，着重描述西周文化圈的扩张，甚至超越了政治力量的版图。是书出版 20 多年来，中国考古又有许多新发现，故作者邀请哥伦比亚大学李峰教授为该书增补第 2 版作长跋，描述 20 多年来种种考古新发现的大概情形。

2.《秦文化》（王学理、梁云著，文物出版社 2001 年版）

秦文化的发现与现代中国考古学的产生基本同步。20 世纪 30 年代，为了探索周、秦二族文化，考古工作者赴陕西调查。20 世纪 50 年代至 60 年代初，考古工作者先后在西安半坡、长安客省庄、宝鸡福临堡、宝鸡秦家沟等地发掘了一些春秋中期至战国晚期的秦墓。20 世纪 70 年代至 80 年代初，关于秦文化的重大发现接踵而至：秦始皇兵马俑坑举世瞩目，云梦秦简令学界沸腾，雍城陵园规模之大前所未见，秦国都城的真面目在考古学家的手铲下开始显山露水。20 世纪 90 年代，研究趋向专门化，在金文、陶文、城市、陵墓方面相继有专著问世。是书全面综述了 20 世纪秦文化考古的重要发现与研究成果，回顾了秦文化考古发现与研究历程。

3.《三秦文化》（黄新亚著，辽宁教育出版社 1993 年版）

三秦文化在中国文化发展史上有着极其重要的地位，渭河流域和黄土高原是中华文明的重要发祥地之一；关中的长安，是周、秦、汉、隋、唐等 11 个封建王朝的千年古都，也是丝绸之路的起点；陕北，则作为民族融合的重要场所而令人瞩目。三秦文化在公元 906 年以前，曾集中反映了中华文明的成就，以汉唐长安为标志，如日中天照耀着整个世界，显示着古代中国曾经具有的开放与创造风貌及值得华夏子孙永远自豪的文化传统。宋元以降，三秦作为临制西北的军事重镇，凭借其地理与文化优势，仍然在历史上有许多出色的表现，创造出既有西北风格，又保持中国文化基本精神的精彩内容。是书探讨了中国文化在三秦大地上的反映、三秦文化历史内容及产生各种历史现象的原因。

4.《关中文化概论》（李志慧主编，西北大学出版社 2013 年版）

是书共分三编 19 章。导语部分，纵向梳理了关中文化的起源、发展和演变，横向分析了关中文化的生态学特征。上编分析关中的物质文化，包括春耕、夏耘、秋获、冬藏的农耕生产，衣食住行的物质生活。中编分析关中的精神文化，包括哲学、经学和关学等学术；官学、私学和书院的教育体制；先秦史学、两汉史记与汉书，以及通典、长安志、长安图志等史学；历代关中文学；历代关中书法；历代关中美术；秦腔、眉户、皮影与木偶等戏曲；佛教、道教及其他宗教。下编分析关中的风尚与习俗，包括家礼、乡礼和祭礼等礼俗；婚姻形态与仪式等婚俗；丧、葬、祭等葬俗；传统节日和民间节日等节俗。

5.《**陕西通史**》(郭琦、史念海、张岂之主编，陕西师范大学出版社 1997 年版)

是书是陕西历史的实录，力求真实详细地记述由远古到当代陕西地区、陕西人民行进的历程，总计 14 卷，300 余万字，分为通史卷和专史卷两部分。通史卷共 9 卷，按历史朝代断代分为原始社会卷（第 1 卷）、西周卷（第 2 卷）、秦汉卷（第 3 卷）、魏晋南北朝卷（第 4 卷）、隋唐卷（第 5 卷）、宋元卷（第 6 卷）、明清卷（第 7 卷）、民国卷（第 8 卷）、中华人民共和国卷（第 9 卷）。专史卷共 5 卷，按专史性质分为革命根据地卷（第 10 卷）、经济卷（第 11 卷）、历史地理卷（第 12 卷）、民族卷（第 13 卷）、思想卷（第 14 卷）。14 卷书是一个有机的整体，合起来，贯通古今，是陕西历史的一幅长卷，是一部全面、详细、系统的地方大型通史。分开来，各分卷也自成系统，9 卷通史卷是各断代时期的陕西断代历史，5 卷专史卷则是各具特色的专门史。

6.《**关中：长安文化的沉积**》(朱鸿著，商务印书馆 2011 年版)

长安是中国历史上第一座被称为"京"的都城，也是中国历史上第一座真正意义上的城市。是书主要介绍了唐长安和汉长安的文化，详细介绍了长安的地理范围在哪里，时段又居何许？长安的前身是谁，后裔又是谁？长安文化具有什么特点，它对这个世界有什么现实意义？作者得出的观点是：长安在关中，关中有长安。作者通过该书表达的思想为：在关中考察史迹，以探讨长安文化的沉淀。

7.《**大秦帝国**》(孙皓晖著，河南文艺出版社 2008 年版)

大秦帝国作为时代精神汇集的帝国，集中地体现了那个时代中华民族的强势生存精神。中华民族的整个文明体系之所以能够绵延如大河奔涌，秦帝国时代开创奠定的强势生存传统起了决定性的作用。是书是一部描述秦兴亡生灭过程的长卷历史小说，分为《黑色裂变》《国命纵横》《金戈铁马》《阳谋春秋》《铁血文明》《帝国烽烟》等六部。主要内容为：在礼崩乐坏、群雄逐鹿的春秋末年，面临亡国之祸的秦国于列强环伺之下，崛起于铁血竞争的群雄列强之林。从秦孝公开始，筚路蓝缕，彻底变革，崇尚法治，统一政令，历160余年六代领袖坚定不移地努力追求，才完成了一场伟大的帝国革命，扫六合而一统天下，建立起一个强大统一的秦帝国。

8.《**西安：都市想象与文化记忆**》（陈平原、王德威、陈学超编，北京大学出版社 2009 年版）

是书收文 20 则，按论述对象分为：第一辑"考古学及历史学视野中的长安"，第二辑"古典文学视野中的长安"，第三辑"近现代文化史视野中的西安"，第四辑"当代西安的阅读与写作"，第五辑"古都西安的回顾与展望"。

9.《**陕西关中传统民居建筑与居住民俗文化**》（李琰君著，科学出版社 2011 年版）

是书在地理环境、自然条件、民居沿革、民居类型、装饰构件、民居文化以及传统民居的保护与传承等方面进行研究的基础上，系统地总结了关中传统民居建筑与民俗文化的渊源、特征及发展规律，解读其历史信息和所蕴涵的优秀传统民居文化，挖掘其潜在的艺术与文化的价值。

10.《**关中夫子**》（赵国庆著，陕西师范大学出版社 2014 年版）

书院具有 1000 多年的历史，是我国古代独有的教育机构和学术研究场所，不仅对传播中华文明、推进世界文明向前发展做出了重大贡献，而且对我国的教育、藏书、建筑、学术等文化事业的进步产生了积极作用。关中不但拥有大量的帝王历史遗迹，也拥有不可胜数的文人文化景观，关中文人士子在中国文化史中扮演着不可或缺的重要角色，影响中国思潮文化的变迁。是书以临潼居善书院、横渠书院为题引，切入陕西蔚为壮观的书院文化，延伸介绍关学的重要内容和思路，刻画关中学者性刚尚气、精义入神的独特气质，彰显士子文人的志趣情怀，勾勒中国几千年文官体制背后传奇的精神文化世界。

11.《秦文化之考古学研究》（陈洪著，科学出版社 2016 年版）

是书立足于已有研究成果，从考古学视野研究秦文化，主要以西周、春秋、战国时期及秦代渭水流域、江汉地区秦墓为对象，重构秦墓出土铜、陶器分期编年，并重点讨论秦墓头向时空分布、秦人葬式及其与社会等级的关系等问题。旨在从考古学的视角，揭示两周时期的秦，一个最初附属于周王朝的弱小地方势力，其社会结构的变化及其逐渐统一中国的过程。

12.《古朴秦川：三秦文化特色与形态》（袁凤东编著，现代出版社 2014 年版）

是书主要内容包括"文明开化——古老历史""人文性格——三秦风骨""历史积淀——灿烂文化""民间风采——独特神韵"，并特别介绍了古朴浑厚的西周青铜器、举世无双的秦始皇陵与兵马俑、宏大精美的大佛寺石窟、历史悠久而丰富的耀州窑、陕西各地独具特色的民居、精美绝伦的蓝田玉雕、随俗渐进的陕西木版年画、遥相辉映的西安钟鼓楼、最耀眼的陕北说书艺术、独具魅力的安塞腰鼓、绚丽多姿的民间舞蹈、叹为观止的宝鸡社火、源远流长的西安鼓乐、备受瞩目的陕西文学、被誉为"活化石"的秦腔、形式多样的陕西曲艺等。

13.《陇南秦文化民俗资料》（邱正保、张全新、田佐主编，甘肃人民出版社 2011 年版）

陇南是秦人兴起之地。以今礼县大堡子山、圆顶山为中心，在西汉水发源处及两条重要源头水的流域，留有一些很早的民俗。这同陇南偏僻、闭塞的地理位置有关。唐代以后这里不再成为政治家关注、军事家争夺之地；随着褒斜道的疏通，这里也不再成为入川的主要通道。于是，近 1000 多年来陇南的西和、礼县一带成为一个相对封闭的地区，这里的一些民俗，被封闭、保存了下来。如礼县盐官的骡马市场，西和、礼县的乞巧风俗等。是书分为农耕、岁时、饮食、服饰、婚俗、丧俗、礼俗、民居、民间工艺、民间文艺、民间说唱、口头文学、民间崇拜等 13 类，基本涵盖了早期秦人活动腹地——西汉水中上游地区传统民俗文化的各个层面。

14.《贾平凹陕西小吃小识录》（贾平凹著，上海文化出版社 2015 年版）

在陕西这块浑厚的黄土地上，因地域不同、民族不同、物产不同、气候不同，构成了它丰富奇特的习尚风俗，各地的小吃正是这种习尚风俗的一种体现。书名是贾平凹曾经在《西安晚报》开设的专栏名称，介绍了醪糟、羊肉泡馍、岐山面、凉皮子、葫芦头、桂花稠酒、浆水面、柿子糊塌、腊汁肉及肉夹馍等 22 种陕西风味小吃。

15.《白鹿原》(陈忠实著，人民文学出版社 2012 年版)

在从清末民初到中华人民共和国成立之初的半个世纪里，一阵阵狂风掠过白鹿原上空，每一次的风云变动都震荡着它的内在结构：打乱了再恢复，恢复了再打乱。《白鹿原》细腻地反映出白姓和鹿姓两大家族祖孙三代的恩怨纷争。小说里，人物的命运是纵线，百回千转；社会历史的演进是横面，愈拓愈宽；传统文化的兴衰则是全书的精神主体，人、社会历史、文化精神三者之间相互激荡，相互作用，共同推进了作品的时空，在我们眼前铺开了一轴恢宏的、动态的、极富纵深感的关于我们民族灵魂的现实主义画卷。

二、三秦典籍文化读物

1. **"关学文库"丛书**(西北大学出版社 2015 年版)

关学是由北宋思想家张载创立并在陕西关中传衍的理学学派，也是陕西地域文化最具代表性和影响力的学派，在中国思想文化史上具有承前启后的重要地位。"关学文库"是陕西省文史研究馆和西北大学出版社联合举办的"十二五"国家重点图书出版规划项目，并于 2015 年 10 月出版发行，总 40 种、47 册、2300 万字，是我国第一部对上起北宋、下迄清末民初的关学基本学术文献进行整理与研究的大型丛书，对于传承、弘扬和创新优秀传统文化，彰显中国学术的主体性，推动儒学创造性转化、创新性发展具有重要意义。

2.《陕西金文集成》(张天恩主编，三秦出版社 2016 年版)

对我国古代金文的整理与著录，从北宋算起至今已有千余年的历史，但用现代科技和理念整理与著录金文资料，尚不足百年。改革开放以来，对金文及其载体——青铜器的研究日益成为考古学的重要组成部分。陕西金文数量、质量闻名遐迩，金文中以西周金文篇幅长、文字多，而大部分西周长篇金文出土于陕西，最著名的西周金文资料有毛公鼎、大小盂鼎、大小克鼎、散氏盘、虢季子白盘、何尊、墙盘、逨盘等。是书为国家社科基金重大项目之一，收录了 150 多件两汉三国有铭文铜器，其铭文涉及地名、官名、人名等，是研究两汉三国历史文化，中国文字从商周大篆到秦汉小篆、隶书嬗变的绝好资料。

3.《**陕西石刻文献目录集存**》（李慧主编，三秦出版社 1990 年版）

是书收录了 24 部金石专著和 6 部志书中所列于 1949 年之前发现和出土的陕西石刻文献目录，是一部带有索引性质的陕西石刻文献目录专著。共收目录 3161 条，包括碑石（碑刻和石刻）、碣、墓志、塔铭、经幢、造像、石阙、摩崖等。

4.《**陕西碑石精华**》（余华青、张廷皓主编，三秦出版社 2006 年版）

是书从陕西境内现存近 2 万种碑石中精选出具有珍贵史料价值、艺术价值和书法价值的碑石 281 种，依照碑石刊刻时间先后为序进行排列，无确切纪年者，排于各朝代之末。

5.《**华山碑石**》（张江涛编著，三秦出版社 1995 年版）

华山以及华阴全境面积仅 817 平方千米，23 万人，实为弹丸之地。是书收录了该地自春秋战国至中华人民共和国成立前的碑碣、墓志、石柱题刻、砖铭、瓦当等文献遗存 306 种。这 306 种石刻文献，从不同侧面记载了华山地区的政治、经济、军事、民族、文化、教育、艺术、宗教、伦理、风俗、赋税、诉讼、灾异、兵燹等史实。在这批文献中，只有 10 余种见诸于前人著录，其余近 300 种均为首次公之于世。是书为"陕西金石文献汇集"之一，余者为《秦封泥集》《周原甲骨文综述》《榆林碑石》《汉中碑石》《安康碑石》《昭陵碑石》《重阳宫道教碑石》《高陵碑石》《户县碑石》《户县碑刻》《咸阳碑刻》《秦铜器铭文编年集释》《澄城碑石》《陕西出土历代玺印续编》《潼关碑石》《楼观台道教碑石》等。

6.《**秦出土文献编年订补**》（王辉、王伟编著，三秦出版社 2014 年版）

是书从金文、兵器、玺印、封泥、陶文、竹木简牍、漆木器等方面对秦文字的资料研究进行回顾和归纳，对不同的学术问题进行比较分析，同时，对今后秦文字的研究工作提出了设想和期望。

7.《**陕西古籍总目**》（吴敏霞主编，陕西人民出版社）

是书是陕西省境内现存汉文古籍的综合目录，旨在全面反映陕西现存汉文古籍的品种、版本及收藏情况，对于清理和保护陕西丰富的古代遗存，利用传统文献开展工作、宣传陕西特色传统文化、建设物质文明和精神文明都具有重大的历史意义和现实价值。

8.《**陕西回族古籍名录**》（陕西省民族事务委员会编，太白文艺出版社2013年版）

是书是陕西省回、汉学者专家及民族事务工作者历经多年收集整理而成的回族古籍名录，时间范围自元代至民国末年，是抢救、发掘、保护少数民族古籍的成果。内容分书籍类、文档案、铭刻类、其他类等。

9.《**清代学者名儒与陕西地方志的修纂**》（王雪玲著，科学出版社2016年版）

是书充分利用实录、史传、碑志、文集、年谱、方志等资料，在综合考察清代陕西地方志的修纂历程、数量、质量等问题的基础上，梳理了清代学者名儒在陕西的学术活动以及方志修纂情况，总结其学术思想、治学方法在清修陕西地方志中所起的作用以及对旧志的体例、内容带来的影响，进而探讨这些地方志的史料价值。

10.《**秦地小说与"三秦文化"**》（李继凯著，湖南教育出版社1997年版）

后世沿用"三秦"之称，代指如今陕西的三个区域：陕南、关中和陕北。是书所说的"秦地小说"，便是在这块荣辱交并、故事特多的土地上生长、开放的精神花朵；所说的"三秦文化"，也便是在这块历史悠久的厚土上生成、传播的人文成果，无论从物质到精神，还是从民间到宫廷，各种文化成果都有极为丰富和辉煌的纪录。不仅在这块土地上曾诞生大量的典籍，而且那些地上地下的文物也成了令人叹为观止的巨大博物馆。而那些上乘的秦地小说，既有秦地特殊的风土人情，又有普遍的共同命运为基本内容，且主要以乡土文学的特质为人所关注。是书主要内容包括"20世纪秦地小说的文化轨迹""20世纪秦地小说的文化格局""20世纪秦地小说的文化主题""20世纪秦地小说的文化心态""20世纪秦地小说与民间文化""20世纪中国文学格局中的秦地小说"。

吴越，为古代地名，亦是汉地江浙地区的借代词。吴越即是现在的江苏南部、上海、浙江、安徽南部、江西东北部一带地区。吴越一名来自春秋吴国、越国的国名，各取一字。先秦时期，吴越属百越部落中一支。吴越是古代的国别，而非民族概念，具体来说，指向于春秋时建立于长江三角洲地区的勾吴、于越二国。吴越文化有其鲜明的标志形式，如舟楫、农耕、印纹硬陶、土墩墓、悬棺葬以及好勇尚武、淫祀和断发文身等。因五代十国时期割据一方的吴越国，自此"吴越"一名便用来指代吴越国疆域所包括的这些地方。吴越文化，难分难舍。在过去漫长的历史时期中，吴越本属一家人，几千年来，彼此生活在同一区域之内，没有地理上的隔阂，大家使用同一语言文字，生活习惯彼此相同，而且同属一个民系，血统相同。唯一例外，就是在政治上经常会分分合合，只是如此而已。当然，由于几千年来的政治纷争，每每造成人口的大量流动（如西晋灭亡，北方世族与难民之南下等），这时候，会带来某些"外来文化"，如"中原文化""齐鲁文化"等，与之交互融会的结果是吴越文化内涵更为丰富，或许可以称之为混合文化，实际上就是"江南文化"。

一、吴越地域文化读物

1.《吴越春秋》（[汉] 赵晔撰）

是书为一部记述春秋战国时期吴越两国史事的史学著作。前五篇为吴事，起于吴太伯，迄于夫差；后五篇为越事，记越国自无余以至勾践称霸及其后人，注重于记述吴越争霸的史实。

2.《**吴文化的根基与文脉**》（徐国保著，东南大学出版社 2008 年版）

吴文化以今苏南、浙北、赣北、皖中南为代表，泛指吴地古今物质文明和精神文明的所有成果。是书以广义的吴文化为底色，采用二重证据法，深入系统地研究、考证吴文化的基础和背景、根基与文脉，传统与现代互动，挖掘吴地历史资源，唤醒吴地记忆，接通吴地历史文脉，提出了在吴文化研究领域中鲜有提及的一些独到见解，凸现出吴文化完整体系的雏形、根性与智性，并对吴文化与现代社会、吴文化的当代价值、吴文化与和谐社会建设等诸多论题进行了深入研究，展现出吴文化的多元性与开放性风采。

3.《**吴越丧葬文化**》（陈华文、陈淑君著，华文出版社 2008 年版）

人类是唯一有自主意识从事丧葬活动的动物。在漫长的人类历史中，这种活动一直伴随着人类，并随着不同的人文和自然环境的变化，创造出丰富多彩的丧葬文化。在这当中，吴越丧葬文化所呈现的独特性更显代表性和典型性。是书首次在广泛的意义上证明文化作为区域的存在，尤其是丧葬文化与区域文化在历史背景、生态环境，以及文化发展方面的紧密联系。

4.《**吴越钱氏文人群体研究**》（[日]池泽滋子著，上海人民出版社 2006 年版）

吴越钱氏家族是指吴越国开创者钱镠及其后裔。钱镠为五代时吴越国的开国国王，对杭州和江浙一带的经济发展起了奠基作用，其子孙代代有名人，如清代乾嘉学派的代表人物钱大昕，当代政治家或学者钱其琛、钱正英、钱学森、钱伟长、钱三强、钱锺书、钱复、钱穆等。是书对钱镠家族文人群体的形成、文学活动、文学成就及其对北宋和后世文坛的贡献和影响等做了深入的研究。

5.《**吴越文化的越海东传与流布**》（蔡丰明主编，学林出版社 2006 年版）

吴越之地与日本、韩国等东亚国家联系较为密切。长期以来，其以独特的地理、社会与人文优势，向日本、韩国等东亚国家输送了大量的文化资源，并对这些国家的文化发展产生了极大的影响。是书详细阐述了一些有关吴越文化东传方面的重要问题，如吴越文化东传的历代移民与文化东传的关系、稻作文化的东传与流布、吴越茶文化与日本的茶道、越瓷文化与日韩的关系、中国东南沿海民间礼俗与文学创作的传播，等等。

6.《吴越歌谣研究》（刘旭青著，中国社会科学出版社 2012 年版）

吴越歌谣不仅是吴越地区民间文学的精品，也是吴越地区的历史地理、方言、民俗、社会、文艺、音乐和传播等多学科研究的珍贵资料和载体。是书以音乐文学为主视角，辅以历史地理学、方言学、民俗学、社会学、文艺学、音乐学、传播学等多学科研究成果，对吴越地区的政治、经济、文化、地理等作历史的、全方位的透视，在此基础上对吴越歌谣进行系统、全面的解读；剖析吴越歌谣生成的文化背景，及其与其他文化现象的生态联系，并阐释其内容、体制、形态诸方面的特质。

7.《明代后期吴越城市娱乐文化与市民文学》（戴健著，中国社会科学文献出版社 2012 年版）

明代后期，吴越城市中戏剧演出、评话、唱曲、百戏杂艺等场上表演和剧本、小说、蒙书、小品文等休闲阅读都非常兴盛。是书通过对当时吴越地区城市娱乐文化的生存状态、传播途径、主要特点等的考察，梳理了其与市民文学创作与传播的关系：吴越地区是晚明新人文思潮的策源地和汇聚地，代表市民精神诉求的非正统思想正是通过市民文学得以反映，并以娱乐消费为渠道得以迅速、广泛地传播。

8.《吴越民间信仰民俗——吴越地区民间信仰与民间文艺关系的考察和研究》（姜彬主编，上海文艺出版社 1992 年版）

是书基于对江、浙、沪两省一市较广泛的社会调查基础上完成。全书从神歌、仪式歌、宣卷、民间戏曲、舞蹈、美术、谜语、灯会、传说故事等诸多方面，对吴越地区民间信仰的产生、发展、变迁乃至衰亡的全过程进行了历史的考察，揭示了吴越地区民间信仰与民间生活、民间文艺之间的内在联系。是书重点指出，吴越地区的民间信仰活动早在远古时期就已十分盛行，其形式主要有动植物信仰、图腾信仰、龙信仰、神灵信仰、鬼灵信仰、巫术、禁忌、占卜等。在特点上：一是庞杂性，除了佛教与道教以外，还有大量的民间神；二是地方性，其崇奉的地域大都限于一乡一村；三是习俗性，各种神佛信仰活动都与当地一定的民间习俗活动紧密结合在一起。

9.《**中国古代小说与吴越文化**》(万晴川等著，光明日报出版社 2010 年版)

是书主要论述古代小说与儒学、佛教、道教、民间信仰、民间宗教等之间的关系，着重通过小说路径研究探讨吴越地区与中原文化的异同、内涵及发展，包括传统文化对小说创作思想和艺术构思等方面的影响及小说对中国文化产生和形成的影响。

10.《**明代江南园林研究**》(顾凯著，东南大学出版社 2010 年版)

江南园林是中国古典园林的杰出代表，特色鲜明地折射出中国人的自然观和人生观。是书在深入翔实的史料发掘基础上，对众多明代江南园林实例进行详细的考察，并以园林观念和造园实践两方面为切入点，在历史文献构筑的语境中展开对具体命题的分析，揭示出江南造园在明代这一历史时期的具体变化。是书将明代划分为四个时期并分别进行研究，每个时期的江南园林有着各自鲜明的特色：初期冲击剧烈、陷入低迷，中前期重塑形象、渐复元气，中期风气剧变、转向繁荣，而晚期更是辉煌全盛而又有深刻转折——园林不仅获得空前的地位，而且通过"画意"营造标准的确立，造园在历史上首次获得了自身独立的形态审美价值。从而，中国园林史上第一次诞生了较为系统、完整的园林创作理论著作，第一次出现"造园艺术家"群星璀璨的局面，也前所未有地成就了一大批营造复杂、景致精美的"名园"，而园林营造技法在叠山、理水、花木、建筑各个方面都发生了深刻变化，极大地影响了中国造园史的进程。

11.《**东南蚕桑文化**》(顾希佳著，中国民间文艺出版社 1991 年版)

我国祖先养蚕种桑历史已有 4000 多年。梅堰遗址发现了新石器时期的蚕纹装饰，钱山漾新石器遗址出土了丝绢残片等实物。春秋吴、楚两国曾因争桑而引发了一场战争；三国孙权曾发布"禁止蚕织时以役事扰民"的诏令……形成了丰富璀璨的蚕桑文化，主要集中表现在江南的杭州、嘉兴、湖州等地区。是书在采风基础上，对以杭州、嘉兴、湖州为主体的蚕桑文化进行了研究。

12.《**技艺与性别：晚清以来江南女弹词研究**》(周巍著，上海人民出版社 2010 年版)

是书从社会史路径，进入对晚清以来的江南女弹词的研究，更加关注长时段的文化、心态、习俗、信仰、仪式、组织、结构、区域、普通人的生活、地方社会对国家的制衡等，从而导向于江南吴越的区域史研究。

13.《二胡艺术与江南文化》（李祖胜著，湖南人民出版社 2010 年版）

是书运用民族音乐学的研究方法，对二胡艺术与江南文化之间的关系作一比较全面、系统的研究，旨在寻求民族器乐与民族文化之间的直接对话，探寻二者之间关系的一般规律。

14."锦绣江南"丛书（孙欢等著，上海远东出版社 2010 年版）

该丛书包括《锦绣江南》《瓷之江南》《茶之江南》《鱼米江南》《商之江南》5 册，图文并茂，展现出一幅幅别开生面的历史画卷，凸显了江南的文化底蕴与地域特色。丛书选取江南文化中最具代表性的文化符号和地域特色——丝、瓷、茶、物产丰饶、商业气息浓厚——进行了诗意而又翔实丰富的阐释。解读江南文化语词、讲述江南文化故事、剖析江南文化现象、咏叹江南文化成果是本丛书贯穿始终的四大主题。

15.《清代江南女性文学史论》（宋清秀著，上海古籍出版社 2015 年版）

清代是古代女性文学最为发达的时期，无论是作者还是作品数量，都是前代无法比拟的。而江南女性文学又是清代女性文学的杰出代表。是书选取清代各时期江南地区最著名的女性作家作品及其文学活动进行详细、深入的研究，对于女性作家的心灵、生活、交友、创作内容、艺术特色以及文学理论等都有细致分析，并揭示了当时女性文学兴盛的社会原因。

二、吴越典籍文化读物

1.《古代书画著作选刊：吴越所见书画录》（[清]陆时化撰，上海古籍出版社 2015 年版）

清代太仓陆时化是著名藏书家、书画家，不仅家聚书万卷，且嗜法书名画，亦富收藏，善鉴藏。是书收录了陆时化中年游历吴越诸名邑时所收藏的前人法书名画 628 件。记其纸绢，详其行款，汇编而成。书前有《书画说铃》29 则，后有《书画作伪日奇论》1篇。作者精于书画鉴赏，所论颇有精到之处，被有识之士评为继孙承泽《庚子销夏记》、高士奇《江村销夏录》之后又一部著录书画的权威著作。

2.**《明末江南的出版文化》**（［日］大木康著，上海古籍出版社 2014 年版）

江南之地出版文化浓郁。是书聚焦于明末江南地区的图书出版，考察其背景、有关现象、代表人物和著作、对社会文化的影响等。与常见的侧重于讨论书籍的版本、流传问题不同，是书更着力于讨论当时书籍的产生、流通过程本身诸问题，并运用了社会史的研究方法。

3.**《江南女性别集》**（胡晓明、彭国忠主编，黄山书社 2008—2014 年版）

江南女性曾在明清文坛创造了属于她们自己的辉煌。胡文楷《历代妇女著作考》著录清代女性达 3660 余人，而曼素恩据胡著统计的数据显示，"长江下游"的清代女作家有 2258 人，占清代女作家总数的 70.9％。是书即是专收明清时期江南女性别集的大型丛书，综合性别文学研究、地域文学研究二者之长，入选者多为不常见之刻本、稿本和钞本，至 2014 年已版 4 编。

4.**《明代的江南藏书：五府藏书家的藏书活动与藏书生活》**（陈冠至著，台北花木兰文化出版社 2006 年版）

江南之地藏书历史源远流长、藏刻书文化极为发达。尤其自明代以来，江浙一带刻书兴盛，藏书独领风骚，如宋濂青萝山房、叶盛菉竹堂、王世贞小酉馆、项元汴天籁阁、范钦天一阁、赵琦美脉望馆、祁承㸁澹生堂、钱谦益绛云楼……其时盛况，可窥一斑。是书对明代松江府、常州府、杭州府、嘉兴府、湖州府这江南五府地区的商业、贸易、交通等方面加以分析，描述了当时五府地区书业的繁荣局面。江南五府文人之间互相的交往，也使得一些古籍得以流通、阅览。社会经济及文化的发展，使明代的五府地区成为藏书丰富的地区。

5.**《清代江南藏书家刻书研究》**（王桂平著，凤凰出版社 2008 年版）

清代江南区域藏书鼎盛。是书以清代江南藏书家的刻书为切入点，把江南藏书家之藏书与刻书二者结合起来，重新审视作为清代社会重要的文化活动之一的刻书的基本情况、清代江南藏书家刻书特点，与时代政治、经济、文化等的关系，以及清江南藏书家刻书对后世的深刻影响与巨大贡献。

6.《**苏州传统藏书文化研究**》（曹培根著，广陵书社 2017 年版）

苏州藏书文化是江南藏书文化的典型代表。是书分为"苏州藏书概论""苏州藏书世家""苏州藏书家传"上中下三篇，各有侧重又互为补充、遥相呼应。上篇从历史角度纵向切入，勾勒了苏州自先秦至近代的源远流长的私家藏书发展历史及特色：春秋时期开启了江南崇文藏书的历史传统，汉魏南北朝至隋唐五代时期多郡望藏书，宋元时期成为藏书家聚集之地，明代私人藏书得到大发展，明末至清前期成为中国私家藏书的中心地，清末在内忧外患下逐渐式微，近代以来在战乱不断及公共图书馆不断发展影响下愈趋减少，中华人民共和国成立后出现捐赠为公现象。中篇以世家为切入点剖析藏书世家及其文化传承，具体以苏州藏书史上的 16 个可以代表一个时代的藏书世家群体进行个案研究，考述这些藏书世家的藏书家、藏书活动、藏书处所、藏书留传，探究其藏书特色、藏书思想及藏读成就。下篇按时间顺序考述了苏州历史上的 839 位藏书家（含流寓）的简要生平及藏书史实。

7.《**浙江藏书史**》（顾志兴著，杭州出版社 2006 年版）

浙江自古地灵人杰，藏书家辈出。是书以时代为主线，起自东汉三国，迄于 20 世纪前半叶民国时期，以私家藏书为主，又搜采丰硕材料，记述宫廷官府、书院、寺观藏书，对浙江长达 2000 年藏书事业做了极有系统的论述。在论述中，注意与当时经济发展和当地人文条件结合，既记叙各时期藏书事业的进展所具备的条件，又充分探索社会文化因素。

8.《**浙江女性藏书**》（凌冬梅著，浙江工商大学出版社 2015 年版）

浙江不仅藏书文化源远流长、博大精深，而且女性亦有丰硕的藏书成果。是书为我国首部研究女性与藏书的学术著作，旨在通过对浙江藏书女性的深入考证，对其藏书、护书事迹的系统研究，展示浙江女性藏书的悠久历史与风貌，从而彰显女性在浙江藏书史上的重要作用，以及浙江女性藏书在中国藏书史上的重要地位。

9.《浙江藏书世家研究》（史宁、陈心蓉著，浙江大学出版社 2016 年版）

吴越之地多藏书世家。是书以浙江藏书世家为研究对象，提出了藏书世家的基本定义和评判标准，对浙江藏书世家的发端、发展、鼎盛、没落过程做了基本阐述，从外部和内部环境两方面分析了影响浙江藏书世家形成、兴盛、世代相传的因素。是书以地区为横线，以时代为纵线，描述了具有代表性的晋至民国浙江 50 余家藏书世家的家族起源与迁移、世系、各藏书家简介、藏书源流、藏书传承、藏书处所、藏书归宿，以及各藏书世家的交游资料、校勘、刊刻、著述等诸方面，归纳总结了浙江藏书世家的藏书特点、藏书理念，着重介绍了家族藏书的延续性，以及在此基础上藏书世家成员在各领域取得的贡献与成就等。

10. 其余"江南藏书文化"书籍

除上述外，尚有《吴兴藏书录》《武林藏书录》《天一阁藏书考》《浙江藏书家史略》《浙东三祁藏书和学术研究》《浙江藏书家藏书楼》《天一阁丛谈》《书城琐记》《历代名人与天一阁》《苏州藏书史》《琅嬛福地天一阁》《智者之香——宁波藏书家藏书楼》《瞿氏铁琴铜剑楼研究》《藏书家陆心源》《皕宋楼藏书流布及宋元版追踪》《苕水悠悠芸香远——湖州藏书研究》《嘉兴藏书史》《杭州藏书史》《鲍廷博藏书与刻书研究》《项元汴书画典籍收藏研究》《浙东藏书史》《嘉兴刻书史》《钱谦益藏书研究》《嘉兴历代进士藏书与刻书》《常熟藏书史》《台州藏书史》等。

中原文化博大精深，是以中原地区为基础的物质文化和精神文化的总称，最早可追溯至公元前约 6000 年至公元前约 3000 年的新石器时期。中原又称中土、中州、华夏，是指以洛阳至开封一带为中心的黄河中下游地区。狭义上指今天的河南省，而当与外敌对应时，中原又泛指中国。中原地区是中国建都朝代最多，建都历史最长，古都数量最多的地区，夏朝、商朝、西周、东周、玄汉、东汉、曹魏、西晋、北魏、后赵、冉魏、前燕、东魏、北齐、隋朝、唐朝、武周、后梁、后唐、后晋、后汉、后周、辽、北宋、南宋、金等先后有 20 多个朝代，300 多位帝王建都或迁都于此。中原一直是中国政治、经济、文化和交通中心，自古就有"得中原者得天下"之说，逐鹿中原，方可鼎立天下。中国有历史记载或考古证据表明较长时间的主要政权的八大古都中，中原地区占据 4 个，分别是十三朝古都洛阳、八朝古都开封、七朝古都安阳、夏商古都郑州，此外还有商丘、南阳、濮阳、许昌、登封、夏邑、偃师、虞城、淮阳、新郑等古都。在中国历史上，中原自上古至唐宋，一直是中国的政治、经济、文化中心，而中原文化，在某种程度上就代表着中国传统文化。

一、中原地域文化读物

1.《河南中原文化》(高文麒著，经济科学出版社 2013 年版)

是书用行走的视野和深度，寻找人文的鲜活与感动：河南古称中州，是中原所在、中国中心，中华文明气势磅礴的发源地之一，"白马寺"号称释源，汉传佛教从此开枝散叶；"少林寺"禅武合一，东土禅宗自此发扬光大；"嵩阳书院"名儒云集，北宋理学在此传道授业；"龙门石窟"万象缤纷，佛像雕刻于此登峰造极。关云长忠义长存，阮籍借酒避祸，白居易悠游香山，二祖慧可断臂求法，包龙图铁面无私……益加彰显中原大地的辉煌。

2. **"中原文化记忆丛书"**（刘少宇总主编，河南科学技术出版社2011年版）

丛书共18册，具体介绍了中原各地的文化特色。具体有：《创世古都——郑州》《梦华宋都——开封》《千年帝都——洛阳》《鹰城古韵——平顶山》《文化古都——安阳》《淇水诗源——鹤壁》《风生牧野——新乡》《河朔名邦——焦作》《中华龙乡——濮阳》《曹魏故都——许昌》《字圣故里——漯河》《虢国故都——三门峡》《华商之都——商丘》《三皇故都——周口》《骥跃天中——驻马店》《楚风汉韵——南阳》《豫风楚韵——信阳》《愚公故里——济源》。

3. 《**河南话与中原文化**》（段亚广著，中国国际广播出版社2014年版）

河南方言底蕴深厚、内涵丰富，很多语汇都附带着历史文化信息，自出现至今，4000多年来，对中原文化有着深刻的影响。是书主要介绍河南方言及其所承载的文化，包括河南方言的历史演变、覆盖范围，河南方言的语音、词汇、语法系统，河南方言的应用及其价值，河南方言的艺术形式等。内容既具有专业知识性，又具有趣味性，同时还具有浓郁的地域文化色彩，是普及河南方言与中原文化的通俗读物。

4. 《**华夏之中：中原文化特色与形态**》（张学亮编著，现代出版社2015年版）

是书分为"文明源流——文化萌芽""传承之光——历代圣贤""开创辉煌——魅力中原""灿烂风采——百艺流芳"4部分。特别讲到了集三教文化于一身的嵩山，造像最多的龙门石窟，神采飞扬的洛阳唐三彩，高雅秀丽的开封汴绣，古雅的朱仙镇木版年画，玲珑剔透的南阳玉雕，以及源远流长的中原民俗，铿锵大气的河南豫剧，充满生活化的河南曲剧，热烈豪放的开封盘鼓，戏苑奇葩罗山皮影戏，百花争艳的中原乐舞，禅武合一的少林武术等。

5. 《**河南古代建筑史**》（邹学德、刘炎主编，中州古籍出版社2001年版）

河南是中国古代建筑最发达的地区之一。是书采用宏观与微观相结合的方法阐述，既有综合评述，又选用了233项古建筑及遗址的实录进行具体介绍，使读者通览全书后，既可全面了解河南古代建筑及各历史时期建筑的发展历程与特征，又能通过实录了解不同类型、不同时期建筑的造型、布局、用材与构造技术，加深对河南古代建筑的印象与认识。

6.《中原文化探微——安阳殷墟》（张文波主编，世界图书出版社 2013 年版）

作为殷商王朝后期的都城遗址，殷墟曾是中国历史上最早的一个长期稳定的都城，是青铜器时代中期东方一个独具特色的王城，更是中国最早的文字甲骨文的发祥地。自公元前 14 世纪商代第 20 代王盘庚把商都迁于殷，历经 8 代 12 王 273 年，盛享"王朝古都"之美誉，使其成为世界文明古国中最著名的古都之一。是书以安阳殷墟为主题，以殷墟文化为主线，以都城遗址、青铜器和甲骨文为原点，全面而生动地讲述了 20 世纪殷墟发现的过程及研究成果，对古都安阳、商城遗址灿烂的青铜器文化及最早的文字甲骨文做了详细的描述，清晰呈现 3000 多年前的殷墟文化。

7.《殷墟甲骨文》（王宇信、王绍东著，文物出版社 2016 年版）

甲骨文是中国的一种古老文字，又称"契文""甲骨卜辞""殷墟文字"或"龟甲兽骨文"，是汉字的早期形式，是中国现存最古老的一种成熟文字，最早出土于河南省安阳市殷墟。是书分别从著录、现藏、分期、释文、译文、字词解析、价值等方面进行详解，并且前有简述，简要回顾了甲骨学研究百年历程，介绍了甲骨文与传统文化、甲骨文学习入门参考等；后有附录，列出了重要甲骨学著述。

8.《老开封：汴梁旧事》（屈春山、张鸿声著，河南人民出版社 2005 年版）

开封是八朝古都，历史曾在这里大起大落，造就了辉煌，也演出过惨剧。是书分"旧京王气""城池巷陌""水的故事""革命与新政""佛、道、犹与寺、观、庙""老字号""梨园旧韵""学府梦忆""文化的新与旧之间""相册里的摩登时代"等 10 章记述了开封城的历史风貌。

9.《洛都圣象：龙门石窟》（陈晶鑫著，中州古籍出版社 2014 年版）

自"汉明求法，白马西来"之后，洛阳就成为中土佛教重镇，佛法一脉而承。两晋南北朝直至后世，因统治者多崇佛重佛，洛阳佛教传法不辍。是书详尽地介绍了龙门石窟造像的历史、社会背景，造像的种类和名称，造像的艺术等。

10.《**嵩岳，中华文明的摇篮**》（张维华、吴凤池、贾敏仁著，河南人民出版社 2008 年版）

嵩山古称"外方"，夏商时称"崇高""崇山"，西周时称"岳山"，以嵩山为中央左岱（泰山）右华（华山），定嵩山为中岳，始称"中岳嵩山"。嵩山位于河南省西部，地处登封市西北面，西邻古都洛阳，东临郑州，是中华文明的重要发源地。是书从嵩山文化圈形成的环境、条件、发展机制入手，选取在我国传统文化中占有重要地位的河图洛书、儒家文化、道家文化、佛教文化、天文科技等几个重要方面作为标本，追根溯源，通过对它们的产生、发展、壮大的历史过程系统梳理和深入研究，发现它们的起源、发展和演变都与以中岳嵩山为中心的中原地区紧密相连。

11.《**豫剧史话**》（谭静波著，社会科学文献出版社 2015 年版）

豫剧起源于河南，以唱腔铿锵大气、抑扬有度、行腔酣畅、吐字清晰、韵味醇美、生动活泼、有血有肉、善于表达人物内心情感著称，是中国五大戏曲剧种之一。因其音乐伴奏用枣木梆子打拍，故早期得名河南梆子。是书主要内容包括"大中原出了'土梆戏'""豫剧的分支与流派""豫剧的三次改革""丰厚的家产""豫剧的美学品格""豫剧在全国""新世纪的跨越"。

12.《〈**中原雅音**〉与〈**中州音韵**〉**考论**》（董冰华著，厦门大学出版社 2017 年版）

《中原雅音》是一部记录北方时音的亡佚韵书。董冰华充分利用现有国内外新旧材料，对《中原雅音》进行了穷尽式的辑佚、整理、"复原"与研究。并从文献和语音两方面出发，运用图表比较、比勘互证、构拟等理论与方法，与《中州音韵》进行全方位的比较与考证，探讨了两部韵书在体例、韵字、音释及声、韵、调等方面的异同及其差异产生原因，进一步明确了二者间的传承关系，重新确立并审视了两部韵书在汉语韵书史中的重要地位和价值。

13.《**苏东坡与中原文化**》（陈康著，郑州大学出版社 2014 年版）

苏东坡在河南为官、生活时间累计长达 12 年，活动范围涉及河南多个地区，最后又安息于平顶山郏县。苏东坡的政治生涯、人生轨迹，与河南，与以河南为中心的中原，与北宋都城汴梁，与中原文化之间都有着紧密的联系。中原文化中的儒、佛、道三种文化对于苏东坡的精神世界、心灵驿动和文学创作具有极为重要的影响与作用。苏东坡的政治生涯与人生经历，包括诗词在内的文学创作，也对中原文化的各个方面产生了巨大影响，为中原文化增添了新的因子。而中原传统物质文化与壮美山水、人文历史，也对苏东坡人生体验和诗词创作有着深刻的影响。是书将苏东坡有关河南的诗词与其在河南的经历有机地整合起来，以其在河南的经历为经，以其与河南有关的诗词为纬，力图反映出一个生活、为官、交友、诗词创作方面较为完整的在河南时期的苏东坡形象。主要内容包括"宋代中原文化对苏东坡的影响""寻根溯祖——苏东坡家族与河南的不解之缘""少年苏东坡与中原文化""青年苏东坡诗词创作与中原文化""中原政治文化对中年苏东坡的影响""苏东坡诗词与中原民俗文化和人文文化""苏东坡诗词与中原服饰和礼仪文化""河洛文明对苏东坡精神世界与诗词的影响""中原佛教和科技、文学艺术对苏东坡的影响"等。

14.《中原文化视阈下的河南当代乡土小说研究》（吕晓洁、李炎超著，中国社会科学出版社 2015 年版）

说到河南当代文学，堪称群星灿烂。多年前，有姚雪垠、李准以深厚的气势叱咤风云；接下来，张一弓、乔典运、刘震云、二月河、阎连科、李佩甫、李洱等人，也以丰富多彩的笔触，写出了或有口皆碑、或聚讼纷纭，而且常常震撼文坛的一系列力作。他们那些散发出浓郁中原生活气息的作品在当代中国文学的大格局中，占有相当突出的位置。研究当代中原文学的地域特色，已经产生了一批可观的成果。是书分为六章，分别为"政治视角下的乡土之思""文化视角下的乡土之思""新历史视角下的乡土之思""民间视角下的乡土之思""世纪之交的乡村生存之思""河南当代女作家的乡土小说创作"等。

15.《走近中原文化名人》（蒋晔编著，河南大学出版社 2011 年版）

是书主要介绍在各个领域中有代表性的中原籍领军人物 15 人左右，如哲学家冯友兰，历史学家白寿彝，文学家姚雪垠，豫剧表演艺术家常香玉等，依年龄为顺序编排，着重介绍这些中原文化名人的生平事迹、奋斗历程以及取得的成就等，展示他们不屈不挠、艰苦奋斗的精神面貌，对于弘扬中原文化、激励中原人民开拓进取具有积极的意义。

二、中原典籍文化读物

1.《**中原文化大典**》（中原文化大典编纂委员会编，中州古籍出版社 2008 年版）

是书力求对中原文化的三大方面，即典籍文化、考古研究、田野调查的成果，进行全面系统的展示。把摆在图书馆书架上的、地下发掘的、博物馆藏的、存在学者脑海里的、散落于民间的文化资源集中起来，进行融会贯通地思考，寻找其历史线索、历史脉络、历史轨迹，发现历史规律，发现地域文化的创造力、想象力、影响力以及局限性。寻找传统向现代转换、超越历史局限、求得更大发展的可能性和途径。是书分"总论""学术思想典""文学艺术典""科学技术典""民俗典""教育典""文物典""人物典""著述典""大事记"等 10 个部分，叙述了上起远古、下迄清末，体博宏富的中原文化，总计 55 册、3000 多万字、4 万幅图片。

2.《**中州文献总录**》（吕友仁主编，中州古籍出版社 2002 年版）

是书是上起先秦、下迄清末历代河南籍作者著述的总汇，收录书名、卷数和篇数、内容简介、作者介绍、版本介绍等信息。追求的目标是一全二真。所谓"全"，是指广泛收集资料，力求做到不遗漏一个河南籍作者，不遗漏一种河南人的著述；所谓"真"，是指力求做到实事求是，言必有证。所收的作者，必须籍贯是河南。河南的地理概念，以现行河南行政区划为准。所收著述，既包括书册形式，也包括散见篇什，不论存佚，均加以著录。

3.《**洛阳古代铭刻文献研究**》（赵振华著，三秦出版社 2009 年版）

是书以洛阳出土的北魏的墓志铭、唐代的墓志碑刻为主要研究对象，为学术界提供了极其珍贵的第一手研究资料。书中收录了 80 余篇论文，分为墓志碑刻综论、汉魏晋北魏唐五代宋金元碑志研究等 8 类。

4.《**汉魏洛阳故城研究文献目录索引**》（王莉萍、桑永夫著，中州古籍出版社 2014 年版）

汉魏洛阳故城是中国重要的古代都城遗址，第一批全国重点文物保护单位。随着考古勘察工作的开展，大量考古报告、简报发表，关于汉魏故城的研究论文也大量发表。本索引收集了自 20 世纪 30 年代至 2012 年的国内公开发表的有关汉魏故城考古发掘和研究的中文书籍、报刊资料等文献。对重要文献作简要说明，一般研究文章则予罗列名录。内容涉及有关汉魏时期的历史，汉魏故城城址的发掘与研究，汉魏时期陵墓勘察、发掘与研究，其他相关的建筑遗址、出土文物的研究等。

5.《**清代河南碑刻资料**》（王兴亚整理，商务印书馆 2016 年版）

是书辑录的是今河南省各地的清代（1644—1911）碑刻。碑刻包括碑碣、墓志、摩崖、帖等形式，以现存碑刻为主，兼及方志、金石、文集、家谱等著述中辑录的碑刻。辑入本书中的碑刻共计 6300 余方，包括四部分：一是河南各地现存的清碑，二是拓片保存下来的清碑，三是方志中的清碑，四是碑刻著述与家谱中的清碑。另有 1700 方现存碑刻，由于种种原因未能录文，作为存目附录于后。两项合计共计 8000 余方，集清代河南碑刻之大成。

6.《**百年记忆：河南文史资料大系**》（毛德富编，中州古籍出版社 2014 年版）

《河南文史资料》期刊正式编辑出版于 1979 年 10 月，至 2014 年 6 月底已连续出版至第 130 辑。是书收录的文稿是在《河南文史资料》已刊发史料的基础上，剔出在省级层面史料价值较低或发生在河南省以外的人和事或不完全体现亲历亲见亲闻特色等的文稿后，重新进行精选编辑。所选资料都是撰写者的亲身经历和见闻，涉及自戊戌变法以来河南省社会生活的诸多方面，依照政治、军事、经济、科技、教育、民族宗教、文化、社会生活和河南省政协等类别分卷出版。文稿在按类别分卷前提下按事件发生时间前后为序排列，同时考虑到阅读和研究的方便，将同一历史事件或同一历史人物的史料相对集中编排，并尽可能配发有关历史图片。

7.《**河南出版史话**》（*海继才、温新豪著，文心出版社 1996 年版*）

河南出版文化较丰富。是书内容包括"明代以前河南地方志出版源流考""明代河南地方志的出版""明清朱仙镇民间木版年画""明清河南书院刻书""清代河南地方志的出版""清代河南的坊刻印刷""清代河南的私人刻书""清代河南禁书及文字狱""民国河南地方志的出版"等。

8.《**河南地方志提要**》（*刘永之、耿瑞玲编撰，河南大学出版社 1990 年版*）

是书对现存的 568 种（7567 卷）河南各种志书一一撰写了提要，另对 383 种佚志进行钩沉索隐。每篇提要包含书名、年号、版本、修纂人、修志背景、评价六项。其中评价内容涉及纲目体例、有价值资料及特色介绍、佚志资料、藏书状况等内容。全书以 1989 年河南省行政区划次序列一级目，每一市（地）再以相应的旧府、州、县隶属关系编排，同时每一行政区域先概述，后以年代顺序排列各篇提要，系统而有次序。

9.《**当代河南的出版事业（1949—1990）**》（《*当代河南的出版事业*》编委会编，河南人民出版社 1999 年版）

是书介绍了 1949—1990 年间，河南的出版事业创建与发展的过程，以及在改革开放中不断进取、不断前进的历程。其中"绪论"概述了河南从古至今的出版事业发展历史，主体部分包括"河南人民出版事业的创建与发展""'文化大革命'中的河南出版事业""河南出版事业的拨乱反正""河南出版事业在改革中前进"等。

10.《〈**豫报**〉〈**河南**〉**与中国现代文化**》（*秦方奇主编，人民文学出版社 2015 年版*）

1905 年同盟会成立后，留日学生纷纷创办革命报刊。河南籍留学生于 1907 年先后创办了《豫报》《河南》，以"促民族雄飞于世界"为宗旨，提出"消灭皇帝"的革命口号，鼓动"罢市""抗税"直至"暗杀""兴革命军""扫其庭而犁其穴"。鲁迅《人之历史》等论著在《河南》上也有发表。是书在查阅国内各种版本的《豫报》《河南》原刊的基础上，通过"还原""去蔽"，艰难爬梳，全面把握刊物的基本情况。

第七节　巴蜀文化之书香

　　巴蜀文化有狭义和广义之分。狭义的巴蜀文化是指先秦巴蜀或考古学所说的巴蜀文化，广义的巴蜀文化是指从古至今巴蜀地区的文化。本书所指巴蜀文化为广义的巴蜀文化，即巴文化与蜀文化：巴文化是以重庆为中心，延伸至湖北西部、四川东部、陕西南部及贵州北部地区；蜀文化以成都为中心，包括四川盆地西部及川西、陕南、滇北一带。巴蜀文化源起于旧石器时代，据《巴蜀文化志》记载，今天所知的巫山人是巴山蜀水文化最早的见证人，同时广汉的三星堆和成都的金沙遗址是早期巴蜀文明的集中体现。巴蜀文化先后经历战国、汉代、唐宋三次鼎盛发展，在明清时期开始衰落。巴蜀地区因四周高山阻隔，形成独特的"大盆地"地理环境，巴山蜀水面积辽阔，气候温湿宜人，得天独厚的优裕自然条件形成所谓"天府之国"。巴蜀文化孕育于四川盆地之中，封闭的地形孕育的文化却是兼容并蓄，海纳百川，并因历史多次移民，受外来文化影响较多，形成以古代巴蜀文化为中心，以外来移民文化和客家文化为外辅的复合文化形式。巴蜀之地历史文化悠远，成就卓著，人才辈出，区域文化特色鲜明，尤其具有特色者为川菜、川酒、川茶、蜀绣、蜀锦等。

一、巴蜀地域文化读物

1. "文化天府系列丛书"（成都时代出版社）

　　古人云："九天开出一成都，万户千门入画图"，成都"天府之国"也；古人又云："花重锦官如锦绣，参云黛色绕华屋"，成都"锦官城"也。成都的美来自古蜀文化的沉淀。该丛书以展示蜀文化为宗旨，包括《水润天府》《和谐天使》《天下名城》《古蜀文明》《智慧诸葛》《仙源故乡》《文宗在蜀》《锦城丝管》《川

肴百味》《科教华章》《巴蜀红潮》《民族花灿》等十二大体系。其中《水润天府》
展示城市文明伴水而生，是上善若水、崇尚自然的水文化；《和谐天使》展示大
熊猫和它的生态家园。《天下名城》《古蜀文明》《智慧诸葛》《仙源故乡》《文宗
在蜀》《巴蜀红潮》六大体系，展现成都作为世界历史都市和中国历史文化名城
发展的历程。成都是古蜀文明起源和发展的中心，是以"智慧诸葛"为中心的三
国文化圣地，是古蜀仙道和中国道教的故乡，是"文宗自古出西蜀"的孕育地，
是"引起中华革命先"的红色革命文化的发祥地之一。这六大体系展现了巴蜀文
化世界无尽的神秘，那是诗意的天府。《锦城丝管》《川肴百味》《科教华章》三
大体系展现地方特色的风情民俗、科教时尚，展现成都作为古代东方音乐之都的
风采。《民族花灿》则表现四川 14 个世居少数民族的风情与艺术。 巴蜀民族之花
绚丽多彩，巴蜀文化正是以四川盆地盆底的汉族文化为主体，同盆周以及横断山
脉的少数民族文化相融合而组成的。

2.《**巴蜀文化志**》（袁庭栋著，巴蜀书社 2009 年版）

是书共九章，分别对巴蜀文化的起源、地理环境、人文、科技、学术、文化
与艺术、宗教、民俗等方面进行了翔实的论述。在论述中加入很多史学内容，融
知识性与趣味性于一体，具有引人入胜的可读性。如在描写巴蜀艺文时，对三星
堆文化考古学价值有相当篇幅的论述；在论述汉代巴蜀文章时，有关司马相如的
论述几乎穷尽其一生都进行了相关的描述。统揽该书，巴蜀文化尽收眼底。

3.《**大盆地生命的记忆——巴蜀文化与文学**》（邓经武著，电子科技大学出版
社 2005 年版）

是书主要从人类文化学、地域文化学的视角梳理巴蜀大盆地自有生命产生以
来，在物质、精神创造上所体现的地域文化特征，同时把巴蜀文化文学历程中一
些重要时段和重大现象置于当时全国乃至世界格局中去透视，从考古、历史、民
俗等方面揭示文学的发生发展诸多动态原因，透视人类精神活动及其外化表现的
一些规律，以此思考中国文化与文学重构和未来发展的问题。

4.《**巴蜀文学史**》（杨世明著，巴蜀书社 2003 年版）

巴蜀是中华文明的重要起源地之一，巴蜀文化在中华文明体系中占有十分重

要的地位，是中华地域文化最典型的代表之一。是书从巴蜀文化的界定说起，讲述各个时期巴蜀文化的演变与发展，最后介绍了司马相如、王褒、扬雄、"初唐四杰"、陈子昂等大文人与巴蜀文化的情结。巴蜀文化的内容十分丰富，既有诸多的表现形态，又有形成民族心理深层结构的文化精神，研究领域十分广阔。

5.《**古蜀文明与三星堆文化**》（肖平著，四川人民出版社 2002 年版）

三星堆遗址内存在三种面貌不同但又连续发展的三期考古学文化，即以成都平原龙山时代至夏代遗址群为代表的一期文化，又称"宝墩文化"；以商代三星堆规模宏大的古城和高度发达的青铜文明为代表的二期文化；以商末至西周早期三星堆废弃古城时期为代表的三期文化，即成都"十二桥文化"。此书作为"西部文明之旅"丛书中的一本，不仅全面概括了古蜀文化中最重要的考古发现，而且及时概括了最新的发掘进展情况和研究成果。

6.《**三星堆文化与巴蜀文明**》（赵殿增著，江苏教育出版社 2005 年版）

是书以考古资料为主，结合文献记载，较系统地阐述了四川盆地巴蜀地区从远古以来到汉代以前的文化发展史，特别是以三星堆文化为代表的巴蜀文明的基本面貌和历史进程。全书分为十三章，分别从人类起源阶段的"巫山人"和四川旧石器时代文化、以"大溪文化""礼州文化"等为代表的新石器时代文化、"宝墩文化"和成都平原史前城址群等史前文化进行了介绍。而且从古文化、古城、古国、原始宗教、经济文化等方面，介绍了青铜时代前期独具特色的"三星堆文化"，青铜时代中期的"十二桥文化"，青铜时代后期的"晚期巴蜀文化"，青铜时代的巴文化和巴国古史，秦汉初期大融合阶段的巴蜀文化。作者通过大量新发现的考古资料，分期叙述了四川盆地各历史阶段的经济、社会、文化、艺术、宗教观念和意识形态状况，探讨了巴蜀文明在起源、形成、发展、融合阶段各典型文化的基本情况和主要特征，及其与中原等周边文化的关系。

7.《**金沙遗址**》（成都金沙遗址博物馆编著，五洲传播出版社 2006 年版）

金沙遗址位于成都市青羊区苏坡乡金沙村，是四川省继广汉三星堆之后最为重大的考古发现之一，文献记载金沙遗址出土文物中有"金器 30 余件、玉器和铜器各 400 余件、石器 170 件、象牙器 40 余件，出土象牙总重量近一吨，还有大量的陶器"。从文物时代看，绝大部分约为商代晚期和西周早期，少部分为春秋时期。金沙遗址的考古发现对研究古蜀历史文化具有极其重要的意义。是书详细介绍了金沙遗址的发现和发掘过程，并对出土的重要文物分"辉煌金器""青铜文明""温润美玉""精美石雕""漆木器"五个方面进行了详细的介绍，如对出土太阳神鸟、金冠带、金面具等金器，青铜立人、青铜头像、铜牛首等青铜器，玉琮、玉璧，以及木雕彩绘神人头像等具有代表性文物的图案、宗教意义等进行了描述；同时也对金沙遗址博物馆及古蜀文明作了简要介绍。

8.《**大迁徙："湖广填四川"历史解读**》（陈世松著，四川人民出版社 2016 年版）

"湖广填四川"是指发生在清朝的大规模的移民运动。明末清初，四川因经历多次战乱，导致人口急剧减少。据记载，四川人口在明代万历六年（1578）为300 余万，而在顺治十八年（1661）仅存 1 万余人。清政府为了改变四川战后人少地多的状况，从朝廷到地方各级官府采取了一系列措施吸引外地移民，其中以来自湖广行省人口最多。大规模移民自康熙十年（1671）起，迄于乾隆四十一年（1776），100 多年。入川的移民以湖广人最多，民间广泛流传"湖广填四川"之说。是书从社会生活史的角度，用详细生动的笔墨描写了迁徙过程中移民的生活状态故事。第一篇"原乡篇"，主要是以个案研究的家族对象为线索，深入探讨移民在福建原乡的生存环境与生活状况；第二篇"迁移篇"，主要追溯和复原外省移民迁川的历史过程；第三篇"创业篇"，主要讲述移民抵达四川后的环境、遭遇与艰苦创业经历。鉴于四川移民史料的零星分散，复原再现难度较大，在本书各篇中，作者针对研究对象和具体问题，将众多的移民家族迁川实例中的精彩片段——"历史碎片"，加以集锦式的组合拼凑，以便为再现历史上"湖广填四川"移民运动中的传奇经历和动人场景，提供一个可以触摸的蓝本。

9.《**历史文化名人在四川**》（袁庭栋、张志烈著，四川人民出版社 1985 年版）

巴山蜀水，人杰地灵。古人云："蜀之文人才士，每出，皆表仪一代，领袖百家。"在这块号称"天府"的土地上，自古以来就出现了很多具有杰出贡献的著名人物，给我们留下了许多优秀的文化遗产，也给我们留下了不少供瞻仰的文化遗迹。是书以时间为顺序，从汉代的司马相如和卓文君，三国时期的诸葛亮，"初唐四杰"、李白、杜甫，宋代"三苏"、陆游、范成大，清代王渔洋，到"戊戌六君子"，详细介绍了巴蜀地区著名文士的生平和主要活动，并把他们留下来的主要遗迹呈现给读者。

10.《蜀绣》（朱利容、李莎、陈凡编著，东华大学出版社 2015 年版）

蜀绣主要指以成都为中心的川西平原一带的刺绣，因川西古称蜀，故这一地区的刺绣被称为蜀绣，与苏绣、湘绣、粤绣齐名，为中国四大名绣之一。蜀绣历史悠久，最早可上溯到三星堆文明，东晋以来与蜀锦并称"蜀中瑰宝"。2006 年成都蜀绣被列入第一批国家级非物质文化遗产名录。是书从蜀绣的起源开始，概述了蜀绣图案的历史和发展，介绍了蜀绣图案、色彩、技法以及材料工具等。另外还介绍了当代具有代表性的蜀绣大师及其代表作品和创新性作品。重点阐述蜀绣手工刺绣制作技艺，常用针法技艺、绣法技艺，并对蜀绣图案的创新设计和绘制作了详细的讲解和示范，同时也阐述了蜀绣刺绣在丝绸高级定制服装设计中的运用和创新。该书内容丰富、翔实，图片资料新颖，可读性强。

11.《川剧》（杜建华、王定欧著，浙江人民出版社 2008 年版）

川剧是中国传统戏曲剧种之一，已有 500 多年的历史，流行于四川东中部、重庆及贵州、云南部分地区。川剧脸谱，是川剧表演艺术中重要的组成部分，是历代川剧艺人共同创造并传承下来的艺术瑰宝。川剧是由昆曲、高腔、胡琴、弹戏、灯调五种艺术组成的传统剧种。2006 年被列入第一批国家级非物质文化遗产名录。是书从历史沿革、戏台戏班、剧目特色、作家作品、表演艺术、名伶名戏、声腔音乐、舞台美术、当代发展等方面对川剧进行了不同程度的整理、研究，为广大川剧爱好者、研究者提供一个了解、认识川剧的窗口。

12.《大熊猫——人类共有的自然遗产》（赵学敏主编，中国林业出版社 2006 年版）

大熊猫是我国的国宝，四川卧龙是大熊猫的三大自然保护区之一。是书共计七章，分别为"洪荒往事""适者生存""拯救与亲近""栖息地""易地保护与野外放归""世界公民""生命之路"。"洪荒往事"从大熊猫的化石研究入手，系统阐述了大熊猫的起源和进化历史、分类地位和生态地位以及历史与现今的分布格局。"适者生存"从大熊猫的外部形态和生理解剖研究入手，用通俗易懂的语言和清晰明了的图片，将大熊猫的生活习性、活动规律、特异食性、繁殖行为、世代更替一一展现在读者的面前。"拯救与亲近"从我国大熊猫行政保护和管理的角度，向读者全面地展示了对大熊猫的保护历程和管理体系。"栖息地"从大熊猫现有的六大栖居山系的描述分析入手，用精美的图片和翔实的文字，以川、陕、甘三省最具代表性的大熊猫自然保护区——卧龙、佛坪、白水江为例，集中展示了中国大熊猫就地保护的成就。"易地保护与野外放归"从大熊猫的人工饲养的细节披露开始，以攻克大熊猫圈养种群繁殖领域的三大难关和与之对应的令人永远铭记的数个人工繁育史上的"第一次"为引子，一步步向读者展示了40多年来大熊猫人工繁育的发展阶段和主要成就、圈养种群的历史与现状，集中笔墨描述了大熊猫野外放归的初步试验与美好前景。"世界公民"从致力于保护野生动物的非政府组织的角度，介绍了国内外主要保护野生动物组织在大熊猫保护管理、科学研究、友好交流等工作中所做的努力。大熊猫与邮票的故事、大熊猫与奥林匹克的故事则让读者充分领略了大熊猫作为"世界宠儿"的那份独特的魅力。"生命之路"通过考问我们为什么要保护大熊猫、大熊猫的未来需要什么，从科学价值、社会价值、文化价值三个方面论证了大熊猫无可替代的保护地位。本书以历史和现实的资料描述大熊猫的身世，解读大熊猫的生存、保护之谜，让读者从中领略大熊猫的神奇特性与动物明星之风采。

13.《四川方言与巴蜀文化》（崔荣昌著，四川大学出版社 1996 年版）

四川方言，又称巴蜀方言，属汉语西南官话。是书不但详尽介绍了包括四川官话、客话、湘语、闽语等巴蜀方言的特点、分布以及与其他方言之间的关系，而且从移民角度介绍了巴蜀方言的形成过程以及移民的历史，讲述了四川的地理、历代行政区划与人口源流。书中引用了大量的方志史料，特别是从 177 份族谱的实录中，揭示出移民入川的原因、经过、分布地区和民情风俗等重要的历史事实。

14.《举箸醉杯思吾蜀：巴蜀饮食文化纵横》（熊四智、杜莉著，四川人民出版社 2001 年版）

川菜是我国人民群众喜闻乐见的美食菜系，与鲁菜、粤菜、淮扬菜，并称为我国四大菜系，以善用麻辣调味著称。川菜有红白两味，口味清鲜与醇浓并重，其特点在于红味讲究麻、辣、鲜、香；白味口味多变，包含甜、卤香、怪味等多种口味。是书展现给读者的巴蜀饮食文化不止于川菜，还包括"敢为天下先"的川茶、有"云烟川酒"美称的川酒，以及与四川美食相关的肴、馔和筵宴文化等。该书通过对巴蜀饮食的介绍，探寻了巴蜀的饮食文化及烹饪文化精神。

15.《巴蜀文化通史》（李远国主编，巴蜀文化通史编辑部）

是书共 22 卷，近千万字，体例为"通论＋专门史＋大事记"。"通论"阐述巴蜀文化从古至今的发展历程及其规律；"专门史"是各门类的文化专史，按物质文化、精神文化、制度文化、行为文化四个层面分为 18 个门类分卷；此外有"大事记""文献要览""研究论著索引"，包含从公元前 5000 年起至今（2005 年）巴蜀地域文化发生、发展、演进的历史。

二、巴蜀典籍文化读物

1."巴蜀全书"

是书为收录现今四川和重庆两省市古文献的大型丛书，有川版"四库全书"之称。其收集和整理范围包括自先秦至 1949 年（个别成果有所下延）历代籍贯为巴蜀的学人的著述；长期寓居巴蜀的学人的代表著述；内容为巴蜀历史文化的著述；在巴蜀地区刊刻的代表性文献和版本、历代巴蜀学人撰著或其他作者撰著反映巴蜀历史的重要典籍，含《巴蜀文献精品集萃》《巴蜀文献联合目录》《巴蜀文献珍本善本》。拟总共整理出版 1000 余册，将对 2000 余种巴蜀文献编制联合目录，对 500 余部、20 余万篇巴蜀文献进行精心校勘、注释和评论，对 100 种巴蜀善本文献进行考察和再造。"巴蜀全书"于 2010 年启动，计划用 10 年时间完成。

2. "蜀藏"丛书

新版"蜀藏"丛书是沿用 1910 年版《蜀藏》之名，完成前人未竟之事业。是书为四川大学与成都市人民政府的重大文化工程合作项目，是由四川大学历史地理研究所与成都市地方志编纂委员会办公室联合编纂的大型巴蜀珍稀文献巨制，全套总计 800 余册，总字数将达 2 亿字。新版"蜀藏"丛书共分经学、文学、史学、艺术、易学、宗教、山水、名胜、游记、舆地等 22 编。目前已出版《巴蜀珍稀名胜古迹文献汇刊》《巴蜀珍稀交通文献汇刊》《巴蜀珍稀山水文献汇刊》《巴蜀珍稀方志文献汇刊》《巴蜀珍稀传记文献汇刊》《巴蜀珍稀文学文献汇刊》《巴蜀珍稀教育文献汇刊》《巴蜀珍稀民族文献汇刊》《巴蜀珍稀史学文献汇刊》《巴蜀珍稀水利文献汇刊》《巴蜀珍稀舆图文献汇刊》《巴蜀珍稀科技文献汇刊》《巴蜀珍稀金石文献汇刊》《巴蜀珍稀艺术文献汇刊》等系列丛书。其中影印出版的《华阳国志珍本汇刊》共 22 册，汇集现存历代《华阳国志》珍稀版本 20 余种，为国内古典名著版本汇刊精品；《巴蜀珍稀乡土志汇刊》共 28 册，将清末民国时期所编乡土志进行系统整理和出版，对研究我国近代乡土教科书的编撰和爱国爱乡教育，以及国家和民族认同等提供了宝贵的文献资料；点校版《成都旧志》，共收录成都历代府县志、专志、杂志共 30 种、900 万字。

3.《日本藏巴蜀珍稀文献汇刊》（李勇先、高志刚主编，巴蜀书社 2017 年版）

是书首次对日本藏有关巴蜀内容的珍稀汉籍进行整理，是日藏中国汉籍文献的重要组成部分，也是目前海外藏中国汉籍文献以区域为单位进行整理出版的首部成果。是书共两辑三部分，收录文献 28 种：第一部分为日本藏中国学者所著且为中国历代所刊刻的文献；第二部分为日本藏中国学者所著而由日本刊刻的文献；第三部分为日本学者所著且在日本刊刻的文献。收录的中国学者所著有关文献上起东汉，下至清代；日本学者所著文献主要集中在日本元禄、天明、宽政、明治时期，全书按照作者时代先后顺序进行排列。

4.《方志四川》（汪毅著，国家图书馆出版社 2014 年版）

四川方志源远流长，代代赓续。是书以方志文化视野为背景，以历史文献的重要节点为基础，凸显四川方志发展历程与特点。在具体的描述上，深入浅出，具有海量信息和可读性、展示性、抒情性强等特点。是书对于拓展古籍文献著述、展示其文化魅力、开阔出版视野和开拓图书市场等均具有积极意义，对于图书馆、方志馆系统拍摄古籍文献（方志）纪录片和传播地情文化具有借鉴意义。

5.《**四川省地方志目录**》（四川省地方志编纂委员会编，方志出版社2004年版）

是书是一部针对1949年至2000年四川各市县记载政治、经济、文化各方面情况的方志专著，介绍其书名、编纂者、主编、书号等。

6.《**民国时期成都出版业研究**》（张忠著，巴蜀书社2011年版）

成都的出版业是一个历史悠久，并且产生过巨大影响的行业。是书主要阐述了民国时期成都出版业发展、经营的情况及特点，分析了成都出版业的自治组织，探讨了这些组织的产生、发展、改组的经过，以及它们所产生的作用。

7.《**李白与巴蜀资料汇编**》（丁稚鸿等编著，巴蜀书社2011年版）

李白字太白，号青莲居士，又号"谪仙人"，唐代伟大的浪漫主义诗人，出生于巴蜀之地。是书是有关李白与巴蜀的资料汇编，包括李白留蜀中诗及历代文人咏李白、李白游踪、遗迹考、历代序跋、碑铭、论辩、杂记、颂赞等，是研究李白与巴蜀的比较详尽、信实的资料汇编。

8.《**苏轼著述考**》（卿三祥、李景焉编著，四川大学出版社2016年版）

苏轼字子瞻，号铁冠道人、东坡居士，世称苏东坡、苏仙，眉州眉山（今属四川省眉山市）人。是书全面调查苏轼作品和历代研究苏轼作品的品种，对其进行分类著录，著录内容包括历代文献对该作品的著录情况、作品内容提要、历代诸家评论、作品辨伪、版本和存佚情况、目前国内外收藏情况。此外，对已散佚作品进行辑佚，在系统收集的基础上对各种材料加以校勘、考订，以提高资料的可靠性。书中计收苏轼著述和历代各家整理的苏轼著述约300种，书画300余种。

9.《**巴蜀佛教碑文集成**》（龙显昭主编，巴蜀书社2004年版）

巴蜀地区是北方丝绸之路与南方丝绸之路的交汇地，也是佛教传法的重要通道，留有诸多佛教碑文遗存。是书收录东晋到清末巴蜀地区的佛教碑文，字数约百万字。碑文种类有寺记、塔记、幢记、楼阁记、殿堂记及墓塔记等。

10.《**巴蜀两汉思想家全集**》（钟桂玲、李蕾著，吉林人民出版社 2014 年版）

是书以巴蜀两汉思想家作为考察对象，对巴蜀两汉思想家的研究资料（主要是诗文集及出土文献）进行了一次全面的搜集和整理。主体包括两个部分：第一编为传世文献部分；第二编为石刻文献部分，石刻文献是研究部分思想家生平事迹的原始而珍贵的资料。

燕赵文化是指以今中国境内的京津冀三地为中心形成和发展的一种汉族地域文化。燕赵文化分为燕文化与赵文化两部分，燕文化以汉文化为主体，也受到漠北草原文化的影响，在地理上其西部以太行山与晋文化区为界，北部以燕山为屏障与戈壁为界，东接朝鲜半岛，最南端则为保定地区。原中山国所在的石家庄地区后来一般也归入了燕文化。而邯郸地区则属于赵文化中心区，赵文化为中原文化与晋文化融合地区。

从新石器时代直到战国秦汉时期，燕赵区域内的先民居住点和人口聚居的城邑，都是沿着太行山东麓一线和燕山南麓一线排列的。文明起源和发展于山麓地带，那里有条条小河和道道山谷，为文明的存在和发展提供了良好的环境保障。而在深山之中，平原深处以及像黄河那样的大河附近，先民的居住点和城邑就十分稀疏。在民族冲突剧烈时，太行山和燕山是保护平原内地的天然屏障；在和平到来时，通过山海关和桑干河谷等众多通道，平原内地与山外草原之间可进行广泛的交流。在新石器时代以来的各个历史时期的文化、文物中，都可以明显地看出燕赵文化所夹杂的草原游牧文化色彩。太行山和燕山都是一条山脉，其横向的宽度有限，可以在短时间内越过。这里没有产生出独立的山岭文化，太行山和燕山只是平原内地与草原之间的交叉和过渡，这里的经济可以是半农半牧式的，文化可以是半内地半草原式的。从文化特征上看，燕赵区域也具有独特的文化特征，这就是慷慨悲歌、好气任侠。"慷慨悲歌"一词可以用来形容各个地区的人物和现象，但是在历史上，它是由燕赵区域而产生的，是以燕赵区域为典型的。在其他区域，慷慨悲歌并没有成为一种普遍现象，而在燕赵区域，慷慨悲歌却已是普遍的特征和特殊的标志。从时间上，慷慨悲歌文化的特征在战国时期形成和成熟，在隋唐时期仍然为人们所称道，到明清时期其余音遗响不绝如缕，前后持续

2000 余年，确已形成了悠久而稳定的传统。所以，燕赵区域的文化具有慷慨悲歌的特色，具有既不同于中原、关陇，又不同于齐鲁、江南的地域特点。

一、燕赵地域文化读物

1.《**燕赵文化**》（张京华著，辽宁教育出版社 1995 年版）

是书洋洋洒洒 26 万字，上篇对历史上称为"燕赵"的黄河以北平原地区文化，从生态、农业、经济、政治、战争和民族融合背景上进行横向探讨，下篇从赵地文化的形成和特点、燕地文化的卑弱和激变、中古士大夫与经史学术、文学艺术及其风格、隋末唐初的山东豪杰、明末清初的北方学者等方面进行纵向描述，另有中篇专门讨论商周时期的燕国古史。作者认为，"燕赵文化"这个命题之所以成立，是因为燕赵区域自古以来都存在"慷慨悲歌、好气任侠"的精神传统，这是为燕赵所独有而为其他区域所不具备的。

2.《**燕赵文化史稿**》（河北教育出版社 2013—2016 年版）

《秦汉卷》（梁勇、王俊梅，2016）介绍了秦汉时期燕赵文化发展的社会历史背景、大一统背景下燕赵文化的整合与传播、秦汉燕赵文化思想、秦汉燕赵宗教文化与方士、燕赵文学、燕赵艺术、燕赵建筑文化、燕赵科学技术与教育、燕赵民俗文化等内容。

《魏晋北朝卷》（陈瑞青，2013）介绍了魏晋北朝时期燕赵多向探索的学术文化、慷慨多气的文学、迅猛发展的宗教文化、辉煌璀璨的科技文化、气韵生动的各门类艺术、胡汉交融的燕赵社会风俗及信仰等内容。

《隋唐五代卷》（杜荣泉、冯金忠，2013）介绍了燕赵世家大族的社会政治地位及其家学门风、燕赵学术文化、燕赵民俗文化、燕赵宗教文化、唐代深州张氏小说世家、科学技术与各门类艺术等内容。

《元明清卷》（谢嘉、谢志诚，2016）主要研究和论述的是元、明、清前期的燕赵地域文化发展史。元明清三朝连续实现了"华夷一统"，且均定都于燕赵腹地。其中，元朝、清朝分别由蒙古族和满族建立，这在中国古代历史上是非同寻常的。中国古代社会发展到元明清三朝时已处于后期阶段，其政治、经济、社会等诸方面的形势变化无不烙印于文化之中。

《近代卷》（刘洪升，2013）介绍了近代燕赵方志编修与近代方志学研究，近代燕赵民俗文化的演变，近代燕赵地域民间信仰变迁，国剧——京剧、近代戏曲与话剧的兴起及繁荣等内容。

3.《北京文化史》（王建伟主编，人民出版社 2014 年版）

北京文化源远流长，并与北京城市历史的发展息息相关。自春秋战国时期的蓟城，到隋唐时期的幽州，一直是燕地的区域文化中心。在辽南京、金中都时期，逐渐从区域文化中心向全国文化中心过渡。元朝建立后，大都成为国家统一政权的首都。之后，是书又分述了"明代的北京文化""清代前期的北京文化""清代后期的北京文化""民国时期的北京文化"等。

4.《天津文化概况》（刘泽华主编，天津社会科学院出版社 1990 年版）

天津历史上曾是漕运中心、京畿门户，后来发展为北方的海陆枢纽，工商大埠，于当代更是全国重要的经济基地和交通口岸。天津的居民，从最早的戍军家属，到后来的船民、商贾，再到后来的舟画工役，百行杂作，以及华北内地大批脱离土地前来谋生的贫民，直到发展成为商埠口岸后大量中外工商业者——当然也包括一些投机者和冒险家的涌入，显示着天津居民成分的一个特点：它是在交汇、流动的社会环境中形成的，是社会物质、文化交流的历史产物。是书分别阐述了天津的教育事业、社会科学研究、文学创作、戏剧、音乐、舞蹈、曲艺、书法、绘画与摄影艺术、民间艺术与特种工艺、群众文化活动、新闻与出版事业、广播电视与电影业、文博与考古事业、体育事业、宗教活动、建筑艺术、民风民俗等内容。

5.《北京：由传统国都到中国式世界城市》（薛凤旋、刘欣葵著，社会科学文献出版社 2014 年版）

1949 年后的北京，在各方面的发展上都代表了国家的主流发展方向，并作为全国城市学习效仿的榜样。因此，当代北京城市的发展史，实际上是当代中国城市发展史的缩微版。是书前三章致力于对北京历史的揭示，介绍与西方迥异的传统中国城市理念，后九章则全面回顾中华人民共和国成立以来北京的城市规划理念、城市发展形态、城市经济、人口变化等发展情况。对于中国人传统世界观与城市的功能、性质及结构的关系，在"结论"一章中有详细论述，其结论为"中国城市，有别于西方及第三世界城市，有其独特的发展轨迹与模式"。由中国城市的起源"明堂"到传统国都，到社会主义国家的首都，到今天的中国式世界城市，北京一贯地代表了中华民族国家国都的特色，代表了以儒道为主的传统中国人世界观："天人合一""奉天承运""礼乐治国"及和谐社会的主旨。

6.《**北京考古集成**》（苏天钧主编，北京出版社 2005 年版）

作者系北京市社科院资深研究员，历时 17 年，以燕子衔泥般的精神缀集成书。全书 15 卷，1600 余万字，集北京地区考古研究整理之大成，全面反映了中华人民共和国成立 50 年来北京地区考古工作的成绩，比较全面地将这几十年北京考古文物资料、论著收入书内。是书内容上至石器时代，下迄清代，时间跨度大；内容涉猎繁杂丰富，既有人们熟知的北京周口店古猿人遗址、琉璃河燕国墓地、北京大葆台汉墓，又有人们感兴趣的北京名医、京都胜迹等。

7.《**图说老北京·京门九衢**》（谷建华著，中国书店出版社 2010 年版）

《京门九衢图》取材于康乾盛世的北京城的一部国画长卷作品。是书选取这一绘画长卷为底本，艺术地再现了具有 3000 多年城市史的中国首都——北京的城市风貌、风土人情。国之有都，都之有门。老北京的城墙、城门，是在元大都基础上改建和扩建的。老北京以紫禁城为核心，由宫城、外城皇城、内城、外城四道城池所组成，以串珠形式展示老北京城"内九外七皇城四"的 20 个城门格局、文化。

8.《**北京士大夫**》（方彪著，京华出版社 2000 年版）

士大夫是古代中国对于社会上的士人和官吏之统称，他们既是国家政治的直接参与者，同时又是社会文化、艺术的创造者、传承者。是书从北京史的角度对士大夫阶层进行了全面剖析，不但以新的视角描述了北京士大夫的发展轨迹和变化特征，有一定的学术性，而且文字流畅，极具可读性，如"士大夫的风雅"中介绍了北京士大夫的藏书、访书、收书等活动趣闻，其"琴文化""花文化""棋文化""旅游文化"等内容读来令人赏心悦目。

9.《看不见的紫禁城》（陈连营著，东方出版社 2015 年版）

紫禁城是明清两代的皇宫，先后有 24 位皇帝曾经住在这里，至今已有 500 多年的历史。紫禁城九重宫阙、金碧辉煌，是现存规模最大、最完整的古代宫殿建筑群。它既是中国古代艺术的宝库，也是人类文明的瑰宝。1987 年被联合国教科文组织列入世界文化遗产项目。偌大的紫禁城，目前开放有限，无论是观众还是故宫工作人员，能走进其各个角落了解全貌者毕竟有限；紫禁城不仅拥有富丽堂皇的瑰丽建筑奇迹，更拥有大批传承有序的艺术珍品和具有丰富历史文化信息的其他文物证物，还有说不完的、隐藏在文物背后的传奇历史故事。作者凭借在故宫工作多年的研究经历，以"看不见的紫禁城"为切入点，真实、准确地讲述紫禁城建筑沿革、曾经在此活动的风云人物、曾经在此发生的重大历史事件，以及留存其中的丰富文物收藏、相关的传统文化知识等。

10.《北京名片之颐和园》（刘霆燕著，首都师范大学出版社 2014 年版）

颐和园是清朝时期皇家园林，是以昆明湖、万寿山为基址，以杭州西湖为蓝本，汲取江南园林的设计手法而建成的一座大型山水园林，也是保存最完整的一座皇家行宫御苑，被誉为"皇家园林博物馆"，坐落在北京西郊。是书将我国的近代史与颐和园的命运结合、将园林布局与历史人物结合、将旧时景观与现实场景结合、将古代园林设计与传统文化结合、将昔日皇家园林与今天人民乐园结合，向读者呈现了一个全新的颐和园。

11.《中国京剧》（徐城北著，五洲传播出版社 2016 年版）

京剧曾称平剧，中国五大戏曲剧种之一，腔调以西皮、二黄为主，用胡琴和锣鼓等伴奏，场景布置注重写意，被视为中国国粹。但京剧并非北京土生土长的戏曲，而是由南方入京的徽班艺人和汉调艺人相互借鉴，并吸收了当时北京多个剧种的优长而形成的新剧种，迄今已有 200 年的历史。是书内容包括"京剧的诞生与演变""舞台、道具和乐队""表演艺术""演员和流派""经典剧目"等。

12.《北京四合院》（陆翔、王其明著，中国建筑工业出版社 2017 年版）

四合院又称四合房，是中国的一种传统合院式建筑，其格局为一个院子四面建有房屋，从四面将庭院合围在中间，故名四合院，是北京最典型的住宅形式。是书以北京四合院作为调查研究的对象，在充分而全面的测绘、实地调查的基础上，通过照片和测绘图、平面图等充分展示了传统四合院的演变、形制与文化，以及当代北京四合院的现状与发展探索，在时间纵轴上展开了对北京四合院历史与现状以及未来之间的沟通。

13.《河北古长城》（郑绍宗著，河北教育出版社 2016 年版）

河北古长城研究，由于实地调查时间断断续续，且研究资料相对分散，特别是对各历史阶段长城的性质、时代背景及遗迹遗物年代的厘定，因此困难颇多。目前多数长城的段落已没入地下，层次重叠，因旧重筑，不对其进行科学有序的考古发掘，以及严谨的实证研究及分析，就难以形成一个相对比较系统、完整的科学研究报告。是书主要是作者近 40 年来对河北古长城的研究和实地考察、调查材料综合积累的结果。

14.《邯郸》（郝良真编著，旅游教育出版社 2001 年版）

邯郸是今河北省省辖市，位于河北省南端，太行山东麓，西依太行山脉，东接华北平原，是国家历史文化名城。是书包括"燕赵大邑　冀南中枢""千年繁盛　千载荒沉话变迁""古都名域　胜迹荟萃""慷慨事业邯郸地""英杰辈出驰骋纵横"等内容。

15.《直隶义和团运动与社会心态》（黎仁凯、姜文英等著，河北教育出版社 2001 年版）

100 多年前，义和团运动在广袤的华北大地兴起和蓬勃发展。直隶即是义和团运动的发源地，又是运动高潮的中心地区，也是中国人民抗击八国联军侵华的重点地区。直隶义和团运动经历了从"扶清灭洋"到"扫清灭洋"再到最终失败的全过程，经历了从边界到畿辅腹地、从农村到城市再到农村的运行轨迹。这种运行，并非简单的复归，而是经过了血与火的洗礼之后，具有了新的形式和内容。义和团运动的兴衰，与晚清直隶社会的变迁、基层社团与秘密社会密切相关，也与直隶地方官、士绅的对策与态度休戚相关。因此，考察直隶社会政治、经济、文化、民风民俗的特殊性及社会各阶层的状况与心态，便成为深入研究直隶义和团运动之必需。

二、燕赵典籍文化读物

1.《**琉璃厂杂记**》（周肇祥著，北京联合出版社 2016 年版）

琉璃厂是北京一条古老的文化街，自清代乾隆年间修《四库全书》，全国文人聚集北京而得以兴盛，仅书籍店铺就达 30 余家。是书记录了周肇祥于民国初年不辞辛劳、倾囊收购文物图书以及竭尽心力、从事考证鉴定的经历。涉及的北京文史范围甚广，包括政经、文化、文物、历史、教育、宗教、旅游、交通、人事及社会风情的方方面面，侃侃而谈，涉笔成趣。行踪所至，非但京城内外名胜古迹，并远涉津冀盘山，大有"一息尚存我，千山不让人"的气概。其间又反映了与徐森玉、傅增湘等名人挚友的交往，世事沧桑，物换星移，书稿为后世留下了民国时期存留的名胜古迹的翔实调研资料。

2.《**徐苹芳北京文献整理系列：辑本析津志**》（徐苹芳著，北京联合出版公司 2017 年版）

《析津志》为元代熊梦祥的著作，是北京地区现存、尚可发现部分内容的最早的方志，对研究元代历史，特别是元大都，具有重要价值。是书有前言、凡例，所辑各条均标有详细出处。未加标点，但校勘详审。其中个别条目，《旧闻考》划入《元一统志》，徐先生定为《析津志》；亦有相反的情况。书后附有熊梦祥的事迹及其诗文，并一一加以分析评判。

3.《**燕赵历史文献研究**》（秦进才著，中华书局 2005 年版）

燕赵前贤今哲之所以取得博采众长集大成的成就，除了时代的要求、社会的需要、统治者的支持等共性之外，还有其本身的天赋条件、家庭背景、人生机遇、辛勤努力等因素，以及其他特点等。燕赵历史文献是前人心血汗水汇集的智慧成果，是珍贵的文化遗产，因此对其进行全面系统地探讨是重大的学术研究课题，其中任何一部传世名著，都有独特的历史背景、语言表达特色和难以枚举的前人学术研究成果。是书纵观 2000 余年燕赵历史文献的发展历程，撰写燕赵古代、近代历史文献与地方史志文献的叙略，概括地探讨燕赵历史文献的发展演变历程、区域特征、时代特点、代表性的著述等。

4.《**北京著述史**》（王岗、赵雅丽著，人民出版社 2012 年版）

北京有着 3000 余年的建城史和 850 余年的建都史。作为历史悠久的文化名城，作为浸透数百年中华传统文化影响的帝国古都、全国的政治中心和文化中心，人文荟萃，积淀了厚重博大的文化。北京著述作为记录北京历史、政治、军事、文化、经济、地理、社会、风俗的文字载体，是北京特有的文化内涵的缩影与标志，最能展现北京历史发展的基本脉络和各个时期的历史特色，表现北京所具有的深厚的文化底蕴和文化品位，以及北京的特殊历史地位。

5.《**北京古籍集成**》（[明] 蒋一葵等著，北京出版社 2015 年版）

北京古籍是博大精深的北京悠久历史文化的浓缩，是饱含古代先哲心血的智慧结晶。是书全 80 卷，汇集了一大批具有珍贵文献价值的古籍图书，是研究北京历史地理、典章制度、掌故奇闻、名胜古迹、诗词杂咏、人物传略、物产风俗等的宝贵文献。

6.《**北京书院史**》（赵连稳著，研究出版社 2014 年版）

是书集中探讨了北京古代书院的历史发展、改制与沿革、类型与特征、讲学与管理、经费与藏书以及它的历史作用和对学校教育的启示。资料丰富扎实，有论有据，特别是对北京一些书院有关资料的挖掘与整理很宝贵，是对北京历史文化与教育研究的积极推进，其中对历代统治者的文教政策、北京书院教学的内容及管理制度等，都展开了详细的论述和介绍。

7.《**当代北京出版史话**》（金贝伦著，当代中国出版社 2013 年版）

北京出版史可以追溯到西周时期，昌平等地出土的甲骨文即是明证。随着历史经济文化的发展，出版活动日益频繁。皇家对出版事业的继承和发展起着巨大的推动作用。至民国时期，开始有了现代意义上的出版。是书以时间为脉，历数北京出版沿革，其中不乏有趣的故事。

8.《**七十二沽书脉长**》（彭博编，天津人民出版社 2016 年版）

天津是国家级历史文化名城，在书的庋藏、编著、刊刻和流通上，有许多可圈可点之处。是书讲述了清末民国时期天津有关著书、读书、刻书、印书、购书、藏书等方面的故事，勾勒了书香天津的历史文脉，具有史料性和可读性。

9.《**北京方志提要**》（谭烈飞主编，中国书店 2006 年版）

是书将北京现存的 427 种新旧地方志进行了全面的梳理和分类，并对每部志书的内容、篇目、特点以及该志书的传承情况和编纂情况做了细致全面的介绍，对人们了解和掌握北京新旧地方志有着重要指导作用。是书是我国地方志编纂和研究领域第一部全面、系统介绍和评述北京新旧志书的研究专著。

10.《**天津文献集成**》（李国庆、王振良主编，天津古籍出版社 2017 年版）

天津地方文献主要形成于清代乾隆以后，传世量相对较少，许多孤本、善本、抄本珍贵而稀见，都分散在各类公藏单位，学者查阅多有不便。是书由天津图书馆与天津市问津书院合作编辑，收录范围包括天津人的著述、有关天津的著述、寓居天津者且主要在津完成的著述等，时间下限为 1949 年。全书 50 册，总计超过 3.3 万页。共录天津地方文献 84 种（总集、合集、文集均按 1 种计），以传统集部为主，兼及经、史、子三部，对发现的错页、漏页尽量予以更正和配补。所有书版均经过修复，美观清晰，便于使用。杜泽逊在序言中认为："天津为南北交汇之地，陆海连通之枢，至近代而经济文化臻其盛，文献积淀之丰，足为京畿劲旅。"天津地方史学者指出，《天津文献集成》的出版，追寻津沽记忆，守望文化家园，对进一步挖掘天津文化遗产，延续天津文脉，推动天津文化研究，将起到积极的促进作用。

第九节　关东文化之书香

关东文化区位于我国东北部，西起大兴安岭，东达长白山，北至黑龙江，南抵辽东半岛，主要包含黑龙江、吉林、辽宁三省，因位于山海关以东而得名。该地域森林广茂、湖泊密布、林产富饶、冬季漫长，以游牧狩猎为生的少数民族一度十分活跃：东部的长白山地、松花江及黑龙江中下游活跃着高句丽、肃慎、女真等以渔猎经济为主的民族；中西部以东胡、乌桓、鲜卑、契丹、蒙古族、达斡尔族等以牧业经济为主的民族；中部草原与森林的交错带则是农业民族、游牧民族、渔猎民族的交融汇合带。至清代，为保护满族不被汉化，清政府开始了对关东地区的封禁政策，其文化发展主要依赖于流人为主体的文化。清代之后，随着东北的开发，汉族农耕文化逐渐加强和融合。至近代，成为日俄英美列强争夺之地，西方文化的入侵，边疆危机的加深，激起了民族文化热潮。关东之地民风朴实淳厚、直爽豪放，"二人转"活泼风趣，大秧歌形式诙谐，满族习俗风格独具。北方少数民族文化和汉族文化的交融，则是关东文化最主要的特点。

一、关东地域文化读物

1.《东北史纲初稿》（傅斯年著）

1931 年九一八事变爆发，在民族危亡之际，面对日寇对我国东北地区的肆意践踏和"满蒙非中国论"的谬论，傅斯年、顾颉刚等中国知识分子在"书生报国"的历史责任感下纷纷执笔反击。《东北史纲》便是在此背景下编撰，原计划分 5 卷：第一卷《古代之东北》（傅斯年），第二卷《隋至元末之东北》（方壮猷），第三卷《明清之东北》（徐中舒），第四卷《清代东北之官制及移民》（萧一山），第五卷《东北之外交》（蒋廷黻）；五卷前有《卷首·引语》和《论本书用"东北"

一名词不用"满洲"一名词之义》。惜因战乱等原因，仅第一卷在 1932 年 10 月出版，名《东北史纲初稿》（今有岳麓书社 2011 年版等版本）。《东北史纲初稿》共 5 章，旨在论证东北无论是在人种、历史还是地理上都与中国联系密切，强调东北是中国不可分割的一部分。第一章从考古学、人类学、民族学等角度证明了史前时代东北人与汉族人同源同种；第二章论述了在燕秦汉时期东北各族与中原之交往；第三章考述了西汉至魏晋时期中原政权在东北地区设置郡县的情况及沿革；第四章分析了东北民族在西汉魏晋时期的地望、族类、文化和变迁等；第五章分别记述了曹操征乌桓、公孙度据辽东、毌丘俭征高句丽、慕容廆创辽西等汉晋间东北之大事。该书是日本侵占东北后，中国史学界出版的第一部东北地区史，用铁的事实证明了东北自古是中国不可分割的领土，在捍卫民族和国家的完整与独立上贡献卓著，对后世东北史的研究影响深远。

2.《东北通史》（金毓黻著）

与《东北史纲》的编纂背景相同，目的一致。原计划分上下两编。上编共 6 卷：卷一为总论，详述了是书编撰之动机、目的及方式与体例；余卷叙述了自上古时期至北宋年间的东北历史，一是论述了东北各民族的渊源及其活动的历史，着重描述了汉族、肃慎系、秽貊系、东胡系民族的战争与和平、繁荣与衰落、更迭与融合，展现了一幅各民族同生共荣的壮丽民族文化与历史画卷；二是详细考释了东北地理及建制，如山川走向、河流分布及建制的沿革与变迁。上编初版为石印，1941 年由四川三台出版社发行，1944 年由重庆五十年代出版社铅印再版。尽管金毓黻在上编出版后希望"稍缓时日"便能着手下编（明清）之编撰，且已列出下编的 28 章篇目，但终因多种原因而未竟，甚为遗憾。是书堪称传统史学与新史学相结合研究的范本，影响深远，尤其为后世东北史研究提供了结构性的知识框架与理论基础。

3.《中国东北史》（佟冬主编，吉林文史出版社 2006 年版）

中华人民共和国成立以来，对东北史的研究成果迭出，通史类、断代类等异彩纷呈。是书内容起于距今 20 多万年前的旧石器时代中期末的以"金牛山人"和"鸽子洞人"为代表的东北原始人群，终于 1949 年中华人民共和国成立，以规模宏大、贯穿古今著称，计 6 卷、400 多万字。尤其着重于对东北的经济、文化、民族的研究：在经济研究中，在每个时期均辟专门章节以论述；对文化的研究包含哲学、思想、知识、信仰、艺术、道德、法律、习惯、宗教等文化精神和教育、科技、新闻、出版、体育、卫生等文化事业；对民族的研究包含对民族的族源、族属、语言、信仰的考证，以及民族发展、民族迁移、各民族间的交流与发展等。

4.《**关东文化**》（*李治亭、田禾、王昇著，辽宁教育出版社 1998 年版*）

是书系"中国地域文化丛书"之一，是论述关东文化最早的著作之一。第一章对何为"关东区域"进行了释名，梳理了明代之前诸种名称、明代始称关东、清代区名扩大的历程；第二章考述了关东独特的地理风貌、经济发展与人文格局；第三章论述了关东文化之起源，认为可追溯至距今 28 万年前的"金牛山人"；第四至七章论述了东北区域文化的形成、发展、繁盛、徘徊及近代转型的历程与表现；第八章总论了关东文化的特征与地位，认为关东文化是中华文明与文化的重要组成部分，与其他地区文化既相互联系又互为区别，并在与其他地区与民族的文化双向或多向交流中发展与崛起，尤其是建立一代王朝后，对中原文化产生了不可估量的影响：不仅左右过中国历史发展进程，乃至影响了世界，而且促成了中华文化"北雄南秀"的文化格局。

5."**东北文化丛书**"（*春风文艺出版社 1992 年版*）

该丛书包括《东北古文化》《东北各民族文化交流史》《东北文学史》《东北艺术史》《东北俗文化史》，旨在从文化视角和层面系统地探讨东北社会历史，概述上古至近代东北文化的流变和发展史，展示东北古代社会文化的总体性概貌。其中《东北古文化》概述了从上古至近代东北文化的流变和发展史；《东北各民族文化交流史》分章叙述了秦汉魏晋时期、北魏至隋唐时期、辽金时期、元明时期、清代及民国时期东北几大族系的形成及相互间的文化交流；《东北文学史》论述了从上古时代至近代东北文学的流变和发展史；《东北艺术史》概述了从上古时代至近代东北的美术、书法、音乐、舞蹈等艺术的流变和发展史；《东北俗文化史》内容包括东北的民间文艺、说唱戏曲、民情风俗等。

6.《**关东节令习俗**》（李东红编著，沈阳出版社 2004 年版）

关东岁时习俗经过漫长的传承与演进，在清代程序更复杂、内容更庞杂、规模更盛大，在满、汉民俗大融合中，还保持了极强的地域性。该书对具有关东特色并为关东父老所耳熟能详的岁时节令——春节、元宵、二月二、清明、端午、七夕、中元、中秋、重阳、腊八等 10 个节日进行了详细阐述。

7.《**关东手艺**》（曹保明著，吉林大学出版社 2014 年版）

手艺是民间珍贵的物质与非物质文化遗产的综合文化。关东手艺是东北各民族千百年来在自然、历史生活和生产活动中的独特创造，具有鲜明的地域特点和特色，如油匠技艺、纸匠技艺、医药技艺等，每一种手艺背后都有一位突出的匠人、艺人，人物的生命故事和品质故事生动感人。该书系作者通过几十年的田野考察和民间搜集记录后所撰，富有鲜活的历史记忆和生活情感。

8.《**东北人物大辞典**》（《东北人物大辞典》编委会编，辽宁人民出版社 1992 年版）

是书为查阅东北历代知名人物的工具书，辑录东北地区各个时代（自上古至 1945 年年底逝世者）历史人物词目 4205 条，约 130 万字。区域以现今东北三省和内蒙古自治区东四盟（呼伦贝尔盟、兴安盟、哲里木盟、昭乌达盟）为范围，囊括历史上曾属于东北行政区划的今河北省承德地区；人物涵盖东北出生、祖籍东北，或非籍属东北，但有重要事迹发生在东北的政界人士、起义或起事的组织者、领导者和骨干成员、革命活动家；工商界的实业家和社会各界人士，著名缙绅、侨居国外的重要人物及籍属东北主要事迹不在东北而有全国性重大影响的历史人物。

9.《**关东书画名家辞典**》（罗春政、赵东昱编著，万卷出版公司 2006 年版）

是书通过对史料的爬梳，系统、全面地考证了东北自唐末五代至明清见于文献记载的书画艺术家总计 1428 人，包含祖籍东北者、祖籍外地而宦游于东北者，并较翔实地记录了每位书画艺术家的生平经历及其艺术活动。

10.《**两汉魏晋南北朝时期关东豪族研究**》（尹建东著，四川大学出版社 2007年版）

是书分为关东豪族的发展阶段与特点，关东豪族的形态、结构及表现形态两编，论述了西汉时期关东豪族的形成演变及其与国家权力的关系、东汉魏晋时期关东豪族社会政治地位的变化特点、关东豪族的宗族组织及其相关问题等内容。

11.《**一种古老艺术的前世今生——东北秧歌研究**》（肖振宇著，辽宁人民出版社 2014年版）

东北秧歌是一项古老的传统娱乐活动，极具地域色彩。是书从人类文化的视角出发，考述了东北秧歌的前世今生，认为其根源于萨满跳神，是远古东北先民巫、医、舞、乐的综合面貌，其属性为"阴歌"，即女性之歌、云雨之歌、送魂之歌、压秧驱祟之歌、地母崇拜之歌，具有"稳中浪、浪中美、美中俏、俏中哏"之特色，在东北各民族的变迁与融合过程中得以发展。在文化表层之下，通过民俗、神话、仪式和文献、图像的多重佐证，探究了东北秧歌艺术的本质。

12.《**二人转与东北文化传统**》（杨旸、杨朴著，中国社会科学出版社 2015年版）

"二人转"是关东名片之一。与其他戏曲或曲艺形式相比，二人转为何具有巨大的艺术裹卷力和冲击力？这是本书论述之中心问题。为回答此问题，作者首先探讨了二人转与原始仪式关系问题，继而探究了二人转与萨满的关系，再而探析了二人转与东北神话的传统，最后探究了二人转文化传统争论。二人转之所以产生巨大的艺术裹卷力和冲击力，首先是来自二人转的意象，其次是二人转因为连着东北文化史，才使二人转连着它的源头，也正因为连着它的源头，二人转才获得了无穷的艺术魅力。

13.《**闯关东历史与文化研究**》（范立君著，社会科学文献出版社 2016年版）

从清朝到民国数百年间的"闯关东"现象，是中国近代史上著名的五次人口迁徙事件之一。是书利用档案和"满铁"资料，从历史学、人口学、社会学、文化学等多角度对"闯关东"历史与文化现象展开系统研究，清晰生动地描绘了"闯关东"百年历史画卷，客观分析了"闯关东"的历史贡献与消极影响，最后以满汉文化碰撞为视角，阐述"闯关东"的独特文化内涵。

14.《关东宝地——从洛古河到山海关》（李占恒、刘绍志著，中国青年出版社 2006 年版）

通过丰富的图片，是书介绍了东北的地脉、人文、风情和历史。探访范围涉及黑龙江、吉林、辽宁三省的全部市域，以及内蒙古呼伦贝尔盟的一角、兴安盟的一角和河北秦皇岛市的山海关地区。

15.《东北风情旧影：赫哲族渔猎生活》（于学斌、孙雪坤编著，黑龙江美术出版社 2006 年版）

赫哲族是中国东北地区一个历史悠久的少数民族，没有本民族的文字，使用西里尔字母来记录语言，因长期与汉族交错杂居，故通用汉语。是书以图文并茂的形式，全面反映赫哲族的生活方式。

二、关东典籍文化读物

1.《辽海丛书》（金毓黻主编，辽海出版社 2009 年版）

初名"东北丛书"，首刊于 1936 年，是我国第一部关于东北三省（旧称辽海）典籍文献的大型丛书，共 10 集，收书 83 种、377 卷；又另行附集 32 册，收书 4 种、132 卷，总计收书 87 种、509 卷。开创了丛书之专著、杂志、文征、存目之体例，所辑录书籍均系有关辽沈及东北地区的珍贵地方史料，其中包括罕见的珍贵典籍史料，较全面地反映了辽沈和东北地区的发展渊源及历史沿革、政治、经济、文化和人文地理的状况，是了解和研究辽沈及东北地区不可多得的历史资料。

2. "长白丛书"（李澍田主编，吉林文史出版社）

是书分为整理和研究两大系列，已出版的整理系列共 5 集、72 册；研究系列不分集，计 44 册。区别于以往丛书以正史和官书为主体，该丛书以方志和野史杂记为大宗，特色鲜明。一是收录《吉林通志》《东三省政略》《永吉县志》等大宗地方史志文献，整理为大宗并对这些文献进行系统点校和勘误，具有鲜明的地方色彩；二是《松漠纪闻》《启东录》《海西女真史料》《金史辑佚》《清代宫廷萨满祭礼》等文献，具有鲜明的民族特色；三是收录《吉林勘界纪》《皇华纪程》《光绪丁未延吉边务报告》等文献，具有浓郁的边疆特色；四是收录《朝鲜文献中的中国东北史料》《清实录中朝关系史料摘编》《宣和奉史高丽图经》等文献，具有内外交融特色。

3. "黑水丛书"（黑龙江人民出版社）

黑龙江省第一部大型地方文献丛书，至 2007 年，收录了该省政治、经济、军事、文化、民族等方面的历史文献 120 余种，共计 1500 多万字，与《辽海丛书》、"长白丛书"鼎足而立，成为东北地区地方文献丛书的重要组成部分。

4.《东北古史资料丛编》（孙进己、郭守信主编，辽沈书社）

是书收录"上迄先秦，下至明清"的以东北三省为主，兼及内蒙古自治区东部、河北省东北部及朝鲜半岛北部、黑龙江流域两岸的包括经史子集各个方面的文献（摘编）。

5.《东北地方志考略》（郝瑶甫著，辽宁人民出版社 1984 年版）

是书辑录了《辽东志》《全辽志》以下东北各地府厅州县诸志 260 余种。每篇著录，其体例为：首列方志名称、卷数、版本、册数，次列修纂年月、修纂人员、修纂经过；再列目录及沿革与范例。

6.《东北方志序跋辑录》（柳成栋、宋抵编，哈尔滨工业大学出版社 1993 年版）

东北方志滥觞于明代中叶，兴于清代，盛于民国，衰于东北沦陷时期，前后达 500 余年。是书收录此段时间内方志 191 种，序跋 645 篇。其中东北地方总志 10 种，序跋 42 篇；辽宁方志 84 种，序跋 317 篇；吉林方志 50 种，序跋 150 篇；黑龙江方志 44 种，序跋 127 篇；内蒙古东四盟方志 4 种，序跋 9 篇。

7.《东北文献辞典》（李澍田主编，吉林文史出版社 1994 年版）

是书是收载历代东北人士或寓居东北及外域或外人所撰著有关东北的汉文图书文献的工具书。对辽、金、元、清四代在东北全域，公孙氏、前燕、北燕、高句丽、渤海、东夏、北元诸地方政权的文献图籍均有钩沉汇辑，尤其着重突出边疆文献、民族文献、稀见文献。总计囊括文学、语言、艺术、历史、地理、哲学、宗教、社会、政治、军事、法律、民族、风俗、经济、文化教育、自然科技各大门类东北图书约 5000 册。

8. "东北流人文库"（李兴盛主编，黑龙江大学出版社 2011 年版）

东北黑龙江地区在古时被视为"边疆苦寒之地"，为古代主要流放地之一。而一代代流人在当地的创作，如诗词、书信、散文、山水著述等，记录了古时黑龙江的模样，形成了特有的"流人文化"。"东北流人文库"是我国第一部流人历史文化丛书，分为"流人文献"与"流人研究"两大部分。其中，流人文献整理与资料汇编类 8 册，包括《何陋居集·甦庵集》《浮云集·拙政园诗馀·拙政园诗集》《千山诗集·不二歌集》《秋笳集·归来草堂尺牍·耕烟草堂诗钞》《梅东草堂诗集·柳边纪略·塞外草》《述本堂诗集·宁古塔纪略》《雪堂集（外八种）》《吴兆骞杨瑄研究资料汇编》，共收流人（包括其同行或省视之子女）著述及其相关资料著述 26 种（另加附录 3 种，则为 29 种）；研究性或介于研究性与资料性之间者 3 册，包括《历代东北流人诗词选注》《流人学概论》《吴兆骞年谱》。

9.《中国朝鲜族史料全集》（金春善主编，延边人民出版社）

我国的朝鲜族是自明末清初开始从朝鲜半岛陆续迁入中国东北的跨境民族，在漫漫的历史长河中，他们与中国其他民族一道，开拓、保卫、建设着中国东北边疆，并逐渐发展为中国的少数民族之一。是书编纂工作于 2009 年正式启动，至 2015 年完成（100 卷），囊括政治、经济、文学、教育、宗教、艺术、体育、民俗等诸多方面，包含国内外各种相关文献资料，是我国首次出版关于中国朝鲜族历史的大型综合性史料集。

10.《东北沦陷时期文学作品与史料编年集成》（刘慧娟主编，线装书局 2015 年版）

是书是一部极具史料价值的大型多卷书，计 45 册。共介绍了生活在东北沦陷区的主要作家 69 位，涉及的作品百余部，包括一直生活及曾经生活在东北沦陷区的所有作家。收入小说、散文、诗歌、评论等文学作品达 2500 万字，作品全部按原版重排，文字未作改动，是目前收集东北沦陷区文学作品最多、最全的一部大型的多卷书。此外，介绍了东北沦陷区出版的各种文艺刊物 160 余种，对各种文艺社团的资料都尽可能地收集并加以介绍，还编辑了一些影响东北沦陷区文学的社会时事和日本帝国主义为了镇压东北沦陷区文学而出台的一些高压政策等。在每年的卷终都列有"年度大事记"。是书采用编年体进行编辑，清晰地展示了东北沦陷时期文学的脉络。

　　构成中华文明的草原文化，广义上包括亚洲北方草原、西域地区草原、青藏高原三大板块文化，狭义则专指亚洲北方草原文化，主要是以蒙古高原为核心的我国北方地区。本文所指草原文化为我国北部内蒙古草原文化，是内蒙古各民族所创建的古老的采集文化、狩猎文化、游牧文化和农耕文化的整合形态。依据草原文化的自然地理、历史沿革、民族文化特点，可以将内蒙古划分为三个各具特色的草原文化区域：东部的大兴安岭文化圈，中部的阴山文化圈和西部的阿拉善文化圈。其中大兴安岭文化圈主要指内蒙古东部地区，包括呼伦贝尔市、兴安盟、通辽市、赤峰市等地，具有草原文化、森林文化、农耕文化相结合的复合文化的特点，不但是中华民族玉文化、龙文化的发祥地之一，也是现代文明的旅游胜地。阴山文化圈主要指内蒙古中部包括呼和浩特市、包头市、鄂尔多斯市、巴彦淖尔市、乌兰察布市、锡林郭勒盟等地，是内蒙古的政治、经济中心，其"大窑文化"遗址是国内外至今发现的年代最早、延续时间最长、规模最大、蕴藏量最为丰富的远古石器制造场，而绵延上千公里的阴山岩画、乌兰察布岩画、西桌子山岩画，则生动地记载了上万年前至数百年前游牧民族的历史，是"刻在山岩上的史诗"。阿拉善文化圈主要指内蒙古西部地区，降水量极少而十分干旱，大面积分布着巴丹吉林沙漠、腾格里沙漠和戈壁、荒漠草原，以及河、湖畔的灌木、胡杨林等，著名的额济纳胡杨林即在内蒙古最西部的额济纳旗。经过几千年的发展，以游牧民族文化为主题的草原文化形成了崇尚自然，天人合一的文化特征。无论是代表远古文明的岩画、被称为中国第一龙的玉龙，还是代表现代文明的蒙古包、蒙古服饰、奶茶奶酒、敖包、马头琴、长调等，无不演绎着草原文化独特的文化风彩。

一、草原地域文化读物

1.《美丽内蒙古》（朱祖希主编，蓝天出版社 2015 年版）

内蒙古像一条绶带斜佩在中国的北部，它以蒙古高原为主体，兼具火山、森林、河流、草原、湖泊、戈壁、沙漠等诸多自然地貌类型，包括科尔沁地区、呼伦贝尔草原、大兴安岭、锡林郭勒草原、河套平原、鄂尔多斯高原和阿拉善高原七大区域，总面积位居中国五大草原之首。千百年来，牧人、牲畜、草原三者交织在一起，在这片神奇的土地上创造了灿烂的游牧文明。是书展现了内蒙古的地理状况、自然奇观、人文胜迹、民风民俗，包含 300 幅精美图片。阅此书可以饱览辽阔的呼伦贝尔大草原、草原明珠达里诺尔湖、额济纳胡杨林等，还可以领略晚白垩纪的恐龙王国阿尔山国家地质公园，中国火山地质博物馆巴彦淖尔国家地质公园，奇峰石林、百鸟争鸣的二龙什台国家森林公园，岭上奇境的阿尔山国家森林公园，集多种地貌及自然景观于一体的黄岗梁国家森林公园；还能了解红山文化、元上都遗址、北方的烽火传奇长城与古城、游牧民族的艺术瑰宝阴山岩画等文明奇迹；还可以了解具有蒙古民族特色的那达慕、蒙古马、手工工艺、鸡血石、奶茶与奶酪、风干牛肉等相关民俗文化及特产；还可以了解马头琴、长调与呼麦等草原艺术文化。

2.《多彩的内蒙古》（吴国清、丁铭著，新华出版社 2011 年版）

是书描绘了内蒙古东西部不同的地理环境和民风民俗，全书收录了 350 多篇新闻特写、通讯、游记和纪实作品。该书由两位长期在内蒙古工作和生活的作者撰写，他们行走在内蒙古的角角落落，花了十几年时间走遍内蒙古的 12 个盟和 2 个市，用新闻记者的视角记录了内蒙古多地的地理风光、名胜古迹、民风民俗、社会新闻、经济亮点和逸闻趣事，乃至一些民间传说，努力把内蒙古的特点、亮点和精华展现给读者。该书按地区分类，内容翔实，文笔清新、简洁，见闻性、可读性和史料性强，从新闻的角度向读者呈现了一个既古典又现代的色彩斑斓的内蒙古，一个多棱、立体的内蒙古，是了解内蒙古不可多得的一部系统性、纪实性作品。

3.《微观内蒙古》（莫久愚主编，商务印书馆 2017 年版）

"微观中国"系列丛书之一。采用"微博体"写作方式，强调从细微处观察、体验。是书采用大量鲜活的一手见闻、访谈、细节和图片组成 400 余条短小却富含内容、充满情致的"微博"，中英对照、图文并茂地展示内蒙古的历史寻踪、草原印象、城市风情、传统习俗、地理物产、行旅体验、回望逸事、山林沙地、语言文化等具有民族风情的草原文化。"微博体"极具亲和力和感染力，配以有视觉冲击力的摄影作品，"悦读"加"阅图"，带给读者轻松而直观的阅读新体验，为读者多维度地呈现出一个至美至真至纯真实而美丽的内蒙古。

4."草原文化研究丛书"（内蒙古教育出版社 2007 年版）

丛书共 11 卷 12 册，约 500 万字，包括《草原文化概论》《草原文化史论》《草原物质文化研究》《草原精神文化研究》《草原文化区域分布研究》《草原考古学文化研究》《中华文化大系比较研究（上、下）》《草原文化与现代文明研究》《北方游牧民族历史文化研究》《蒙古族文化研究》《达斡尔族、鄂温克族、鄂伦春族文化研究》。该系列丛书围绕草原文化的概念、内涵、特征、类型、地位、作用、基本精神、价值体系、历史分期和区域分布等方面，对我国北方草原文化进行多角度、多层次的深入系统阐述。

5.《草原文化与草原文学》（奎曾著，内蒙古大学出版社 1997 年版）

是书为国内第一部阐述草原文学的学术著作。上编较为系统地概述了草原文化的发生、发展的历史过程，并分析了其性质、特征、意义和价值，预测了其未来的发展前景；下编探讨了草原文化与草原文学的关系，概述了由古及今草原文学的发展以及它所构建的独特艺术世界，并指出草原文学与蒙古族文学、内蒙古文学的异同。全书资料丰厚，内容充实，观点鲜明，结构严谨，文字流畅，并吸收国内外学者关于文化、文学的新近研究成果，具有科学性、预见性和实用价值。

6.《红山文化研究》（刘国祥著，科学出版社 2015 年版）

红山文化发源于内蒙古，起始于五六千年前的农业文明，是我国新石器时代北方原始文化的代表，是华夏文明最早的文化痕迹之一。它与存在于山东地区的"龙山文化"和存在于长江中下游地区的"良渚文化"一样，都是中华古文明的重要组成部分。是书通过系统梳理红山文化田野考古调查和发掘材料，对红山文化发现与研究历程、类型与分期、聚落布局特征、埋葬习俗、祭祀遗存、经济形态、原始宗教信仰、手工业生产的专业化与社会分工、社会分化与等级制度确立、与辽西地区及相关地区考古学文化关系等问题进行了深入探讨。

7.《红山文化考古记》（郭大顺著，辽宁人民出版社 2009 年版）

郭大顺是红山文化研究专家，是多项考古发掘的亲历者，曾发现、主持和组织牛河梁红山文化遗址、姜女石秦行宫遗址的发掘、研究和保护。作者以半个多世纪以来红山文化考古历史为线索，通过翔实的文字资料和形象生动的图片，介绍了红山文化玉器、女神庙、牛河梁"坛庙冢"遗址群、东山嘴遗址等开掘现场的科学探寻和惊人发现，对 20 世纪红山文化的发现与研究状况作了全景式的概述。文物、考古现场以及其他相关图片，使这部考古学科普作品形象地展示了5000 多年前中华大地的文化交汇和最初文化共同体形成的灿烂景象。

8.《内蒙古岩画的文化解读》（盖山林、盖志浩著，北京图书出版社 2002 年版）

内蒙古是我国发现岩画最丰富的地区，其中阴山岩画、乌兰察布岩画及贺兰山岩画号称"三大岩画宝库"。阴山岩画是雕凿在阴山山脉岩石上的图像，阴山岩画的艺术水平精湛，其刻法有敲凿、磨刻、线刻等，世界上只有少数岩画遗迹可与之相媲美。最早关于阴山岩画的记载为北魏地理学家郦道元所著的《水经注》。乌兰察布岩画分布于乌兰察布盟各地，岩画题材广泛，内容丰富。贺兰山岩画位于贺兰山东麓的贺兰山口，也叫贺兰口岩画，题材多为当时人们生活的场景，用来表现对美好生活的向往与追求，再现了当时的审美观、社会习俗。是书上篇为岩画的新发现，按阴山岩画、阿拉善岩画、桌子山岩画、包头、赤峰以及大兴安岭等分区、分组对有代表性的岩画所代表的图案、所要表达的意思、反映什么样的时代特征等相关内容进行解读；下篇为岩画总体的解析。

9.《黄金家族：成吉思汗和他的继承者们》（李强著，现代出版社 2017 年版）

是书以成吉思汗及其后裔为主轴，重现其初期艰辛的崛起之路，以及后嗣开启西讨南伐的远征进程，用铁骑划破时空，驰进中国史，更驰进世界史，终湮灭于漫漫岁月长河的多彩画卷。

10.《忽必烈的挑战》（[日] 杉山正明著，社会科学文献出版社 2013 年版）

日本蒙元史大家杉山正明教授的代表作，超越了以西欧、中国为主体的观点，描绘出别开生面的蒙古帝国与世界历史。作者试图把忽必烈放在世界史视野中进行描述，把他塑造成从地中海到西太平洋巨大范围内新型政治经济体系的关键人物，而这就是世界历史上最早具有近代意义的"世界体系"。蒙古帝国为这个世界体系提供了结构骨架和运转动力。

11.《丝绸之路草原文化研究》（盖山林著，新疆人民出版社 2010 年版）

草原丝绸之路是指蒙古草原地带沟通欧亚大陆的商贸大通道，是丝绸之路的重要组成部分。是书主要描述了青铜器时代至早期铁器时代草原文化艺术、北朝至唐代的草原文化艺术、当代草原文化艺术、草原艺术的区系类型和演化、草原艺术与域外艺术的关系等。

12.《蒙古族音乐的传承与发展》（黄国荣著，内蒙古科学技术出版社 2014 年版）

蒙古族音乐旋律优美、气息宽阔、感情深沉、草原气息浓厚。有传统的古老圣歌、赞歌、祝酒歌以及许多反映牧民生活的歌曲。蒙古族民歌以声音宏大雄厉、曲调高亢悠扬而闻名。是书以发展的视角深入研究蒙古族音乐的历史形成、分类、特点等内容，并综合音乐学、历史学、民俗学、民族学等学科知识对蒙古族音乐及其他国内外音乐的交融与影响进行全面分析，从而对蒙古族音乐发展提出切实有效的见解，对传承蒙古族音乐具有重要意义。

13.《内蒙古草原酒文化》（张慧媛著，内蒙古人民出版社 2002 年版）

蒙古族是一个热情好客、讲究礼仪、胸怀坦荡的民族，至今保持着一套特有的民族礼仪。酒被蒙古族看作是敬老和待客的最好物品，所以逐渐形成了具有地方特色的酒文化。是书阐述了草原奶酒、果酒、谷物酒配制的历史与传统，介绍历代的酒器，并对当地的酒风、酒俗与酒文化进行了论述。

14.《内蒙古民俗》（赛音塔娜主编，甘肃人民出版社 2004 年版）

草原文化历史悠久，草原人民的生活受自然影响较大，所以形成信奉自然、崇尚图腾的民族风俗。是书从与人们生产、生活相关内容着手，介绍了内蒙古畜牧、农业、林业狩猎等生产民俗，对居住、饮食、服饰等方面的生活民俗也进行了描述。尤其是对人们耳熟能详的一些代表蒙古族文化特色的代表性的民间艺术形式如蒙古包、蒙古刀等蒙古工艺品，长调、马头琴等音乐艺术，蒙古族舞蹈，民间剪纸等都进行了较详尽介绍。

15. "巴林石精品赏析"丛书（张学苍、王陟著，华龄出版社 2008 年版）

巴林石，内蒙古自治区赤峰市巴林右旗特产，中国国家地理标志产品。巴林石与福建省的寿山石、浙江省的青田石和昌化石齐名，统称为中国"四大名石"。该丛书是巴林石文化的普及读物，包括《巴林鸡血石》《巴林福黄石》《巴林冻石》《巴林彩石》《巴林图案石》《巴林石印章》《巴林石圆雕》《巴林石浮雕·把件》8本书，按照巴林石的品种分类，逐一介绍石品色彩、光泽、质地、价值和鉴赏等许多方面的知识，内容全面、翔实。

二、草原典籍文化读物

1. "内蒙古历史文献丛书"（内蒙古图书馆编，远方出版社）

截至 2018 年，该丛书已出版 23 辑，收录了内蒙古地区 1949 年之前的地方志、地方史籍、谱牒、地方年鉴、调查报告、会议记录、报刊等历史文献。这些文献，有些只在写成时出版过一次，目前存世极少，甚至是孤品；有些从未出版，为人所不知，却具有重要的学术研究价值。这些历史文献包括 1949 年以前形成的内蒙古地区的方志、年鉴、调查报告、会议记录、地理资料，历代关于蒙古民族和北部边疆史地问题的官修史书和私人史料笔记、文集、游记，内蒙古地区研究专著，清代关于盟旗政策、蒙垦问题等重要问题的奏议和档案汇编等文献资料。丛书较为全面地反映了内蒙古近现代的自然条件、政治军事、社会经济、科学文化等各方面的情况。

2.《内蒙古地方志总目提要》（邬卫华主编，内蒙古大学出版社 2015 年版）

是书收录编者亲历亲见的 2013 年以前发行（包括公开和非公开发行）的内

蒙古自治区的各类方志，其中新方志（汉文）1064种，旧方志93种，蒙古文方志31种。

3.《内蒙古旧报刊考录》（忒莫勒编著，远方出版社2010年版）

是书正文共收录报纸（包括一些通讯稿）234种，现存82种（其中蒙文及其合璧者25种，日文1种），待访152种（其中蒙文及其合璧者14种，日文及其合璧者5种，俄文1种）；期刊299种，现存164种（其中蒙文及其合璧者37种，日文及其合璧者18种），待访135种（其中蒙文及其合璧者11种，日文及其合璧者12种，俄文2种）。另外附录收有其他相关报纸12种，现存5种（其中蒙文及其合璧者4种），待访7种（其中蒙文及其合璧者6种）；期刊38种，现存26种（其中蒙文及其合璧者19种），待访12种（其中蒙文及其合璧者5种，日文及其合璧者2种）。是书学术性、资料性强，检索方便。

4.《〈明实录〉瓦剌资料摘编》（《准噶尔史略》编写组编，新疆人民出版社1982年版）

瓦剌是我国明代蒙古族的一支，元代聚居在今叶尼赛河流域，明代活动在准噶尔盆地周围。兴盛时曾西征中亚、北隶乞儿吉思，占据整个新疆。至清代，瓦剌在准噶尔部治下。是书在我国蒙古史研究中极具史料价值。

5.《明代蒙古汉籍史料汇编》（内蒙古大学出版社）

有关明代蒙古的记载，主要见于蒙文和汉文文献。蒙文史料详于蒙古内部情况，自成系统，其缺点之一是较为晚出。14世纪中叶至16世纪末的200多年间，几乎没有蒙古人自己的史学著作流传下来。汉文史料则多为明人对当时情况的记载，虽失之零散和过于偏重明蒙关系，但记时记事都比较准确。因此，明代蒙古的活动情况，在很大程度上须依赖汉籍去探寻。汉籍史料在明代蒙古研究中有着十分重要的作用，但长期未得以系统整理。是书总计7册，填补了我国系统整理明代蒙古汉籍史料的空白。

6.《内蒙古民国报刊史研究》（张丽萍著，内蒙古大学出版社2014年版）

是书采用点面结合的方法，解剖内蒙古民国时期主要报刊的新闻，细致梳理中华民国时期内蒙古报刊的发展脉络，完整勾勒报业及社会生活的历史图景。作者既重视对不同时期报刊发展整体状况的描述，更注重对有较大影响的报刊与报人的个案研究，同时，以《绥远民国日报》《绥远日报》《包头日报》《奋斗日报》《内蒙自治报》等报刊为重点研究对象，抽取一定数量的报纸样本进行分析统计，对这些报纸在报道体裁、稿件长短、版面安排、各类内容的结构比例、广告类别及其所占比重等报刊形式方面的情况进行归纳、分类和比较，从而对主要报刊的面貌做出客观描述。是书一方面从报刊自身特点出发，以报刊为研究主体，在对重要报刊、重要人物、重要事件进行实事求是的研究和评价基础上，分析新闻业自身发展的脉络和规律；另一方面，从政治、经济、文化、社会生活等多个维度去分析报刊的办报（刊）宗旨、性质、创办主体、传播对象、传播内容、经费来源、发行渠道和传播效果，将报刊嵌入时代背景和社会情境中去，把报刊及其生存的社会系统作为整体加以认识与研究。

7.《**古丰识略**》（王静主编，内蒙古人民出版社 2017 年版）

是书为呼和浩特的第一部地方志。诞生于清咸丰九年（1859 年），系统地介绍了呼和浩特地区的风土人情、历史传承、政治经济等方面历史史实，总计 40 卷，未刊印，只有手抄本。是书在泰州古旧书店抄本基础上，参考其他版本而成。

8."**美国哈佛大学哈佛燕京图书馆藏蒙古文文献丛编**"（蒙古学研究文献集成编委会编，远方出版社 2016 年版）

该丛书包括国内不常见的蒙古文古籍文献 21 种、63 册，为国际蒙古学研究提供了新的文献资料，标志着内蒙古蒙古文古籍文献通过数字化技术从海外回流反哺民族文化实现了新跨越。

9.《**中国蒙古文古籍总目**》（《中国蒙古文古籍总目》编委会编，北京图书馆出版社 1999 年版）

是书收录了中国 180 个藏书单位和 80 位个人所收藏的 1949 年以前抄写、刻印的蒙古文文献，分图书经卷、档案资料、金石拓片和期刊报纸 4 部分，计13115 条。在著录基础上，还做了必要的分析、考证。是书全面反映了中国蒙古文古籍的实际面貌和收藏情况。

10.《清代蒙古文出版史研究——以蒙古文木刻出版为中心》（宝山著，内蒙古教育出版社 2007 年版）

清代是蒙古文图书出版史上极其重要的时期，政府、寺院和刻书坊等三种出版印刷机构形成三足鼎立之势，木刻出版了众多蒙古文图书，培养了一批杰出的蒙古文出版活动家。是书在清代蒙古文木刻本图书的基础上，主要以清代蒙古文木刻出版事业为研究对象，结合史学理论和出版学理论，对清代蒙古文图书出版的各个组成部分进行综合分析、系统研究，比较全面、客观地勾勒出了清代蒙古文出版发展的历史轨迹，并探究其发展的主客观原因。

岭南文化，又称珠江文明，狭义称广东文化，广义称南粤文化或岭南文化，指五岭以南的广东、广西和海南一带"岭南地区"之独特地域文化。今岭南文化专指南粤文化，尤以广东特色突出，狭义的岭南文化是特指汉族的广府文化、潮州文化和客家文化。广义的岭南文化还包括广西地区的汉族地域文化和岭南苗、京、壮、瑶等少数民族特有的文化。岭南先民遗址的出土材料证明，岭南文化为原生文化。基于独特之地理环境和历史条件，岭南文化以农业文化和海洋文化为根基，在其发展过程中不断吸取和融汇海外文化，逐渐形成自身独有之特点。大概分为曲艺、建筑、美术、饮食四类。到了近代，岭南得风气之先，成为中西文化交流之重要津梁，多种文化思潮交错而织成绚丽多彩的画面，岭南文化成为中国政治、思想、文化革命和发展之先导。从洪秀全之金田起义、幼童留美计划、康梁变法、何子渊之教育革新到孙中山领导之民主革命，岭南文化始终是中国近代政治革命之重要代表和领导力量。近代岭南文化精神实质是战斗、革命、革新精神。

一、岭南地域文化读物

1.《岭南文化》（袁钟仁著，辽宁教育出版社 1998 年版）

是书分为 13 章，对岭南文化的各个层面都做了研究和汇总。主要内容包括介绍岭南的文化遗存，岭南的对外文化交流，岭南的学术研究、文学创作、艺术流派、方言土语、名胜古迹等，岭南提倡改革、革命的政治思想，爱国主义传统等。

2.《岭南民间文化》（叶春生著，广东高等教育出版社 2000 年版）

岭南地区是古代百越民族聚居之所，被当时的统治者称为"蛮夷"之地。在漫长的历史岁月里，百越古族有的与中原汉族移民融合，自成体系，有的演变、发展，生存至今，形成了岭南地区的少数民族与三大民系，展示了特异的人文风貌。是书共分四章，内容包括岭南民俗与百越文化导论，口承文艺的文化轨迹，有形民俗的文化形态，心意现象的文理透视。

3.《基督教与近代岭南文化》（赵春晨等著，上海人民出版社 2002 年版）

作为世界三大宗教之一的基督教，近代在中国岭南地区获得了比较广泛的传播，对岭南社会，尤其是对岭南的思想文化产生了巨大的影响。同时，基督教本身也在同岭南主流文化的碰撞中不断地调适自我，逐步融入当地社会与文化之中，实现了本色化的改造过程。此外，基督教还介入了岭南世俗文化的诸多方面，影响力非常大。是书分别介绍了基督教在岭南的传播，传教士在岭南的文化活动，基督教与岭南知识界以及基督教与岭南文化的冲突和交融。

4.《广东文化地理》（司徒尚纪著，广东人民出版社 1993 年版）

是书为我国第一部区域文化地理研究著作，论述了广东文化形成的因素、多种文化的传入和融合、农业土地利用及方言风俗、宗教文化景观与地理分布等。首述广东文化形成因素，谈及热带性特征，与诸夏环境有别；继而从历史时代文化特征予以详细分析，论述了多种文化的传入和融合；再而依次从广东农业土地利用、聚落、方言、风俗、宗教、地名、人才进行分析；最后以文化区划为总结。

5.《潮汕文化概说》（陈泽泓著，广东人民出版社 2001 年版）

是书通过对潮州民系和文化渊源的分析，展示了潮汕地区从野蛮到文明的纵深背景，把群体创造置于个人教化之上。潮汕文化引以为代表的，是饮食、茶艺、戏曲、方言俗语、工艺，呈现出这种文化的物质属性，有极强的吸纳消化能力，形成了读书、经商以及冒险逐利的社会风气。而读书至上蔚成风气，影响了潮汕文化的一些具体内容，如工艺、饮食、曲乐上以讲究"儒雅"的心态为时尚。总之，潮汕文化颇具特色、颇有影响，且在鲜明的特色中蕴含着复杂的多元表现。

6.《岭南文化的真相：岭南文化与文学地理之考察》（曾大兴著，社会科学文献出版社 2017 年版）

是书运用文化地理学与文学地理学的理论及方法，结合岭南文化与岭南文学所赖以产生的地理环境，探讨岭南文化与岭南文学的基本特点；通过岭南文化与岭南文学的要素分布，确立岭南文化与岭南文学在整个中国文化与中国文学大格局中的地位；通过数理统计与定性分析，还原岭南文化与岭南文学的真相。

7.《清代广东朴学研究》（李绪柏著，广东省地图出版社 2001 年版）

广东朴学代表了广东文化的成就，而此时的朴学当以东塾学派最为引人注目。是书对东塾学派的产生条件、主导人物、群体形成、学术成果、与士绅及商业巨子关系、盛衰演变等作了叙述。

8.《岭南近代建筑文化与美学》（唐孝祥著，中国建筑工业出版社 2010 年版）

岭南近代建筑文化与美学是在古今中西之争的文化背景下发生、发展的。近代岭南文化精神贯注于近代岭南建筑之中，并孕育了岭南近代建筑的"文化地域性格"，表现出高度的自然适应性、社会适应性和人文适应性。是书运用理论层面的交叉综合研究和实践层面的实证调查研究相结合的方法，论述了岭南近代文化精神的价值系统、民众心理、思维方式和审美理想，又分析了中国近代美学的时代特征、思想特征、理论特征和目标特征，为揭示岭南近代建筑文化的总体特征而展示了审美文化背景的核心内容。

9.《岭南禅文化》（覃召文著，广东人民出版社 1996 年版）

岭南禅文化有不少宝贵的遗产：自达摩西来，开辟禅学，牟子辩宗，力著《理惑》之后，岭南禅文化蓬勃发展。特别是慧能首创顿宗，更为中国禅宗史谱写了光辉的篇章。其后的曹溪之禅花发五枝，不仅铺向全国，也流行于岭南地区，如五代两宋的云门宗在粤北崛起，明清的曹洞、临济在岭峤重光，皆蔚为大观，称盛一时。是书以岭南禅史、岭南禅文化人物、岭南禅文化特质为基本线索，全面评介了岭南禅文化的精神内蕴，并论证了岭南禅文化与岭南文化及中国文化的密切关系。

10.《**广府民俗**》（叶春生著，广东人民出版社 2000 年版）

广府人在社会生活中，处处体现出人生美学般的享受。广府民俗，丰富多彩，古老而又年轻；活泼明快，充满南国水乡的浪漫情调；具有兼容的情怀和温存的生活方式，与广州的人文气质密切相关；古朴典雅中重怡情，借鉴外来文化，中西兼容。是书主要介绍了广府的岁时节令风俗、经济民俗、生活习俗等内容，并对广府民俗进行了研究。

11.《**岭南思想文化的演进与更新**》（覃召文、宋德华著，社会科学文献出版社 2015 年版）

是书分古代岭南思想文化的演进、近代岭南思想文化的更新两编，包括岭南思想文化的发生与发展、岭南思想文化的演化历程、岭南古代思想文化的分布格局与历史重心、岭南古代思想文化的规律与特征等内容。

12.《**岭南五邑海洋文化研究**》（田若虹著，新华出版社 2017 年版）

蓝色文明与海洋有着不可割舍的关系。是书首次系统、全面地梳理、反映了五邑海洋文明的历史形态与综合发展之诸要素。

13.《**岭南疍民文化景观**》（吴水田、陈平平著，社会科学文献出版社 2017 年版）

岭南人在中国历史上是一个特殊的族群，属古"百越"一支，亦称"疍民"。是书以岭南疍民为研究对象，按照文化产生、文化景观、文化扩散、文化分区等板块梳理疍民文化景观，阐述了地理环境对疍民文化景观形成和发展的影响，梳理了疍民文化形成的历史过程，介绍了渔业生产、沙田耕作、珍珠采集等疍民生产活动，展示了疍民婚俗、饮食、服饰、居住等生活方式和相关精神信仰，阐述了与疍民相关的征兵、编户等管理制度，并介绍了疍民文化与其他文化的相互影响和地域差异。

14.《**岭南家训**》（顾作义主编，南方日报出版社 2016 年版）

家训家风是中华传统文化的重要组成部分，蕴含着丰厚的思想内涵。是书汇集了广东地区主要的 115 个姓氏的传统家训，每个姓氏由四部分内容组成："源流"介绍该姓的源起、变迁及分布区域；"家训"为全书的重点内容，既有历史悠久的古代族谱家训警示，也有取自当代族谱的家训格言，均围绕塑造道德品格、安身立命展开；"名人"列举并简要介绍了该姓的古今知名人物；"故事"讲述了该姓名人的有趣且具有寓意的事迹。

15.《岭南最后的古村落》（曾晓华著，花城出版社 2013 年版）

是书以作者个人的行走、体验、认知和感悟之轨迹为基本线索，图文并茂地呈现岭南古村落的原生态自然质朴之美，展现岭南古村落的独特历史及其乡人乡事之奇，表现岭南古村落的民风民俗及其民间文化艺术之韵。是书从"聚落""古港门户""广府""潮韵""客家""水乡渔村""侨乡"这几个专题入手去构筑岭南古村落，可谓准确而匠心独运。

二、岭南典籍文化读物

1.《广州大典》（2005—2015）

广州是拥有 2200 多年建城史的历史文化名城，大量珍贵的地方文献翔实反映了广州历史的变迁和发展。由于年代久远，经蠹鱼蛀蚀，自然风化，兵燹摧残，古籍老化破损严重，对其进行再生性保护刻不容缓。为及时抢救和保护现有的珍贵历史文献资源，中共广州市委宣传部、广东省文化厅于 2005 年牵头组织开展《广州大典》的编纂出版工作，至 2015 年 4 月完成出版工作。《广州人典》依经、史、子、集、丛五部分类，其中丛部酌收兼赅四部之丛书，专科性丛书俱入所属部类。总计收录 4064 种文献，编成 520 册。其中，《经部》收录文献 375种，分为 56 册；《史部》收录文献 1178 种，分为 197 册；《子部》收录文献 747种，分为 62 册；《集部》收录文献 832 种，分为 103 册；《丛部》收录文献 932种，分为 102 册。

2.《岭南文献综录》（骆伟编著，广东人民出版社 2016 年版）

作者曾于 2000 年出版《广东文献综录》，总计条目 5805 种，包括粤人著述、记载广东事物的文献、广东刊行的文献、收录文献的时间和载体、收录文献的地域范围。是书在《广东文献综录》的基础上，增加岭南文献条目约 3000 种，对原书的书名、著作者、藏地等文献信息的错漏之处进行了认真的订正。

3.《**岭南历史文献**》（罗志欢著，广东人民出版社 2006 年版）

是书涵盖了岭南地方史料、岭南人物与著述、岭南出版物三部分的内容，全面、系统地叙述了岭南文献源流、岭南文献刻印、岭南文献聚散、岭南文献整理、岭南文献传播。附录有《岭南书目知见综录》《岭南学者未刻书稿简目》《岭南文献国外传播简目》等。

4.《**岭南文献史**》（乔好勤主编，华中科技大学出版社 2011 年版）

是书以历史年代为经，以地区事物为纬，聚岭南历代学术研究、代表人物和文献篇章于一体，其特点主要反映在三个方面。第一，岭南并非"文化沙漠"，岭南学术研究，发端于粤西，完成于粤北，繁荣于珠江三角洲。学术研究必然产生文献成果，此皆岭南学术和文献发展的概况。第二，岭南文献鲜为人知是由于历史地理的原因，造成岭南与中原的阻隔，影响学术与文献的交流。第三，岭南是中西文化融合碰撞的交汇点，岭南对西方科学、文化和印刷术加以吸收和改进，在近代岭南产生了中国最早的留学生，最多的外交家，最早的西医及其医院，最早的新闻报刊，最早的科技人才，最早的西方印刷术和最早的资产阶级革命家、改革家和企业家，并产生了一批具有中西文化融合的文献，如铅印本、石印本、影印本、机器版、电子版以及中西文合璧本等，颇具特色。

5.《**岭南姓氏族谱辑录**》（骆伟编著，广东人民出版社 2012 年版）

是书对广东的部分市县及香港的族谱，作了重点查阅和摘录，其余地区按原单位所提供的款目著录，还对部分族谱作了考证和文字的订正，并利用方志、个人文集以及其他资料作了内容补充。总计收录 210 姓，4140 种族谱，基本反映了岭南名门望族的概况。

6.《〈**广州大典**〉**海外珍稀文献书志**》（王蕾主编，广西师范大学出版社 2016 年版）

《广州大典》收录海外珍稀文献地域范围以清代中期广州府所辖南海、番禺、顺德、东莞、从化、龙门、增城、新会、香山、三水、新宁、新安、清远、花县，及香港、澳门、佛冈、赤溪为依据。文献产生时间原则上截止于 1911 年，个别文献延伸至民国。是书为深入揭示《广州大典》所收珍稀海外广州文献的内容、价值与存藏情况，而对 71 种海外底本（含部分大典暂未收录的国内稀见底本及木鱼书）进行版本目录学考证与书志编撰的成果。

7.《**广东藏书纪事诗**》（徐信符著，商务印书馆 1963 年版）

是书为诗 61 首，记事 54 家，是研究广东藏书文献的重要资料。附录《广东藏书家生卒年表》，将藏书家之姓名、字号、籍贯、生年（朝代、年号、甲子）、卒年（公元年代）一一列表，一览明白。

8. "**海南地方志丛刊**"（海南出版社 2004 年版）

"海南地方志丛刊"辑录了至今所能搜集到的自宋代《海外四州》至中华人民共和国成立前的府志（岛志）、州志、县志、乡土志、采访录，以及南海诸岛的若干历史资料；正史中涉及海南地方的史料及 8 种《广东通志》中的琼州府部分也列入，总共 70 余种，达 1500 万字。

9.《**海南文献总目**》（刘显著，社会科学文献出版社 2014 年版）

是书是一部全面著录海南地方文献的工具书，内容包括海南人士著述与海南相关之著述两部分，总计收录海南地方文献 8059 种。所收古代文献时间范围从上古至辛亥革命，民国文献从辛亥革命至中华人民共和国成立，现代文献从中华人民共和国成立至 2013 年 4 月，其中古代文献 202 种、民国文献 955 种、现代文献 6902 种。

10.《**黎族藏书**》（王学萍主编，海南出版社 2009 年版）

是书收录以下书籍：1949 年以前成书并流传使用的黎族古籍；1949 年以后按原文抄录或复制的黎族古籍，原件已遗失的，其新抄本或复印本均属收录范围；在国内出土、保存、流传，现已流失至国外的黎族古籍应予收录；1949 年前国外关于黎族研究的图书资料。其中，史料上有记载，但已失传的黎族古籍不予收录；黎族地区已发掘和收集到实物但无法识读或不确定族属的文献不予收录。

　　闽台文化是指由生活在闽台两地人民共同创造的、以闽方言为主要载体的区域文化，它既是中国传统文化的重要组成部分，又富有鲜明的区域文化特色。闽台文化的根则在河洛文化。作为华夏文明的核心文化的河洛文化，是客家文化及闽台文化的根，是维系民族团结、国家统一的精神文化纽带。闽台之间的文化联系开始于遥远的原始社会，但闽台文化作为有特色的区域文化体系的最后形成是在清代乾嘉年间，与清政府统一台湾、闽人大批入台、台湾成为定居社会，以及闽台经济一体化的历史进程基本同步。闽台文化固然是中原文化的延伸，但其富有区域特色，内陆文化和海洋文化在这里有机地结合为一体。"自古闽台一家亲"，福建与台湾仅一水之隔，血脉相连。历史上，台湾在很长时期内曾为福建的一部分。明代以后大量闽人移居台湾，共同创造了以闽南方言和客家方言为主要载体的台湾文化，清以后台湾虽建省，但两种文化血缘仍密不可分，闽台地缘相近，血缘相亲，习俗相同，语言相通，现今台湾同胞中 80% 以上人口祖籍福建，正是因为闽台地区有这种天然的联系，因此一向被视为一个共同的区域。

一、闽台地域文化读物

1. "闽台文化关系研究丛书"（福建人民出版社）

　　该丛书共 13 部，内容围绕闽台关系展开。内容讲述了台湾与祖国的文化亲缘关系，最先、最直接的就体现为台湾与福建的关系。这是历史发展所决定的。福建和台湾，都是以中原南徙的移民为主体而建构起来的社会。稍有不同的是，在福建，中原移民南徙入闽，至宋代已基本完成；而在台湾，则是自明末清初开始，才由南徙入闽的中原移民后裔再度大规模迁入台湾的。其文化的传播，也随同移民一起，从中原经由福建的本土发展，再度播入台湾。因此，闽台社会都先后经历了一个共同的内地化、文治化，实质也就是中原化的过程。

《闽台民间文学》主要内容包括闽人入台与祖国大陆口承文学在台湾的传播、两岸政治隔绝导致的民间文学文本变异性传承、两岸闽南人民间文学之比较、两岸客家人民间文学之比较、两岸少数民族民间文学之比较，以及连接两岸和世界的民间文学类型研究。

《闽台民间美术》主要内容包括闽台民间美术的文化意涵、闽台民间美术的主要门类、闽台民间美术传承人及其口诀、闽台民间美术运作机制与模式、闽台民间美术的行业习俗及行会行例等。

《闽台行政建置关系》主要内容包括闽台地缘衍生的天然政治关系、福建行政管辖向台澎地区的早期延伸、郑氏政权与台湾建置、清朝统一台湾与台湾建置、福建省治下台湾地方建置的运行、台湾建省后的行政建置与闽台关系、日据时期的闽台政治关系、台湾光复与建置等。

《闽台儒学源流》内容包括宋、元、明时期的福建儒学，郑成功收复台湾后闽台儒学的传承，清朝统一台湾后闽台儒学的发展，鸦片战争后闽台儒学的演变。

《闽台民间信仰源流》是一本研究福建、台湾两地民间信仰的关系以及相互影响作用的书。全书共分 12 章，分别研究了闽台民间信仰的由来与社会基础，闽台两地的自然崇拜，闽台祖先与行业祖先崇拜，闽台医药神与瘟神崇拜等。

《闽台文学的文化亲缘》论述了福建和台湾两地的文化之间的亲缘关系。全书共分六章，探讨了台湾和福建两地的种族、环境、时代要素与区域文学特征，明郑前后闽台文学的初步遇合，清代中叶闽台文学的深层对接等。

《中华文化与闽台社会——闽台文化关系论纲》以文化为讨论对象，以关系为切入点，以闽台为中心来论析两岸关系。主要介绍了"闽台文化关系的历史渊源""移民与闽台社会的形成""移民与中华文化的闽台延播""闽台社会的文化景观"等九章内容。

《闽台民居建筑的渊源与形态》内容包括南方民系与闽海系民居建筑、自然条件对闽台民居建筑的影响、闽台社会形态与闽台民居建筑的关系、闽台民居建筑的类型与流派、泉州民居建筑与台湾泉州派民居等九章。

《闽台民间习俗》讲述了福建与台湾两地民间风俗的关系以及区别演化等。全书分六章，探讨了中华民俗与闽台民俗，闽台衣食住与生产习俗，闽台生育婚丧习俗，闽台传统节日习俗等。

《闽台客家社会与文化》包括七章，分别为客家民系的酝酿、闽西在客家民系形成过程中的作用和地位、元明清闽西客家社会的变迁、祖国大陆客家人移民台湾、台湾客家人的艰苦创业历程、福建客家文化的主要特征、客家文化在台湾的传承与变迁。

《闽台方言的源流与嬗变》从闽台方言史说起，详细讨论了闽南话的形成和发展，进而讨论了闽南话和客家话在台湾的传播和发展。然后以闽、粤、台三地的一些重要历史韵书，对闽台闽南话进行了贯穿古今的历史比较和纵横各地的共时比较。

《闽台民间传统器具》多达400多幅的图片资料，大体上可以比较直观地印证闽台民间传统器具的丰富多彩和物脉相连。全书内容丰富翔实，便于读者阅读。

《闽台先民文化探源》对隔海相望的福建与台湾追溯远古的文化渊源，阐述台湾先住民的历史文化，及两地的民俗、艺术形式、婚丧习俗等。

2.**《闽南话的形成发展及在台湾的传播》**（周长楫著，台笠出版社1996年版）

是书主要讨论的是福建闽南话与台湾闽南话的关系。汉语方言的形成跟人口的迁徙有着重要的关系，因此，在论述福建闽南话与台湾闽南话的关系时，首先简述闽南地区大批移民带着祖籍地闽南话和闽南文化迁徙入台扎根的历史，特别通过有关谱牒的对比，说明绝大多数的台湾地区的人民与福建闽南地区的人民是同祖同宗同源的。

3.**《海上丝绸之路与泉港海国文明》**（陈支平、肖惠中主编，厦门大学出版社2015年版）

是书主要内容包括海国文明的学术价值、时代意义和社会作用，海国文明与海洋福建及闽台关系，关于泉港加快海港文化建设的战略思考，浅谈泉港区发展闽南海国文明之战略管理等。

4.《传播与流变：海峡两岸闽南语歌曲研究》（施沛琳著，厦门大学出版社 2015 年版）

是书从文化传播角度，针对闽南语歌曲在两岸的发展与传播历史进行探讨。内容涵盖了阐述大陆原乡闽南语歌曲、台湾闽南语歌曲演变与发展之概况、闽南语歌曲在台湾之传播，以及闽南语歌曲自台湾传唱至大陆之探讨，针对当前阶段闽南语歌曲发展特色分述。

5."闽台缘丛书"（袁荣祥总主编，社会科学文献出版社 2015 年版）

该套丛书包括《商海泛舟：闽台商缘》《海峡两岸：闽台地缘》《血浓于水：闽台血缘》《文化同根：闽台文缘》。其中《商海泛舟：闽台商缘》运用经济学和历史学的研究方法，研究考察从新石器时代到近代闽台之间的商贸史，阐释闽台商缘相连关系。《海峡两岸：闽台地缘》以历史地理学的视角，结合丰富的闽台地方历史文献和扎实的实地考察，从闽人对台湾的开发过程、闽台海域海上交通区位、台湾海峡政治地缘、台湾地名、台湾闽人的地方认同指向等多方面对闽台深厚的地缘关系进行研究和阐释。《血浓于水：闽台血缘》全面、系统地论述海峡两岸血浓于水的血缘联系和血缘亲情，从历史学、考古学、民族学等方面，充分论证古代闽越族与台湾少数民族的历史渊源，宋元以来福建向台湾移民的情况以及各个历史时期福建移民对台湾人口的影响等。《文化同根：闽台文缘》主要内容包括闽台教育之融合、闽台儒学源流、闽台文学情缘、闽台方志与史学、闽台佛教渊源、闽台民间信仰、闽台音乐戏剧渊源、闽台传统美术之传承等。

6.《福建民俗与中医药文化》（肖林榕、林端宜主编，科学出版社 2010 年版）

福建人生礼俗隶属于民俗的一部分，与中医药文化有着十分密切的联系，其传承与发展直接或间接地促进了中医药的发展，可以说中医药文化的普及与人生礼俗活动密不可分。是书围绕福建人生礼俗与中医药文化的渊源与发展，从人文社科、中医药学发展等角度进行深入的研究，并阐述福建人生礼俗中的中医药内涵，以及中医药学对福建人生礼俗的影响和现代思考。

7.《闽台宫庙建筑脊饰艺术》（全立敏著，厦门大学出版社 2011 年版）

闽台的宫庙建筑是闽台地区极其发达的民间信仰的一个物质载体，在传统建筑中最具美学特色和民族特色的部分莫过于屋顶了，闽台宫庙建筑的屋顶脊饰又是屋顶构件中极具地域文化特色的建筑部位，其蕴含了闽台民间信仰、民间美术和民间工艺等诸多因素。是书对宫庙建筑的屋顶脊饰进行了细致的归纳和分析，并探根究源进行历史发展的梳理，探讨脊饰特点形成的原因，挖掘脊饰传统工艺的具体做法，以丰富翔实、遍及闽台并分别代表不同信仰背景的宫庙建筑的实例，仔细描摹闽台宫庙建筑脊饰艺术的表现。

8.《**闽台私家园林**》(曹春平著，清华大学出版社 2013 年版)

福建园林始于西汉，亦有皇家园林出现，明清后私家园林达到鼎盛期，多达近 50 处，现代园林以闽南三角洲地区最为集中。是书内容主要包括闽台园林发展的历史概况，以及对于不同地区（如福州、泉州、漳州、厦门、台湾）各具特色的园林的细致分析，如对各个建筑部位的细节解读，以及各地私家园林的个案分析。

9.《**闽台百家姓**》(蔡干豪主编，海风出版社 2011 年版)

是书突出闽台百家姓，按照排名顺序，收录了关于两岸 100 多个姓氏文化研究的论文。篇篇追根溯源，处处彰显名人，褒扬民族精神，激励和谐宗情。可谓主旨鲜明，内容丰富，源流清晰，研究入里。

10.《**闽台乐海钩沉录**》(刘春曙著，海峡文艺出版社 2008 年版)

是书以探流溯源、比较对照、深入思考见长，由绪论和四章构成。在绪论中，对福建乡土音乐的构成及其群体、台湾乡土音乐的构成及其区系、闽台历史文化渊源、闽台音乐文化区在我国民族音乐中的地位进行了论述。在此后的四章中，分别对闽台的民歌、民间舞蹈音乐、戏曲音乐、曲艺音乐进行了详细的比较对照，分析各自的音乐特点，探讨两岸传统音乐的继承性、延续性和创新性。论述既注意闽台音乐文化之间的渊源关系，又关注两岸人民的艺术创新和独具的特点。

11.《**闽台宫庙壁画**》(汪洁、林国平著，九州出版社 2003 年版)

闽台宫庙壁画的研究是闽台民间信仰研究的一个重要方面。是书采用历史学、社会学、美术学相结合的方法，基于几千幅收集自闽台地区的 200 多座宫庙的壁画资料，对闽台宫庙壁画作初步的整理研究，以期填补这一研究领域的空白，深化了闽台民间信仰的研究。

12.《**保生大帝信仰与闽台社会**》（范正义著，福建人民出版社 2006 年版）

保生大帝本名吴夲，字华基，别号云衷，为北宋闽南人士，俗称大道公、吴真人、花桥公，是我国闽台、潮汕地区及东南亚华人所信奉的道教神祇。是书从保生大帝信仰牵涉到的官民关系、"祖宫记忆"的塑造、保生大帝信仰的庙际网络三方面，探讨民间信仰与地域社会间的复杂互动关系，较为全面地分析了在闽台社会中流行的保生大帝信仰。

13.《**闽台寻根大典**》（福建省开闽姓氏文化研究院编，中国华侨出版社 2017年版）

是书根据福建省各个姓氏的族谱资料进行编撰，汇聚了数十年来海内外专家学者的研究成果，收录在福建有聚落、族谱、祠堂、宫庙的 215 个姓氏，可满足福建及海内外福建籍 95% 以上人口寻根问祖的需求。

14.《**根在中原：闽台大姓氏探源**》（尹全海、孙炜主编，九州出版社 2013 年版）

是书选取当今台湾之陈、黄、林、郑、杨、王、蔡、张、刘、李十大姓作为研究对象，利用正史、族谱及个人回忆录等史料，详细梳理了中原移民入闽迁台的史实，深入探寻前人辗转迁移的社会、历史原因，具体内容包括姓氏探源、播迁分布、入闽迁台、郡望堂号、古今名人、祖地遗迹等。

15.《**闽台妈祖文化传播研究**》（吉峰著，厦门大学出版社 2017 年版）

妈祖文化是劳动人民千百年来尊崇、信仰妈祖过程中遗留和传承下来的物质及精神财富的总称，是中华民族重要文化瑰宝之一。作为中国海洋文化的代表，妈祖文化近千年来一直与我国诸多和平外交活动、海上交通贸易，都有着密切关联。是书内容包括妈祖文化传播的现状阐述、妈祖文化传播的未来展望等。

二、闽台典籍文化读物

1.《**闽南与台湾地方文献目录**》（林华东、吴绮云、吴力群主编，厦门大学出版社 2012 年版）

是书上编"闽南与台湾研究著作"包括社会与政治、文化、经济、历史与地理、科技著作等部分，收录自 1820 年以来大陆与台港澳地区及海外出版的有关闽南与台湾的地方文献，以纸质文献为主，兼收其他载体的文献。闽南与台湾研究论文涵盖海峡两岸的学术期刊与学位论文，划分为若干部分。下编"闽南与台湾研究论文"收录自 1954 年以来大陆出版的期刊论文，台湾期刊论文部分收录自 1971 年以来台湾出版的期刊论文，大陆学位论文部分收录自 1998 年以来大陆出版的博士、硕士学位论文，台湾学位论文部分收录自 1993 年以来台湾出版的博士、硕士学位论文。

2.《**闽台历代中医医家志**》（肖林榕、林端宜主编，中国医药科技出版社 2007 年版）

福建与台湾仅一水之隔，相同的地缘、亲缘、血缘、文缘、商缘，使得十分丰富的传统中医药，融入了两岸人民的健康理念之中。是书从闽台历代中医医家的生平、专业活动、著作、现存版本、珍本稀本现存的藏书地点、中华人民共和国成立后已整理出版的历代闽籍医家著作状况等方面，进行收集整理；并且运用多种检索手段，如笔画索引、拼音索引、朝代索引等，使人们更方便、快捷地对闽台历代中医医家有一个多维的、立体的认识，力求使之成为一部能较全面、客观、准确地反映闽台历代中医医家的医事活动及其业绩，科学地反映作为闽台历代中医医家文化载体之一——著作的现况，体现闽台两省历代中医医家交流与传承传统医药文化的历程和发展之著作。

3.《**朱熹学派与闽台书院刻书的传承和发展**》（方彦寿著，福建教育出版社 2015 年版）

是书通过对朱熹学派与闽台两地书院刻书历史的追溯，揭示了朱熹学派与闽台两地之间密不可分的文化、教育和学术渊源。主要内容包括朱熹学派刻书的传承与发展、闽台书院刻书的传承与发展等。

4.《**福建传统印刷图鉴**》（方宝川编著，福建美术出版社 2018 年版）

是书从福建古代印刷史的开端进行梳理，涵盖传统印刷术、造纸术、书籍版式与装帧、字体、书籍美学、校勘学、古籍善本鉴赏与收藏等诸多方面，多角度、立体呈现有关福建古代刻书的美学与历史。

5.《**民间文书与台湾社会经济史**》（陈支平著，岳麓书社 2004 年版）

是书分为清代范氏家族迁移台湾的历史考察、台北芦洲李氏家族变迁史、从契约文书看福建与台湾的民间关系、从碑刻文书等看福建与台湾的民间关系以及福建向台湾移民的家族外植与联系五篇内容。

6.《**福建藏书家传略**》（王长英、黄兆郛编著，福建教育出版社 2007 年版）

福建历代藏书家近 400 位。是书致力于为这些藏书家立传，并力求能较全面、深入浅出地介绍福建藏书家的生平活动、学术思想、藏书事迹、藏书思想和藏书过程、藏书成就、藏书楼、藏书的流传等情况。

7.《**福建省旧方志综录**》（郑宝谦主编，福建人民出版社 2010 年版）

是书分上下两辑。上辑，包括福建历代所修各种通志（省志、府志、州志、厅志、县志）及专志、杂志的志书志料书目长篇，收书目达 2700 余部，存佚皆囊括，达 110 多万字。下辑，附录有 10 种，对与志书有关的地名、人物考证精详，篇幅不下百万字。

8.《**明代建阳书坊之小说刊刻**》（涂秀虹著，人民出版社 2017 年版）

福建建阳为宋元明三代全国刻书中心之一，在中国印刷史上的地位令人瞩目。现存明代小说 2/3 以上的刊本出于建阳书坊，因此，建阳刻书对于明代小说的繁荣乃至中国古代小说发展走向具有决定性意义。是书以明代建阳书坊刊刻小说为研究对象，认为有以下特点：建阳刊刻之小说多为书坊自编自刊，与闽地之教育普及、史学积累、清官文化、民间信仰等关系极为密切；建阳被称为"闽邦邹鲁""道南理窟"，独特的地域文化决定了建阳刊刻小说明显的地域特征，在题材选择上以讲史、神魔、公案三种类型为主，而少有人情小说；受朱子闽学精神深刻影响，建阳书坊刊刻小说通过讲述故事通俗演绎儒家义理，在刊刻形式和销售定位上具有普及文化、教化民众的自觉意识。

9.《**福建近代出版史研究**》（*张雪峰著，中国书籍出版社 2015 年版*）

历经晚清、民国两个历史时期的福建近代出版业，为推动福建近代化进程做出了积极贡献。是书以政治变迁为视角，通过对近代出版机构和报刊出版活动的梳理，阐述了福建近代出版业从创始、调整、发展、繁荣，直至衰亡的百年发展历程。

10.《**台湾出版史**》（*辛广伟著，河北教育出版社 2000 年版*）

从有出版活动的记载到如今，台湾出版史在 200 年左右。是书全面系统地对台湾近 200 年来，特别是光复以来的图书、报刊、音像出版及发行、印刷、著作权等领域进行了论述，是我国第一部全面论述台湾出版历史的学术专著。

西域是一个地理概念，但同时又是一个与历史有密切联系的名词。由于朝代不同，地域范围各异。一般来说，今天所使用的"西域"名称有广狭两义：广义指玉门关、阳关以西广大地区，狭义指历史上的新疆①。西域地处欧亚大陆的中心，是两河流域、地中海、北印度和中国中原四大文明的交汇地和传播中介，是东西文化交流荟萃之地，是在当地土著文化基础上融合四大文明地区文化精华而形成的一种多元复合型地域文化。

由于西域地处四大文明的交汇地，受到的文化影响与辐射也是多方面的。举世闻名的丝绸之路，这条四通八达又纵横交错的交通网络使西域在旧大陆文化交流中得以扮演重要的角色，而西域文化的开放性特征也可以从中得到极好的诠释，同时它又决定了西域文化的特殊模式，给西域文化的整合与积淀带来诸多不便。西域文化的特色所在，表现在如下两个方面：其一，西域文化是在封闭的自然生态环境中，以开放性为特征而产生的一种多元文化模式；其二，丝绸之路的长期繁荣，使各种文化无限制地交流和传播，许多地方文化素材被一浪高过一浪的文化交流大潮所淹没，始终未曾建立起自成体系的积淀型文化。因此，西域文化被蒙上了一层合成之色。就具体的文化而言，西域文化主要包括如下几个方面：汉、唐时期的西域，民族众多，文化繁盛，综合《史记》《汉书》《旧唐书》《新唐书》等基本文献的记载，当时在西域活动的民族有月氏、乌孙、羌、匈奴、汉、柔然、

---

① 本书所谓西域，取其狭义，然而在叙事过程中，由于各历史时期的具体情况不同，又往往越出今新疆的范围。

突厥等民族；此外，外来文化①对西域本土的辐射又迎来了西域民族与多元文化的汇聚，其中包括吐蕃文化、粟特文化、希腊文化、印度佛教和犍陀罗艺术、波斯文化。

一、西域地域文化读物

1.《**大唐西域记**》（董志翘译注，中华书局 2012 年版）

是书记述了著名高僧玄奘赴印度游学所经历和得自传闻的中亚南亚 130 多个国家城邦和地区的地理、社会历史与宗教信仰等情况，保存了公元 7 世纪时该地区社会宗教文化的大量珍贵史料，至今仍是研究这一区域古代史和宗教信仰、中外交通等专门史的重要文献。译注者在充分吸收前人对该书研究成果的基础上，对全书进行了简明准确的注释和清晰顺畅的白话翻译，是帮助广大读者了解这部经典名著的较好的普及读物。

2.《**西域文明史概论**》（[日] 羽田亨著，耿世民译，中华书局 2005 年版）

日本著名汉学家羽田亨是一位在西域历史、语言、宗教及唐、元等朝断代史方面都有精深研究的大学者，兼通西域民族古文字的史学家，在学术界影响较大的是其敦煌学和西域史研究，《西域文化史》和《西域文明史概论》为其代表作。《西域文明史概论》由著名回鹘文和西域文化研究专家耿世民先生重新译订，并将羽田亨弟子间野英二所撰写的极有价值的《解说》一并译出。全书分作十一章叙述，分别探讨西域的形势、中西交通及西域、古代西域人种、西域的宗教、佛教美术、西域中的汉文明、汉人的西域经营及西域文明、回鹘部族转往西域、回鹘时代的西域文明等。

---

① 这里所说的"外来文化"指西域本土以外其他地区或民族的文化，包括文学、艺术、宗教、哲学与生产技术和科学知识以及典章制度等。由于西域位居东西交通枢纽地区，是中原文化、西方文化、印度文化交汇之地，西域各族在向外传播文化的同时也吸收着外来文化。通过吸收与融会贯通，西域本土文化更具民族特点。

3.《**西域文化史**》（［日］羽田亨著，耿世民译，华文出版社 2017 年版）

是书从西域一词的含义谈起，简述了其在范围广大的东西方历史上的意义，及其与周围诸国的关系，自古以来西域文化发展的踪迹。全书分前后两篇，前篇主要概述一般史实，后篇论述文化。是书无论从写史风格，还是文章结构方面来说，都堪称经典，是研究和了解西域文化方面的必读之作。

4.《**西域历史文化大词典**》（贺灵主编，新疆人民出版社 2012 年版）

西域历史文化内涵丰富，领域广泛，随着社会的发展进步，有的文化现象消失了，有的起了变异，有的延续了下来，有的成为各民族共同的文化取向，有的则适应社会进步，被改造或赋予了新的内容。挖掘、整理、研究西域 2000 多年的历史文化，是弘扬中华民族历史文化传统和历史文化文明的大事，这对少数民族地区和边疆地区而言，其意义更为重大。为此，耗时 10 年编纂的这部集诸多一流专家学者研究成果于一体的《西域历史文化大词典》，为对西域历史文化进行深入研究和对西域人文知识感兴趣的人士，提供了一部权威性资料读物。

5.《**丝绸之路新史**》（［美］芮乐伟·韩森著，张湛译，北京联合出版公司 2015 年版）

在世界历史上，"丝绸之路"是一个著名符号。在人们对它的想象中，一般是这样一幅朦胧景象：驮着丝绸的骆驼商队在尘土飞扬的沙漠中穿行，在中国与罗马之间络绎不绝。是书揭示了与此现实情况大相径庭又远远比这幅景象有趣得多的历史真相。本书作者通过大量的考古发现，意图改变人们对这条商路的惯常理解。几个世纪以来，尽管大量关键材料仍然尚未发掘，但是塔克拉玛干沙漠已经出土了许多迷人的东西。既有官员刻意埋藏保存的文书，也有目不识丁的当地居民利用官方文书做成的鞋垫和寿衣。作者探讨了丝路上从长安到撒马尔罕的七座绿洲，那里聚集着商人、使节、朝圣者和旅客，信仰着从佛教到祆教的不同宗教，有着非常宽容的国际化氛围。是书试图告诉读者，从来没有一条单一的连续的丝绸之路，有的只是东西方之间的一连串市场。中国和罗马之间几乎没有直接的贸易活动，中国的主要贸易伙伴是今天伊朗地区的居民。丝绸并不是这些商路上最重要的商品，中国发明的纸张对欧洲产生了更大的影响，而金属、香料和玻璃与丝绸一样重要。相比之下，这些商路上传播的思想、技术和艺术图案具有更大的意义。

6.《天山家宴——西域饮食文化纵横谈》（贺菊莲著，兰州大学出版社2011年版）

是书隶属"欧亚历史文化文库"（共103册），这套丛书还有《胡僧东来》《中亚历史》《蒙元史考论》《内陆亚洲史地求索（续）》《走向陌生的地方》等。是书分十个章节，讲述了西域饮食文化源头的开启，汉唐天山以南绿洲农耕饮食文化与天山以北草原诸族饮食文化因一山之隔的饮食差异，汉唐西域酒文化，汉唐西域饮食文化与艺术，汉唐西域宗教信仰与饮食文化，汉唐西域饮食文化的层次性，吃与自然的历史课题，汉唐西域饮食器具，汉唐西域饮食文化的变迁，汉唐西域饮食文化交流等内容。

7.《西域美术十五讲》（王志炜、王健编著，天津大学出版社2012年版）

《西域美术十五讲》是新疆教育科学"十一五"规划项目"新疆传统美术资源在美术本科教学中的开发和探讨"的阶段性成果之一。《西域美术十五讲》一书以专题的形式，用生动、易懂的方式介绍西域的绘画、石刻和工艺美术，并纳入近年来在这方面研究中所获得的重要成果。书中配有大量具有欣赏性的图片，使读者能够进一步感受到新疆古代美术的成就和价值，对西域有关学科的研究也具有一定的参考价值。本书可作为高等美术院校美术学专业、艺术设计学专业学生和在校非艺术专业本科生选修课程的教材，也可供广大美术工作者研究、学习使用。

8.《西域音乐史》（宋博年、李强著，新疆人民出版社2006年版）

是书是第一部全面系统研究和介绍新疆各民族古往今来的音乐文化史的书，刊布了大量的文史资料、图像资料及乐谱。主要内容包括："远古先秦时期音乐文化""两汉时期音乐文化""神话及传说中的西域乐舞""佛教音乐文化的东渐""新疆维吾尔族音乐"等。

9.《古丝路音乐暨敦煌舞谱研究》（席臻贯著，敦煌文艺出版社1992年版）

是书上编主要内容包括唐乐舞"绝书"片前文句读字义析疑，唐传舞谱片前文"拍"之初探，唐乐舞"慢二急三"（慢四急七）之迹钩玄，舞容序列顶真格、迭字格窥探，谱字框舞谱序列美、形式美、对称美、曲式美，敦煌舞谱序列"原型"探幽、敦煌曲谱的翻译等；下编主要内容包括丝绸之路音乐文化交流中的一些问题，《泼寒胡戏》辨，日本音乐与丝路断想，一套弥足珍贵的日本雅乐《击物谱》，戏曲音乐历史渊源中的陇龙、河西地位，"盐"曲小考等内容。

10.《**西域历史地理**》（苏北海著，新疆大学出版社 1988 年版）

是书重点叙述了我国在西域历史上的疆域变迁，各民族活动给西域历史留下的重要遗迹和平原地区降水少、气候干旱等自然因素形成的历史地理特点，以及复杂的民族语言、各种不同宗教信仰给予历史地理各方面的影响。2000 年新疆大学出版社又出版了《西域历史地理》第二卷。第二卷在第一卷的基础上继续研究西域历史、地理的诸方面，从纵横两个视角，用大量史籍文献、考古资料和实地勘察所得，探讨和研究了西域的历史地理状况。

11.《**唐代的西域屯垦开发与社会生活研究**》（张安福、郭宁等著，中国农业出版社 2011 年版）

是书从唐代的西域概况、西域屯垦与开发、西域的人口迁移、城乡民众的社会生活、西域民众宗教信仰及变迁以及文学视野下的唐代西域等多个方面对唐代的西域屯垦开发和社会生活进行了较为详尽的描述，展示了唐代西域经济和文化高度发展的程度，展现了西域民众多姿多彩的物质和精神生活，并最终呈现了唐代的西域屯垦开发与丝绸之路文明所构建的灿烂画卷。

12.《**西域古钱币研究**》（蒋其祥著，新疆大学出版社 2006 年版）

新疆地处连接中原文化圈与中亚的丝绸之路，作为商贸通路，这里上千年来通行着各地政府发行的钱币，历史上通行的钱币包括中原王朝钱币、西方外国钱币和西域当地的自铸钱币。是书分为西域钱币史研究、黑汗朝钱币专论、西域钱币散论三编，收录论文有《两宋时期西域货币研究》《清代新疆铜钱论稿》《新疆黑汗朝述略》等。

13.《**丝路佛风：西域佛教史**》（熊江宁著，中州古籍出版社 2016 年版）

西域是连接我国和印度文化的重要桥梁之地。诸国并立的西域很早就有文明产生，佛教经由这条长廊传播到了中原，同时也对西域诸国产生了深远影响。是书配以图片，具体介绍了西域的地理、人文历史状况，并对各时期佛教在西域的传播作了叙述。

14.《**西域探险史**》（王嵘著，新疆人民出版社 2008 年版）

西域是一座迷宫，锁住的秘密太多，历来是探险家向往之地。是书内容包括：先秦时期西域探险、两汉时期西域探险、魏晋南北朝时期西域探险、隋唐五代时期西域探险、宋元明时期西域探险、清朝时期西域探险。

15.《**西域考古记**》（[英]斯坦因著，向达译，商务印书馆 2013 年版）

是书是英国考古学家、探险家斯坦因对中国新疆及中亚地区进行四次探险的纪实之作。书中通过记录大量的考古挖掘，首次揭开了诸如楼兰、尼雅等古国的神秘面纱，这些珍贵的史料对于我们了解该地区的历史有重要的参考价值。

二、西域典籍文化读物

1.《**回族典藏全书**》（吴海鹰主编，甘肃文化出版社、宁夏人民出版社）

是书总计收录回族古籍 532 种，3000 多卷，原版数字文献图片 10 万余张，约 1.2 亿字，全套 235 册，被誉为"回族四库全书"。是书最大的特点是钩沉访古、觅踪访贤，采撷汇集了不少鲜为人知的史料文献。

2.《**回族文献丛刊**》（李伟、吴建伟主编，上海古籍出版社 2008 年版）

回族在历史上留下了丰富的文献资料，包括写本、官私刻本和金石铭文，内容上涉及政治、经济、军事、文艺、宗教、科技等，几乎涉及了唐以后各朝代社会文化的所有方面。回族中先后出现了不少著名专家学者，如五代的李珣，宋代的蒲寿宬、蒲寿庚，元代的高克恭等。但由于战乱等原因，传世的回族文献数量非常有限。是书收录五代、宋元明清及民国 29 位作者 38 种回族文献，多为刻本、稿本，有的为孤本，史料价值很高。

3.《**西域文物考古全集**》（新疆维吾尔自治区文物局编，新疆美术摄影出版社 2014 年版）

是书共有"研讨与研究卷""精品文物图鉴卷""不可移动文物卷"三大卷

39 分册，是新疆维吾尔自治区文物局完成的对近万处文物资料的整理汇编，以新疆维吾尔自治区 88 个县、市的不可移动文物资料为基础，融汇了多年来新疆文物考古取得的主要成果。是书按照古遗址、古墓葬、古建筑、石窟寺及石刻、近现代重要史迹及代表性建筑、文物等类别的体例依次汇编。这些细致的工作，不仅为新疆不可移动文物保护规划的制定、进一步的考古发掘提供了科学依据，更为西域古代文化的研究提供了全面和系统的资料。

4.《**西域碑铭录**》（戴良佐编著，新疆人民出版社 2013 年版）

是书分汉代、北魏——高昌国、唐代、宋代、元代、清代、民国及其他几部分，将碑铭按照时间顺序安插其中。

5.《**历代西域诗钞**》（吴蔼宸选辑，新疆人民出版社 2001 年版）

是书搜辑了汉魏唐宋元明清各代内地部分诗人文士吟述我们伟大祖国西部边疆地区人情风物的诗歌一千余首，用诗抒情以外还多用竹枝词叙事，保存了关于西域治理丰富的历史和民俗资料。

6.《**西域研究书目**》（陈延琪、萨莎主编，新疆人民出版社 1990 年版）

是书共收图书目录 6734 条，时限上自秦汉下至改革开放以来的 1989 年，文种包括汉文、少数民族文、西文、俄文和日文，是迄今为止跨年代最长、集语种最多、收录西域和新疆研究书目最多的工具书。

7.《**西域文化影响下的中古小说**》（王青著，中国社会科学出版社 2006 年版）

是书全面论述了中古时期中西文化交往的多种途径与各种方式，利用大量文献资料和学术界的既有成果，从思维方式、观念模式、题材内容、情节与文体形式诸方面深入地考察了西域文化对此一时期小说的影响，在一系列问题上提出了崭新的观点。

8.《**回族文献论集**》（海杰著，宁夏人民出版社 2012 年版）

回族古籍文献是回族独特历史文化发展轨迹的真实记录，更是回族人民长时期认识世界、改造世界的智慧结晶。是书收录了作者在各类期刊上发表的有关回族方面的论文及文学作品，且在附录部分整理了中国自唐代以来涉及伊斯兰教或者回族的文献和近代报纸杂志等。

9.《回族古籍文献研究》（陈冬梅著，宁夏人民出版社 2015 年版）

是书以回族古籍文献为主要研究对象，运用历史学、民族学、文献学、校勘学、史料学等相关学科的理论、观点和方法，探本溯源、由表及里，全面梳理和分析了回族古籍文献产生的历史文化渊源，以及整理研究出版、保护利用情况。

10.《回族现代文学文献题录初编》（李存光编，社会科学文献出版社 2017 年版）

是书系回族现代文学相关文献篇目的首次汇集与整理，全书共分为三辑：第一辑《回族现代文学著译题录》，收录 1917 年至 1949 年回族作者在回族报刊及其他报刊发表的和单行出版的创作、译作，以及有关中外文学的论说；第二辑《回族现代文学与文化评介研究题录》，收录 1917 年至 2017 年 5 月对回族现代文学的综合述评、作家作品评介，以及有关回族文化和文化运动的评介研究资料；附辑《其他族别作者表现回族生活的文学作品及评介题录》，收录 1917 年至 1949 年其他族别作者表现回族生活的文学作品及 1917 年至 2016 年对此类著译的评介。

读物联通文脉

下编

图书馆分地阅读推广案例与实践

本编着重于图书馆分地阅读推广实践。不仅叙述了部分图书馆在分地阅读推广上的具有一定借鉴意义的模式，而且介绍了主要分地阅读推广馆刊情况，并展示了新世纪以来的代表性分地阅读推广活动。

第五章

分地阅读推广模式

公共图书馆类
高校图书馆类

图书馆是分地阅读推广的主力军。因服务对象的不同，公共图书馆和高校图书馆在分地阅读推广方面侧重点不同。本章对在分地阅读推广方面颇有成效的部分公共图书馆和高校图书馆进行介绍，对其分地阅读推广模式进行归纳总结。

第一节　公共图书馆类

公共图书馆开展分地阅读推广活动，有助于推动地方特色文化的传承和传播，增强民众对地域文化的认同感，提升地域人文。本节以宁波市图书馆、烟台图书馆、宁波市奉化区图书馆以及德清县图书馆为例，叙述它们的馆藏地方文献资源的特色性、丰富性，以及分地阅读推广的模式、活动特色及成效。

一、宁波市图书馆

宁波市图书馆始创于 1927 年，有着 90 多年的发展历程。主馆于 1988 年建成，2001 年经过扩建，馆舍面积 1.2 万平方米，位于人文气息浓郁、环境清幽宜人的宁波市永丰路，现有图书外借室、少儿借阅室、报刊阅览室、古籍地方文献阅览室、天一音乐馆、外文阅览室等 10 余个服务窗口。藏书品种及收藏的地方报刊，在浙东地区最为丰富和完整。宁波市图书馆东部新城馆位于东部新城行政服务核心区，建筑面积 3.18 万平方米，于 2018 年下半年开馆，并成为宁波地区文献保障中心、公共图书馆数字资源及服务中心、地方文献数字化建设中心、纸质图书采编配送中心、公共图书馆业务培训教育中心、公共图书馆服务网络发展中心。

1. 地域特色馆藏的建设及现状

宁波市图书馆在地方文献收集中，立足宁波，面向浙东，辐射全省，致力于打造成为全国较有影响力的地方文献中心。目前，宁波市图书馆地方文献室有 400 平方米，馆藏地方文献 12000 余种、40000 余件（册），其中图书 11600 余种，期刊 300 余种，报纸 200 余种。文献的来源包括：正式出版物、各机关团体或个人编印的非正式出版物以及各类多媒体、数字资源。

宁波市图书馆地方文献工作得到社会各界的关注和支持，许多有识之士或将自己收藏的地方文献捐赠给图书馆，或提供征集线索。如原《宁波市志》主编俞福海、宁波市委党史研究室杨明祥、慈溪市史志办童银舫、宁波文史专家水银等诸先生都把收藏的大量文献捐赠给宁波市图书馆，捐赠文献多达上千种。宁波市图书馆为这些捐赠文献开辟专柜，设立专藏室，定期举行展览、座谈会、学术沙龙进行交流传播。此外，宁波市图书馆在地方文献数字化方面已取得了显著成果。"宁波地方文献数据库""宁波老报纸数据库（1899—1999）""四明丛书""宁波政协文史资料""《申报》宁波史料"等地方文献特色数据库相继建成并开放。宁波文献中心（筹）积极实施"引进来""走出去"的发展战略，多层次、全方位参与课题项目申报，累计完成宁波市哲学社会科学规划课题、宁波文化工程项目、浙江省文化厅课题、浙江省社科联课题8项。近年来，公开出版《旧甬百态》《民国时期宁波文献总目提要》等多部学术著作。宁波文献中心在现有基础上，将搭建学术研究平台，组建由社会力量参与的地方文献研究专家团队，特聘有志于宁波地方文献研究的有识之士，加入研究团队，共同参与宁波地方文献的整理与研究，并将之广泛传播和推广，以弘扬宁波悠久的历史文化。

2. 九大"天一"品牌，打造全民阅读示范基地

宁波市图书馆本着"公益、平等、开放、创新"的服务宗旨，以建设"书香宁波"为己任，在全民阅读推广大潮中积极探索独具特色的分地阅读推广之路。近年来，针对不同年龄层次、知识结构的读者举办各类读书活动，积极打造"天一讲堂""天一展览""天一约读""天一音乐""天一约书"《天一文荟》《天一文简》"天一国乐团""天一童读"九大品牌，每月推出讲座、展览、读书活动、音乐沙龙等形式多样、内容丰富的活动，使读者感受到知识的魅力和文化的滋养，在全市营造了全民阅读的良好氛围，并形成了"读书好、好读书、读好书"的共识。2010年，宁波市图书馆荣获中国图书馆学会"全民阅读示范基地"称号。

"天一讲堂"是宁波市图书馆打造的第一个"天一"系列品牌，自2006年创建以来，确立了"搭交流平台，激智慧火花，播人文精神，扬宁波文化"的宗旨，坚持周周有讲座，月月有名家，秉承讲座的学术性、时事性、趣味性，邀约易中天、纪连海、傅佩荣、钱文忠、曹景行、周国平、毕淑敏、王立群、六小龄童、雪小禅等国内各领域的专家、学者来到"天一讲堂"讲座交流，进一步提升了宁波城市的文化品位和文化氛围。截至 2018 年，已举办各类讲座 600 多场。2016年，"天一讲堂"在原有"外地名家"和"本地名家"两大系列的基础上，进一步向主题化、专题化、系列化发展，创新推出了"公开课""精彩 30 分"及"读行天下"三大系列，成功举办"十年磨剑，永续书香——'天一讲堂'创建十周年"系列活动，推出包括经典回顾篇、创新发展篇、名家荟萃篇在内的 10 余项活动，产生了较大的社会反响。传播传承传统经典文化和先进优秀文化是"天一讲堂"工作的出发点和归宿点。经过 12 年的成功运作，"天一讲堂"已成为读者交流思想、碰撞火花、与名家近距离互动交流的平台，成为读者获取新知的加油站，更成为宁波公共文化服务中心的特色品牌和亮点，受到了社会各界的广泛关注与好评。

"天一展览"推出于 2008 年，每月结合社会形势和热点，定期推出不同主题的展览活动，截至 2018 年，已成功举办了 177 期。该活动主要以基层群众为主要受众，充分挖掘本地资源，凸显地方特色，为全民阅读活动的纵深发展增添一抹亮色。特别是近年来开展的"宁波名人读书故事图片展""甬城书法名家精品展""罗枫历代才女百图剪纸展""甬城记忆·宁波老照片展"等展示宁波风俗和精神风貌的展览，吸引了大批读者，也让读者备感亲切。除馆内展览之外，还进一步延伸服务，推出了馆外流动展览，把"铭记历史，开创未来——喜迎党的十九大图文展""九十年回眸——宁波市图书馆九十周年馆史展"等展览资源送到各中小学校园、机关、部队、县市区图书馆等，使该活动更接地气，更有人气，更有活力，实现了馆内外的文化互动和资源共享。同时，宁波市图书馆还牵头组建宁波市公共图书馆展览联盟，搭建公共图书馆间展览资源的共享平台，每年举行"宁波市公共图书馆展览联盟巡展活动"等。

"天一约读"是为促进读者间的阅读分享而搭建的阅读交流平台，以读书沙龙形式将读者的阅读分享与阅读体验进一步结合，延伸了阅读的内涵和外延。根据读者对象不同而分设了不同系列，如 2016 年开设"时间庭院"系列沙龙，与读者分享时间深处的文学之光；"阿拉宁波人"系列沙龙，为广大新老宁波人打造具有地方风情的特色沙龙；而"大山雀自然学堂"带领读者从博物学的角度，用孩子般的心性来观察、认识大自然，每月一期，目前成功推出"缤纷四季""诗经中的鸟类和植物"等主题 24 期；再如 2017 年推出"夕阳红读书会"系列沙龙，为老年人的阅读和文化交流提供一个跨区域的平台，每月举办两期，已成功举办"春日艺术季""夏日文学季""秋日养生季""冬日科技季"等活动 34 期；"智者之光"系列沙龙，每月一期，带读者追寻西方哲学大师们的生命轨迹。还定期邀请畅销书作家来图书馆与读者进行面对面的交流，让更多读者参与其中。"天一约读"虽然开设时间不长，但已在社会上产生了较大影响力。

"天一音乐"推出于 2015 年，是一个为大众提供鉴赏音乐、解读音乐以及研究音乐的特色活动。经过不断创新形式，推陈出新，目前有"Mini 音乐会""四季音乐会""'秋帆乐话，如是我闻'贺秋帆音乐文化沙龙""'和乐之道'东方音乐美学赏析""'针尖下的音乐'黑胶唱片赏析音乐沙龙""走进交响的世界""法伊娜学唱团""胶流——华语经典流行歌曲黑胶赏析沙龙""打开音乐说亮话——现代音乐经典赏析沙龙"及"主题音乐电影赏析"等特色品牌活动。该品牌活动不但让读者单纯地听，而且让其综合地学，通过专家讲解乐理技巧、解读音乐文化等方式将阅读巧妙融合于音乐之中，在潜移默化中向读者普及音乐知识，提升城市文化品位。同时，不断创新演出内容，打破区域局限，目前已有中、英、美、法、瑞典、巴西、马来西亚等国家的 50 余位音乐人登台亮相，体现了国际视野和文化品质。截至 2018 年，"天一音乐"共举办各类活动近 600 场，接待市民达 4 万余人次，媒体报道百余篇，产生了良好的社会效益。

"天一约书"是宁波市图书馆 2017 年全新打造的阅读品牌活动，是借助互联网技术打造的图书借阅 O2O 模式，通过线上借阅、线下配送的方式，让读者感受轻松借阅图书的乐趣。读者通过智能移动终端的"微信"或者"支付宝"平台，提出借阅请求，借阅的图书将通过物流系统配送到读者指定的地点，真正做到家与图书馆零距离，打通了读者与图书馆之间的地理界限，保障了读者全天候的借阅体验。"天一约书"图书主要是依托各大热门网上书店的畅销书榜单进行采购，同时，还根据实际情况及时补充和调整借阅书籍，最大程度地保证了读者的借阅需求。该项服务的推出，实现了公共图书馆文献服务精准化供给，提升了读者个性化、多元化阅读需求的满意度。

《天一文荟》是宁波市图书馆充分发挥信息资源优势，全面收集各大媒体关于城市建设、文化发展和宁波本市发展的新闻报道及评论，创新推出的信息文摘类刊物，设置了《城市之间》《文化文摘》《看宁波》和《新书架》等 4 个栏目。在 2012 年创办之初，《天一文荟》就确立了"汇聚天下，荟萃思想"的宗旨，刊物立足于传播信息、弘扬文化、分享智慧，反映城市思想律动与人文精神，为城市决策者和研究者提供内部决策信息参考。截至 2018 年，已成功创办 160 余期，每期发行 2000 册。7 年多来，《天一文荟》不断改进、完善、拓展及提升刊物质量，在影响力、美誉度、传播力上不断得到提升。

《天一文简》是宁波市图书馆编辑出版的以阅读推广地方文史为主的公益性杂志，以倡导"全民阅读"，沟通图书馆与读者、阅读界、书业界为宗旨，设有《书话书评》《原汁原味》《书里书外》《甬上旧事》《好书推介》等 5 个栏目，每年编发 6 期，每期发行 2000 份。2016 宁波读书周期间正式创刊，初名《好书》，2017 宁波读书周期间更名为《天一文简》。所谓"简"者，取义有二：一曰"简牍"，即纸张发明以前图书的形式、文化的载体；二曰"简约"，以精炼的文字、精深的读解，为读者推介经典好书，传承书香文明。杂志注重追求普及性、知识性和可读性，既关注阅读的现实话题，又追寻阅读的历史脉络；既有原创的书人、书事、书话、书评文章，又有利用图书馆丰富的文献资源和独有的检索工具提供信息。在移动互联网时代，这样一本纯粹的纸质读物，让更多的人感受阅读的美好，体会阅读的乐趣。

"天一国乐团"创建于 2017 年 9 月，以"继承发展传统国乐，传播宁波海丝文化"为宗旨。成立以来，致力于挖掘、凝聚、培育有国乐特长的宁波读者。目前已有核心团员 14 位，90% 以上为热爱音乐的 90 后青年，演奏乐器包括二胡、琵琶、古筝、钢琴等，其中一位为自学成才的残障人士。不同于传统的旧式国乐团，"天一国乐团"尤其注重创作和演奏具有书香内涵的音乐文化作品，利用音乐将书香传播到社会各个角落。在 2017 年"国色添香·宁波之夜"活动中，"天一国乐团"通过国乐演奏、国学诵读让广大读者感受中华五千年历史的文化渊源和智慧精髓。

"天一童读"是宁波市图书馆全力打造的少儿阅读活动品牌，旨在为全市 0 至 14 周岁婴幼儿及青少年提供阅读指导和阅读推广服务，向全市少年儿童传播文化知识，引领未成年人进行阅读，培养良好阅读习惯，提高阅读能力。此品牌活动依托社会力量开展主题鲜明、覆盖面广、影响力大的青少年阅读推广活动，主要分为阵地活动、假期特别活动、大型主题活动。阵地活动主要包括"绘本故事讲读分享""'叶子姐姐讲故事'少年儿童走进图书馆活动""'编程一小时'公益课堂活动""文明小乘客公交安全课堂""'英爱绘'英文绘本阅读课堂""小小志愿者""少儿暑期安全知识讲座""'好奇星之窗'知识问答""少儿专题书展"等众多活动项目。假期特别活动主要针对寒暑假期小读者阅读高峰，推出包括读书小达人评选、中小学生社会实践活动、国学体验活动、假期小志愿者体验等符合少儿身心特点和阅读习惯的主题活动。大型主题活动则主要由宁波市文化广电新闻出版局牵头，与宁波市妇联、团委等共同主办，联动全市公共图书馆共同参与，目前已连续举办三届全市经典绘本剧创意表演大赛、全市亲子绘本讲读大赛、"渔阅童年"关爱渔民孩子阅读生活公益系列活动等。[1]

3. 分地阅读推广活动特点、亮点及取得成效

宁波市图书馆将阅读活动品牌名称定为"天一"，并整合打造了九大"天一"系列，名称简洁明快，朗朗上口，便于读者熟悉易记。因藏书文化在宁波传承千年，天一阁作为中国现存历史最悠久的私家藏书楼，"天一"取自《易经》中的"天一生水，地六成之"，是宁波人引以为豪的城市"文化招牌"。为传承爱书、读书的"基因"，更重要的是把城市精神蕴含在品牌阅读活动中，特意把品牌名称取名为"天一"。

---

[1] 相关数据内容来源于宁波市图书馆宣教部主任刘燕撰写的《宁波市图书馆——全民阅读示范基地风采展示》一文。

"天一讲堂"现场

　　"天一讲堂""天一展览""天一约读""天一音乐""天一约书"《天一文荟》《天一文简》"天一国乐团""天一童读"九大品牌齐头并进，引领全民阅读，讲座、展览、活动、沙龙、刊物等形式丰富多样，可看、可听、可读，可赏析，可互动，用不同的阅读形式来丰富读者的文化生活，让读者感受到阅读无处不在。

　　"天一"系列品牌活动，已形成了良好的社会口碑，并带动了宁波全市公共图书馆阅读推广活动的开展。如今，读者已经对宁波市图书馆推出的各项讲座、展览、活动、沙龙等有了深入的认知和评价。每期活动一发布，预约火爆，特别是微信端的报名，一经推出就有人进行秒抢，短短几小时名额就被一抢而空。不少没能来到现场的读者还通过微信直播参与讲座、沙龙等活动，活动点击率达上万人次。

二、烟台图书馆

　　烟台图书馆建于 1956 年 10 月，1998 年 9 月新馆迁至烟台市芝罘区环山路2 号，东临碧波粼粼的黄海，北依风光旖旎的岱王山，风景秀丽，环境优雅。馆舍面积 23000 平方米，阅览室座席 651 个，设施先进，功能齐全。烟台图书馆现有各学科、各门类的图书、报刊等现代出版物 189.05 万册（件）。

1. 地域特色馆藏现状、收集与开发利用情况

烟台图书馆现有古籍 7 万余册，本地电子文献 69.5 万种、报刊 1337 种、视听文献资料 697 件。开通有"烟台市网络图书馆"，拥有 300 多万种电子图书和近 500 份报纸。建立有"烟台方志馆""胶东文献库""文史资料室""烟台籍作者库"及地方文献书目数据库，在图书馆网站上设置检索入口，为读者提供著者、题名、ISBN 等多种检索途径。2011 年经上级批准，设立烟台市古籍保护中心，有 15 部馆藏古籍入选《国家珍贵古籍名录》，515 部古籍入选《山东省珍贵古籍名录》。还在图书馆网站开设烟台非物质文化遗产专栏，对烟台地区的著名非物质文化遗产如海阳大秧歌、长岛渔号、胶东花饽饽、黄县大糖、莱阳豆面灯碗等各种民间艺术和传统手工技艺进行详细介绍，搭建了当地非物质文化遗产宣传推广的平台。

（1）多措并举建设地域特色馆藏。一是争取到了市政府的支持。1994 年图书馆起草《烟台市征集地方文献资料的规定》，经烟台市政府审批后颁发了《关于印发〈烟台市征集地方文献资料的规定〉的通知》，要求全市各县区、各部门出版的书刊资料都必须送缴图书馆，对图书馆地方文献建设起到了保障作用。1999 年图书馆积极与地方史志办公室合作，在图书馆建立烟台方志馆，并由烟台市政府办公室行文，要求全市党政机关及地方史志办将新出版的地方史资料送缴烟台方志馆。2002 年由烟台市文化局、文联、社联、科协四部门联合行文，颁发了《关于征集烟台地方文献的通知》，在图书馆建立胶东文献库，同时举行烟台地方文献捐赠展暨胶东文献库成立仪式。2003 年图书馆与烟台市政协科教文卫体和文史资料委员会签订协议，在图书馆建立文史资料室，市政协文史委将其长期收集的全国各地的文史资料，全部移交文史资料室，并承诺每年移交一次。烟台图书馆开展以"爱祖国、爱家乡"为主题的地方文献征集活动，通过广开渠道最大限度地征集民间地方文献。二是争取社会团体的捐赠。2005 年图书馆利用全市创建全国精神文明城市的契机，及时申请市"两办"，由市精神文明建设委员会下文，要求全市县级以上单位每人捐书 3 册，规定捐赠时间、图书质量，由单位统一赠送图书馆。在新闻媒体跟踪宣传报道下，一时间图书馆成为社会关注

的焦点，仅一个月时间便征集到图书 20 余万册，其中以地方文献为主，有地方史、地方志、地方报刊、地方丛书、地方大事记、族谱等。尤以征集到烟台市芝罘区珠玑村捐赠的明代图像版族谱 5 幅为珍贵，该族谱年代久远，记录了该村季、王、张、陈四大姓氏自明朝以来的发展历史，由此引来了海外华侨及港台同胞对族谱的寻根问源。三是为烟台籍名人设立专题阅览室，争取个人捐赠，如为香港汉荣书局创始人石景宜捐赠的图书建立石景宜阅览室，阅览室内陈列捐赠图书 8 万余册；为老红军、中国书法家协会创始人之一、书法家柳倩建立柳倩诗书画陈列馆，收藏柳倩书法精品 200 幅、个人出版图书 200 册、历代碑文拓片 200 幅；为国家广播电视总局美协主席、画家辛树东建立辛树东美术阅览室，该阅览室还征集到烟台籍老红军王宴捐赠的启功、崔子范、武中奇等名家书画 100 幅。2008 年图书馆争取市文联、社联、科协支持联合发出《传承地方文脉，彰显文化烟台，共建烟台籍作家书库》倡议书，在全国范围内广泛宣传，征集烟台籍作家作品和有关烟台的书籍，建立全国知名烟台籍作家图书专架，如作家冯德英、张炜，剧作家马少波等。四是采取交换、购买和复印的方式。烟台图书馆倡议每月最后一个星期天为"好书交换日"，宣传发动全市及各县市区喜好读书的社会团体和个人前来进行交换或赠送书籍。图书馆用自己出版的《烟台公共图书馆馆藏古籍书目》《烟台地方文献综录》《烟台市珍贵古籍名录图录》等文献进行交换，每年 12 月最后一个星期还举办交换图书展。购买个人送来的珍贵的有价值的古籍地方文献和派专人定期到古玩市场和旧书收购点挑选，也是地方文献征集的主要渠道之一。复印是从市场调查和馆藏调查入手，对馆藏空白、存世量少的珍贵文献，争取馆藏复印件。

（2）地域特色馆藏的开发利用。从 20 世纪 50 年代图书馆编制的《胶东问题参考书目提要》《胶东问题论文索引》开始，到 21 世纪建立的"胶东地方文献书目提要数据库"和"胶东地方文献报刊题录数据库"，截至 2010 年，累计编制各类书目、文摘、索引及数据库 120 种。这类书目为当地政府决策者因地施政提供了参考，为科研者迅速查找、选择、掌握文献数据提供了便捷的途径。近年来，图书馆组织编写这类书目 11 种，其中《胶东地方文献索引》共收录 430 余种报刊，资料 25000 余条，时间跨度自 1861 年烟台开埠至 1999 年。《烟台历史大编年》汇集了烟台 12 个县市区及威海 4 个县市区有史以来至中华人民共和国成立前的历史事件和历史人物，是烟台、威海历史面貌的真实写照，是一部编年式的地方文献，有较高的学术价值和史料价值。《烟台文献综录》是图书馆界联合编撰的一部地方文献文摘式书目，是共建共享烟台地方文献信息资源的成果。①

2. 举办丰富多彩的阅读推广活动，促进地域文化保护传承

（1）开设《文献里的烟台》报纸专栏及微信公众平台。为挖掘整理和宣传推广烟台本土文献信息资源，2013 年 2 月，烟台图书馆与《烟台晚报》合作开设专栏《文献里的烟台》，依托图书馆丰富的馆藏文献资源及专业的古籍整理人才，对有关烟台的文献典籍进行整理挖掘，对烟台历史上的事件、事物、人物等进行解读与介绍，在烟台读者群中形成了一定的品牌效应。2016 年 11 月，随着微信公众号用于图书馆宣传推广的普及发展，烟台图书馆继续以《文献里的烟台》为名，开通了烟台综合人文微信公众平台。除与《烟台晚报》同步刊发专栏文章之外，还推送馆藏珍贵古籍、古典胶东文献、胶东家谱、胶东古村落摄影等资源，以及通过网络和各种社交平台搜集到的有关烟台民俗、风景、人文的特色资源，同时邀请烟台人文领域知名人士及本土专家、学者、作家撰写文章，加大地方文献的宣传推广力度，使之成为烟台地方文献资源的对外推广和宣传的平台。此外，图书馆还与《烟台日报》合办了《古籍中的胶东》栏目，通过介绍有关胶东乡邦文化的珍贵古籍，宣传古籍保护事业，弘扬胶东乡邦文化。

（2）编辑出版烟台市古籍目录，举办"烟台市珍贵古籍联展"。全国古籍普查工作启动后，烟台图书馆立足本土古籍文献资源，围绕胶东乡邦文化，对全市范围内的珍贵古籍进行了搜集整理、版本鉴定及编目著录等工作，于 2015 年编辑出版了地市级古籍联合目录《山东省烟台图书馆等十六家收藏单位古籍普查登记目录》，其中包括清末著名学者黄县王守训的《登州诗话》，烟台图书馆所藏福

---

① 田玉楠 . 浅谈地方文献建设与利用开发——以烟台图书馆为例 . 图书馆，2012（4）：
　　120–121.

山郭氏、牟平孔氏家族文献，莱阳市图书馆所藏清抄本《孝思录》《希范堂集》，莱州市图书馆所藏清康熙刻本《平叛记》、清抄本《识小录》等珍贵胶东乡邦文献。在此基础上，烟台图书馆策划举办了"烟台市珍贵古籍联展"，采用写真挂轴的形式，每幅挂轴展示一部珍贵古籍，共选取珍贵古籍 60 部，每部古籍都配有书影展示及版本介绍，在全市及省内高校图书馆巡回展出。为突出乡邦文献的重要性，着意为每家图书馆选择一部珍贵胶东文献予以展示，并通过与《烟台日报》等当地主流媒体合作，加大本土人文资源的宣传推广力度，收到了良好的社会反响。

烟台图书馆所藏古籍地方文献多为稿本或抄本，这些文献目前都已成为山东省珍贵古籍，不能随意查询借阅，处于"只能保存，不能利用"的状态。在这种情况下，如何实现充分保护与合理利用的协调并行，成为图书馆需要解决的重点问题。为此，烟台图书馆对此类文献进行了数字化处理，目前已扫描《晚出书目记略》《诗经古韵》等胶东乡邦文献 10 余种，扫描数据近 30TB，并将数据更新到地方文献书目数据库，方便读者检索查询，较好解决了文献保护与利用的问题，满足了读者的需求。

（3）馆藏地方文献展览。结合妇女节、清明节、青年节、建军节等节日，选取馆藏优秀地方文献，举办实物展览和网上展览。网上展览通过制作书影及版本、内容介绍，在烟台图书馆官方网站和烟台图书馆微信公众平台开设专栏。其中作为烟台市胶东红色文化建设成果之一的"烟台图书馆馆藏胶东红色文献网上联合展览"精选了馆藏百余种胶东红色文献，从政治、经济、军事、文化等各层面，反映了当时胶东解放区人民支持革命、英勇抗战的真实面貌，具有重要的文献史料价值和现实意义；《烟台图书馆馆藏胶东红色文献图录》一书出版后，"烟台图书馆馆藏精品家谱展"展出了 40 余种中华人民共和国成立前纂修的胶东旧家谱精品，展示了每个家族来源、迁徙的完整轨迹，以及家族生息、繁衍、婚姻、文化、族规、家约等历史文化的全过程。

（4）烟台老照片征集活动。近年来，老照片的收藏与研究日益受到各界重视。烟台是山东最早的开埠通商口岸。烟台开埠，对烟台经济、社会的发展影响深远。

2014 年初，《烟台开埠》大型纪录片在中央电视台播出后，烟台开埠历史逐渐成为市民关注的热点。据此，烟台图书馆举办了一次老照片征集活动，题目便是"老照片里的烟台开埠记忆"。短短两个月，共征集到烟台老照片 200 多张。由于该活动恰逢央视播出纪录片这一时间点，因此充分调动了市民的参与热情，并引起了强烈的共鸣。

（5）古籍拓印体验活动。为有效宣传烟台地区古籍普查保护工作，使广大少年儿童在暑期接受中华传统文化的熏陶，烟台图书馆自 2014 年开始举办"古籍拓印体验日"活动，经过三年的发展，2017 年开始走进校园进行推广。体验活动主要包括雕版印刷、活字印刷、汉砖拓印、瓦当拓印及碑帖拓印等项目。通过让小读者进行现场观摩和亲身体验，近距离接触各类馆藏古籍文献，亲自动手学习雕版、活字印刷及汉砖、瓦当、碑帖拓印等艺术，增强了对中国传统技艺的认知和了解，切身体会到中华传统文化的光辉与魅力。

青少年古籍拓印培训班现场

这些围绕烟台地域文化展开的阅读推广活动，将烟台地域发展和人民生活的历史文化以更直观生动的形式展示出来，以富含温情和童趣的方式唤起人们的记忆和共鸣，很好地提升了地方文化推广传播的效果。①

---

① 刘京.浅谈公共图书馆地方文献阅读推广的创新发展——以烟台图书馆为例.当代图书馆，2018（1）：22–25.

三、宁波市奉化区图书馆

宁波市奉化区图书馆原名奉化县立图书馆，筹建于 1915 年。至 1928 年，奉化县立图书馆在北门锦屏藏书 2535 册，年经费 812 元。1933 年 5 月旧中正图书馆正式开馆，馆址在锦屏山，为罗马式三层钟楼，藏书 17080 册，采用四库分类法。1949 年 5 月奉化解放，7 月奉化县军管会派人接收中正图书馆，并于 9 月成立奉化县人民图书馆。1950 年 7 月奉化县人民文化馆成立，图书馆作为文化馆的一个组成部分，设立图书室。1958 年下半年，图书室改称图书馆，但仍属于县文化馆领导。1979 年 4 月，位于大桥镇公园路 23 号的新馆舍落成使用。1984 年，成立奉化县图书馆，隶属奉化县文化广播电视局领导。1988 年，奉化撤县设市，馆名随之改为奉化市图书馆。1989 年 5 月，位于大桥镇体育场路 56 号的新建馆舍投入使用。2004 年 1 月，位于奉化市中山东路 16 号（岳林文化广场内）的奉化市叶傅图书馆新馆舍落成使用。2016 年 11 月，奉化市撤市设区，馆名随之更改为宁波市奉化区图书馆。全新的奉化区图书馆位于奉化区城市文化中心内，面积 1.2 万平方米，将于 2019 年 11 月建成投入使用。

1. 地域特色馆藏现状及收集利用

（1）特色馆藏品种丰富、涉及面广。奉化历史悠久，人文荟萃。早在五六千年前，就出现了茗山后文化；在距今 4200 年前后，建立了名震中原的董子国，在相当长一段时间内是宁波的政治、经济、文化中心。奉化也是五代后梁布袋和尚（弥勒佛）出生、出家、得道、圆寂、归葬之地；宋代有以"梅妻鹤子"著称的林和靖，元代有"江南夫子"、诗坛名家戴表元，近现代有历史名人蒋介石、蒋经国，外交与体育名人王正廷、文人大使王任叔（巴人）、红帮裁缝鼻祖王才运等。同时涌现了卓兰芳、卓恺泽、王鲲等一批杰出的革命人物。丰富的历史、人文资源，也提供了大量的地方性特色文献。截至 2017 年底，奉化区图书馆拥有年鉴 38 种、方志 70 种、地情概况 25 种、地图 15 种、政协文史资料 59 种、专题汇编 68 种、名录 51 种、家谱 522 种、图册 27 种、电话号码簿 17 种、乡镇（街道）文献 190 种。同时对浙江船厂、滕头、奉化中学等单位出版的内部报刊也做了专门收藏。

（2）地域特色馆藏收集渠道多，富有奉化本地特色。奉化在 2012 年出台了《关于征集奉化市地方文献资料的通知》，明确了各部门上报地方文献资料的责任，对各地各部门上报地方文献的种类、数量等做了要求，并要求各单位上报地方文献工作联络员，这大大加强了奉化区图书馆地方文献征集力度，减少了文献资料的漏征和漏藏，为下一步工作开展提供了便利。奉化区图书馆还发动全体工作人员一方面寻找本市出版发行地方文献资料的线索，加强与政协、文联、档案局、史志办、文保所等单位的合作，使地方文献资源在更大范围内实现共建与共享，节省人力和物力；另一方面加强与新闻媒体、各镇（街道）、各机关团体、企事业单位及作者个人的广泛联系，从源头上掌握地方文献的出版情况，及时掌握信息，派专人去收集，将奉化近年来出版过的文献资料进行收藏。此外，奉化区图书馆还积极宣传地方文献征集的重要性，发动市民向区图书馆捐献资料。通过做工作和广泛的宣传，许多单位和个人将珍藏多年的文献捐赠给了图书馆，大大丰富了馆藏数量。在地方文献收集和整理过程中，立足奉化本地特色，在地方文献室辟出巴人、蒋氏父子、溪口旅游、布袋和尚传说等的专题藏书；建造了巴人纪念馆、奉化名人长廊，设立巴人读书节，传播了奉化本地名家，彰显了奉化本地特色；加大对本地的方志、年鉴、大事记、地图等的收集力度，建立地方文献数据库，如《奉化家谱数据库》，避免了文献资源的流失；创办馆刊《凤麓之语》，把奉化的特色文化进行整理、传播。

2. 采用"馆中馆"模式打造名人特藏室——巴人纪念馆

巴人（1901—1972）原名王任叔，宁波市奉化区大堰镇大堰村人。诗人、小说家、剧作家、杂文家、文艺理论家、鲁迅研究家、翻译家。中华人民共和国成立后任中国驻印度尼西亚首任大使，回国后，担任人民文学出版社副社长和副总编辑。其后，他组织出版了"中国古典文学读本丛书"和《古典文学十大作家集》等书，出版过 500 万字的个人文学专著。作为奉化本地名人，巴人身上的革命精神、爱国主义精神、行为规范、思想品质等，都是值得学习与弘扬的。作为

巴人纪念馆开馆仪式

文化的传播者，奉化区图书馆积极践行自身的职责，设立名人特藏文献室——巴人纪念馆，以纪念这位卓越的无产阶级文化战士、著名文艺理论家。

（1）纪念馆概况。巴人纪念馆设在奉化区图书馆一楼，于 2016 年 4 月正式对外开放。纪念馆占地 150 平方米。馆内展示了 27 个版面 282 幅图片，25 份手稿，任命通知书，105 本著作和 20 余本巴人研究成果，全面介绍了巴人坎坷艰难的革命人生和他在文学与学术上的成就，展现了这位卓越的无产阶级文化战士、著名文艺理论家非凡的一生。除了文字和图片，纪念馆还开辟了影像区，在这里参观者可以停下脚步，坐在长椅上静静地欣赏有关巴人一生的影像资料宣传片，更丰富了巴人的形象。这是浙江省县（区）级图书馆中的首家"馆中馆"，也是名人与图书馆的有机结合。从版面设计到格局分布，从一篇篇一幅幅的内容排版到解说词的推敲斟酌，都力求做到有创意。巴人纪念馆自开馆以来，前后接待了5000 余人参观学习，赢得了业界的一片赞声，其他各县（区）级图书馆纷纷前来参观，起到示范作用。巴人读书节等各种阅读推广活动的举办，也为图书馆与纪念馆互相推动、互相促进、共同打造书香社会营造了浓厚的氛围。

（2）纪念馆活动方式。奉化区图书馆将巴人纪念馆与各类读者活动有机结合在一起，既丰富了活动的开展形式，也打响了巴人纪念馆的知名度。一是读书分享会，作为奉化区图书馆特色人文空间，在这里，还会举办一些读书分享会，有跟巴人创作的作品相关的分享会，也有其他主题的读书分享会。二是经典书籍推荐，通过在馆内现场展示，在微信公众号、官方网站和微博发布，向广大读者推荐了《巴人》《巴人集》《巴人影像》《巴人先生纪念集》《论鲁迅的杂文》《监狱》《阿贵流浪记》《和平与面包》《巴人小说选1983》《五祖庙》《旅广手记》等经典书籍。三是馆藏研究，办馆初期，巴人儿子王克平先生捐赠了大量巴人手稿。对于这些珍贵手稿，一方面作为特色馆藏进行展出，另一方面邀请专家进行专门研究，并通过馆刊《凤麓之语》刊登相关研究成果。

（3）纪念馆特色。从奉化区图书馆的角度来说，设立巴人纪念馆是形式的一种创新，增加了馆藏，提高了文献质量，强化了知识传播、社会教育乃至科学研究的功能。巴人纪念馆作为传播奉化本土文化一个有力的文化载体，在一定程度上为公众提供了一个能够走进巴人、感受巴人、敬仰巴人、学习巴人的机会。从读者角度来说，巴人纪念馆的设立为他们带来了一条全面了解家乡文化的新渠道。因为历史原因，之前奉化市民对巴人的了解不深，甚至还有市民不知道巴人就是奉化人。而巴人纪念馆及其举办的活动，让读者以更方便、愉悦的方式了解巴人、感受巴人精神。

3. 利用本地文化特色，开展各种类型阅读推广活动

（1）巴人读书节：巴人读书节创办于2012年4月，每两年举办一次，至今已举办了4届，参与人数达20余万人。2017年被评为宁波市第三批公共文化示范项目。

提高认识，精心组织。为确保巴人读书节顺利进行，奉化区成立读书节组委会，由区委副书记兼任主任，区委常委、宣传部长和副区长兼任副主任，成员单位由区委办、区府办、外管办、宣传部、公安局、文化广电新闻出版局、教育局、财政局、建设局、城管执法局、机关党工委、总工会、团市委、妇联、文联、广电中心和奉化日报社组成。组委会下设办公室（设在市文化广电新闻出版局），由文化广电新闻出版局局长兼任办公室主任、副局长兼任副主任，具体负责读书节的日常事务工作，机构健全、责任明确。并且由区委办下发文件要求各镇（街

道）和有关部门要统一思想，提高认识，落实责任，上下联动，层层推进，加大宣传，扩大影响。巴人读书节按照政府主导、全民参与、活动引领、宣传推广的原则，在全区范围广泛开展一系列活动。使机关、学校、镇街、社会团体连成一片，形成相互协作、共同参与的格局。强化了政府的主导作用，由区委宣传部牵头，区文化广电新闻出版局主抓，区图书馆承办，分工明确，责任到位，建立了完善的活动制度。

全区联动，形式多样。每届巴人读书节开幕式都是整个巴人读书节活动的重头戏。除了奉化区四套领导班子都参加外，还邀请各行业嘉宾及巴人之子王克平出席开幕式。开幕式上的节目也精彩纷呈，读者参与度高。如百人书法大赛、开笔礼、琴棋书画演绎等都吸引了广大读者的目光。2016年度的开幕式还与筹备了10余年的巴人纪念馆开馆仪式相结合，在开幕式上颁发了全区十佳阅读推广人，嘉宾和读者参观了巴人纪念馆；2018年度第四届巴人读书节则举办了"去书中遇见更精彩的自己——春漾奉城、书香萦绕"全民阅读活动，把换书、捐书与奉化非物质文化遗产结合起来，吸引了大批读者参加，两天共捐书3000多册，换书2000多册。系列活动也丰富多彩，如凤麓讲堂、公益展览、阅读之星评比、新奉化人演讲比赛、爱心图书银行、全家共读一本书等活动，让每个家庭都能参与进来。闭幕式同样精彩，如第二届巴人读书节举办了闭幕式暨"新荷计划"征文大赛颁奖典礼，不仅把征集到的作品进行了评比，还把优秀作品集结成册出书；第三届巴人读书节闭幕式结合宁波读书周活动，以"书香奉化"为主题进行了文艺汇演，还加入了知识问答，围绕读书和巴人的相关知识点提问，做到了寓教于乐。

加大宣传、扩大影响。巴人读书节的系列活动，全程邀请报社、电视台等媒体参与，大大提升了巴人读书节及其系列活动的影响力。从第三届巴人读书节起，图书馆借助新媒体在奉化区文化广电新闻出版局和图书馆微信公众号及官方微博上对每一项活动都进行了预告和总结。还在岳林文化广场等人流密集场所放置巴人读书节活动宣传版面。开幕式时设置签到墙，每位读者都能在签到墙上留下自己的名字和感悟。同时，巴人读书节的各项活动，不设置任何门槛，让读者全程免费参与，体现了良好的公益性。读书节期间，每个月都有一两个系列活动，保持了读书节的持续性。

科学规划，长效发展。奉化区在创立"巴人读书节"活动时，注重活动的长期性、效应性和广泛性，注重发挥图书馆及全区中小学、区内各镇街（村、社区）文化站、图书室等前沿阵地的宣传作用，在全区范围内营造声势，吸引更多读者参与到活动中。整个活动开展时间较长，其鲜明的活动主题、广泛的参与人群，为品牌的持续发展提供了有力保障。举办读书节活动就是要倡导更多的人乐享读书、善于读书、勤于读书、长期读书，将阅读融入生活。

（2）文化名人长廊：奉化历史上有许多文化名人，如"梅妻鹤子"林和靖、"西湖先生"楼郁、"天下第一教官"舒璘、抗倭名宦王钫、无产阶级文化战士巴人等。奉化区图书馆选择了26位有代表性、有传世著作及影响较大的已故文化名人作简要介绍，在弘扬优秀传统文化的同时，为创建文明城市充实了文化内涵，为研究乡土文化提供参考线索，更是为青少年拓展爱国主义教育阵地。文化长廊以图片加文字的形式，在图书馆三楼走廊作为固定展览展出。

（3）馆刊《凤麓之语》：为弘扬奉化地域文化，报道奉化区图书馆的发展动态，介绍图书馆的文献与服务，促进图书馆与读者之间的沟通，增进图书馆员工交流，加强与各兄弟图书馆的联系和交流，2016年7月，奉化区图书馆精心筹划，推出了馆刊——《凤麓之语》。该刊为季刊，主要设置"馆内外活动""凤麓讲堂""春芽故事""新书导读""读者心语""图书史话""灯下聊书""地方文献"等栏目，全方位报道图书馆的发展动态，详细介绍各种馆藏资源和服务，使读者更全面地熟知图书馆，利用图书馆资源和服务。在《地方文献》栏目中，征集了大量有价值的地方文献稿件，如《西坞街道村庄地名史说》一文提到了西坞街道地名的由来；《藜斋遗梦》一文介绍了油画大师沙耆老父亲沙松涛在奉化太清山国际灾童教养院的故事；《多彩晦溪，养在深闺人未识》一文考证了晦溪是宁波人的母亲河，是甬江的源头。

（4）布袋和尚传说非遗传承：布袋和尚名契此，唐末至五代时明州奉化（今浙江省宁波市奉化区）僧人，因其自小在长汀生活，故号长汀子，是五代时后梁高僧。布袋和尚是一位来自民间、深得民心的大师，其真性最本然。布袋和尚的事迹，正史记载很简单，但在奉化流传的许多故事，体现了他聪慧、风趣、和善、乐观、包容的精神和品德。2008年奉化提炼城市精神，其中"和乐"一词就源自布袋和尚。2011年5月，民间文学"布袋和尚传说"被纳入第三批国家级非物质文化遗产名录，成为奉化屈指可数的三项国家级非遗项目之一。为了把这项非遗项目传承好，奉化区图书馆收集了大量的相关文献，如《布袋和尚长汀子》《布袋和尚传说》《人间弥勒》等，并在地方文献室设立"布袋和尚传说"专架。

奉化注重宣扬布袋和尚"和乐"精神，发挥弥勒文化优势，着力推进佛教名山建设。2005年，雪窦山露天弥勒大佛工程获国家宗教局批准启动。自2008年弥勒大佛落成起，奉化每年持续开展弥勒文化节庆活动，今已成为中国佛教界的一大盛事。自2014年起，根据"中国文化复兴，佛教当担大任"的时代命题，雪窦山展开了"弘扬弥勒文化正能量，加快雪窦山佛教名山建设"系列行动，启动新一轮佛教名山建设工程。围绕弥勒文化和弥勒信仰核心，将雪窦山建设成弥勒信仰弘法中心、弥勒信仰朝觐中心和弥勒文化研究中心，提升弥勒根本道场雪窦山佛教名山的影响力。奉化区图书馆为这些活动的开展提供了大量的文献资料，并做好提供参考咨询的工作。

除每年一届盛大的弥勒文化节以外，奉化区图书馆和奉化区文化馆还策划了一系列有关"布袋和尚传说"的主题活动。长期以来，传承人张嘉国在岳林寺、长汀村等地通过口耳相传的方式宣讲，附近的人几乎都听过他的讲述。在他的带动下，年轻一辈也开始成为新一代的传播者，并在龙津实验学校设立"布袋和尚传说"故事讲述兴趣课，以不定期开讲的方式在学生群体中传播布袋和尚的精彩故事；2016年，组织举办了"在醉美的地方遇见非遗：布袋和尚传说"快乐童年故事大赛，组织了数十位少儿选手，通过故事讲述的方式进行布袋和尚传说展示；2017年正值布袋和尚圆寂1100周年，奉化区图书馆、奉化区文化馆联合长汀村策划举办"纪念布袋和尚圆寂1100周年，传播和乐向善文化精神"活动，同时还举行了"和乐布袋"主题画展，在文艺演出中穿插"布袋和尚传说"故事讲述环节……丰富多彩的活动让布袋和尚传说穿越历史的时空，让富有魅力的生动故事走进更多人的内心。

四、德清县图书馆

清光绪二十七年（1901），乡绅蔡渭生、许埏甫在德清县城清溪书院内倡办藏书楼，对公众开放，以开民智。1921 年，德清县知事彭彝聘请程森筹备成立德清县通俗图书馆，后改称德清县立图书馆，该馆一直延续至 1949 年。此后，图书馆被合并于文化馆，直至 1978 年底在县城城关（现乾元）镇余不弄文化馆分出一部分，建立德清县图书馆。后因场地太小，将新建的青少年宫二楼作为图书馆新的馆址。1994 年 5 月县址搬迁武康，该馆址未正式启用。武康作为新的县城后，第一批公共文化设施建设中就有县图书馆，馆址位于中兴南路 48 号，于 1998 年 12 月开馆。该馆是德清第一个标准图书馆馆舍，建筑面积近 2800 平方米，设计理念是"园中有馆，馆中有园"，庭院树木花草芬芳，馆内书刊飘香。2014 年 1 月 18 日正式对外开放的新馆，建筑面积 14243 平方米，馆藏图书 35 万册，被评为"2015 年基层最美图书馆"。

1. 地域特色馆藏的开发和利用

（1）收集、整理、出版各类特色文献，促进地方文化的传承。

多年来，德清县图书馆收集了地方文献 702 种，并对收集来的文献进行加工整理。一是 2014 年，德清县图书馆与浙江古籍出版社联合出版了"四库德清文丛"，聘请陈景超先生点校注释，已出版《女红馀志簪云楼杂说》《龟溪集》《绿杉野屋集》等，旨在使邑贤经典便于流传，更为挖掘、弘扬德清古代优秀传统文化提供基础文献。二是德清县图书馆还编印了已故诗人杨杰和史欣遗著：《杨杰诗文钩沉》《走近星星的孩子——史欣诗集》。三是自建德清乡贤著作数据库，有肖像，有书影，主要呈现了近现代德清籍人士著作提要、德清籍作者生平传略、四库全书德清文丛等。四是在德清县图书馆微信平台开设《乡邦文献》栏目，每周一主推，主要推荐德清籍作家的文献或者是撰写的与德清有关的文献。五是用口述历史的方式保存地域特色。口述历史是一个地域的活历史，图书馆开展口述历史工作对于抢救保护历史资料、丰富馆藏文献资源、传承保存本土记忆有着重要意义，亦可看出一个馆对于非文字史料整理的认识，乃至对未来研究工作的准备。自 2015 年起，德清县图书馆找到了一批耄耋老人作为访谈对象，至 2018 年，已对欧阳习庸、施剑青等 10 位 80 岁以上的老人逐一访谈，并拍摄录制口述历史资料片《乡居贤者欧阳习庸》，目前已初步制作完成。[①]

（2）续办馆刊《问红》，打造对外交流名片。

谚云："开口不言《红楼梦》，读尽诗书是枉然。"但 200 余年来，真正通读且读进去《红楼梦》的人不多。而德清是有红学土壤的，历史上出了戚蓼生、徐曼仙、俞平伯等几位红学家。2015 年 4 月，由德清县图书馆续办的《问红》面世，该刊扣住德清，又不囿于德清一县，这既是对红学研究的接续努力，也是对地方文化建设的一种丰富。《问红》创刊号就得到了章开沅、邵燕祥、冯其庸、资中筠、葛剑雄的响应，纷纷赐作，接下来的几期更有王蒙、白桦、傅国涌等名家名篇。《问红》，正在成为德清县图书馆对外交流的一张名片。

2. 开展分地阅读推广活动，打造分地阅读特色品牌

（1）举办讲座、主题活动及打造地方文化平台促进分地阅读推广。

当下传统的文献咨询服务乏人问津，这就需要地方文献馆员走出去，主动去为学区和基层服务。2015 年以来，德清县图书馆举行了三大类地方文献活动。一是举办地方文献讲座，如费卫民在新安镇舍北村文化礼堂说蔺村村史，在乾元小学给四、五年级学生做的"简说乾元历史文化"公益讲座，在乾元圆圆幼儿园讲端午习俗及教读清溪竹枝词。从讲蔺村村史出发，到启迪孩童，正好关切了文献活动的核心目的：亲民。二是与其他部门携手联办主题活动，如德清县诗词学会年会在德清县图书馆召开，此外，图书馆还与县茶研会、县作协、县诗词学会联办"走读德清"之"了解身边的名茶"，与钟管镇曲溪村合办"走读德清之桑葚忆情"及"走读德清之防风故国行"。此外，还应邀参加德清县档案史料收藏研究会成立大会、俞平伯纪念馆开馆仪式、陈景超诗词创作及治学道路研讨会等。

[①] 内容由浙江省图书馆学会地方文献与特藏专委会委员，德清县图书馆莫干山、乾元特色分馆馆长朱炜提供。

这些活动不仅有助于地方文献活动的进一步扩大，反过来也为活动本身提供了智力支持。三是打造地方文化平台，地方文献是地方文化的载体，其视野完全可无限扩大到物质文化、精神文化等层面，故而召集地方文献的专业读者定期座谈，共促地方文化事业的发展很有必要。如2015年在德清县图书馆内召开了德清籍人文学子乙未讨论会，参与者沈冰青如是说："我们畅谈与感怀，不是观念交锋后的抛弃，而是思想碰撞后的融合。德清的文史之旅，这仅仅是一个开始，只愿一路上摸索的我们以梦为马，再出发。"德清县图书馆还举办了2015年地方文献工作暨《问红》首发座谈会，近30位县内外专家、学者莅临指导。

（2）行走乡土，读享风景："走读德清"活动。

活动概况。"走读德清"活动为德清县图书馆品牌活动之一。2013年，首读莫干山活动进行时，浙江卫视等媒体给予了第一时间的报道。《杭州日报》称："（德清）面向全县广发'英雄帖'召集爱书人，通过对县内名胜古迹或名人足迹不定期进行探访重寻，鼓励德清人以'知行合一'的姿态丈量故乡。"德清县图书馆馆长慎志浩说："走、读、爱旨在倡导我们不仅要从书籍上寻求知识，也应走出书本，融阅读于行走，从脚下发现乡土文化之美，感怀乡土真情。"

德清县图书馆为每一次"走读德清"活动都定了主题和名称。如"读文化礼堂"主题为体验文化礼堂；"平伯先生故里行"，由图书馆与县文明办合作打造，邀请20对亲子读者前往德清籍著名文学家俞平伯的故里乾元镇，拜谒俞平伯铜像，朗诵俞平伯诗文，参观俞平伯纪念馆，通过游览追思，孩子们渐渐对俞平伯的生平产生了兴趣。俞家几代人作诗，有相当一部分有以诗存史之意，一述祖德，二存书香，三绵世泽。这恰与今天社会所提倡的家风家训契合，少儿读者通过实地探访的方式获知了德清本土文化，在内心种下了扎根家乡沃土、面向大千世界的种子。2016年7月，为丰富广大学生的假期生活，帮助其了解地域文化，开阔阅读视野，提升写作水平，增强社会责任感，德清县图书馆民国分馆与张玲语文名师工作室联合发起举办了莫干山作文公益夏令营"相聚莫干，精彩一夏"，使莫干山区的孩子们度过了一个难忘和有意义的暑期。夏令营面向山区儿童，通过微信和电话招募营员，家长和学生们都很踊跃报名，开班当天还有不少孩子临时赶来旁听。在接下来的 15 天里，小营员们参加了作文、陶艺、地理、国际、茶艺、礼仪等一系列为他们量身打造的课程。夏令营结束后，孩子们还在文化礼堂进行了汇报演出，度过一个难忘和有意义的暑期。

实施要点。在每一期活动成行前，德清县图书馆都会安排馆员精心选择、反复踩点，同时辅以馆藏德清地方志、德清人士著述等地方文献，另外还聘请了吴承涛、韦秀程、陈景超、王凤鸣等一批本土文化人担任导读员，最大限度地整合、优化县内可利用的文化资源，充分发挥图书馆的主体作用，为参与者提供优质的乡土阅读服务，营造良好的乡土阅读氛围，进而搭建起一个广大而厚实的乡土阅读平台。自走读活动开展以来，得到德清县委宣传部和县文化广电新闻出版局的大力支持，德清县图书馆又先后与德清县新居民事务局、县文明办、新市镇党委政府、莫干山镇党委政府等乡镇部门紧密合作，在服务月或节庆日将走读作为一种别开生面的活动形式，让少儿读者成为活动主体的一部分。在具体实施过程中，德清县图书馆主动完善了组织运作，成立了专门团队，由地方文献室领办，办公室和活动部执行，另选一家旅行社为承接单位，签订相关协议，全程跟踪配合，保障了活动的组织力量，便于协调协作。项目有经费投入，每年馆里都会划出一

"走读德清"活动现场

定的年度经费，主要用于宣传品制作费、交通费、导览费，稳定了活动的经费来源。结合读者意见和需求，几年下来，"走读德清"活动几乎覆盖了德清 1/3 的地方，打通了城市与乡村的最后一公里。2013 年，推出了读莫干山水、读钟洛文化、读防风湿地、读新市古镇、读英溪风情等 5 条经典线路，2014 年新辟杨墩风光行等线路，2015 年又增西部茶山行、桑葚忆情、平伯先生故里行、花泥五四等线路，2017 年再开何村夏日、紫岭乡音等线路，这些线路今天也成了德清市民家庭自驾游的不错选择，可见每一次走读都是一场温暖又深刻的文化之旅。

成效和影响。截至 2017 年，"走读德清"活动已成功开展 24 期，参与者超 1000 人次，其中少儿读者近 300 人次，共收到文学、摄影、书画、篆刻等各类稿件达 500 组，由德清图书馆制作成了精美图册，并举办了摄影作品展和优秀作文展。该活动曾荣获湖州市首届图书馆创新服务优秀案例、湖州市宣传思想文化工作创新奖、浙江省最美春泥团队等荣誉。6 年来，不同年龄、不同地域、不同文化层次的走读者们探访特色村落，体验文化礼堂，传习非遗项目，将足迹印在了这方水土之上，在全县掀起了一股乡土阅读热。

德清县图书馆的分地阅读活动产生的影响远不止如此。如受"走读德清"活动的启发，德清县社科联推出了一个"研读德清"活动，对象为德清籍的 80 后、90 后，可以说是"走读德清"活动的大学版。自"走读德清"活动实施以来，据不完全统计，已有新华网浙江频道、浙江新闻网、浙江在线等多家媒体对活动进行过专题报道。伴随着"走读德清"活动的逐年升温和日渐成熟，浙江经贸职业技术学院人文旅游系学生和香港理工大学研究生在 2015 年底和 2016 年初联系德清县图书馆专程来了一次走读德清的高校版，作为图书的《走读德清》已经不能满足一般读者，故新出了英文版，并亮相于日内瓦国际书展。

近年来，部分高校图书馆尤其是地方性高校图书馆，将地方文献资源作为特色馆藏进行建设，将地方文献推广作为全民阅读的重要组成部分，亦取得相当不错的成绩。相对于公共图书馆而言，高校图书馆在地域文献建设与推广上，更注重于助推学科发展以及地域文化研究。本节以嘉兴学院图书馆、河南师范大学图书馆、井冈山大学图书馆为例，叙述它们的地域特色馆藏文献建设与推广的发展之路、主要活动及取得的成就，为相关高校图书馆地方文献建设与推广提供一定的借鉴。

一、嘉兴学院图书馆

嘉兴学院是 2000 年 3 月经教育部批准，由原浙江经济高等专科学校和嘉兴高等专科学校合并组建的普通本科高校，实行"省市共建共管，以省为主"的管理体制，此后相继有嘉兴卫生学校、浙江会计学校和嘉兴市粮食干部学校、平湖师范学校等四校并入，位于浙江省嘉兴市。嘉兴学院图书馆也由原浙江经济高等专科学校图书馆、嘉兴高等专科学校图书馆等多个图书馆合并组成。多年来，嘉兴学院图书馆在馆舍分散、经费相对不足、人员紧缺的状况下，扬长避短，借助地域文化丰富的优势，以地方特色馆藏建设为抓手，在馆藏建设、开发、利用、服务与阅读推广上取得了较好成效。

1. 地域特色馆藏建设之路

（1）扬长避短，确定特色馆藏建设方向。合并之初，馆藏文献以适应教科研需求为主，无特色馆藏之建设。2006 年，适逢教育部对普通高等学校本科教学进行审核性评估，馆领导期望能打造特色馆藏，然而面对馆舍分散、人员不足、经费薄弱的短板问题，如何在此情况下，打造出自己的特色馆藏，成为当时亟待解决的问题。经过一系列调研后，发现嘉兴地域文化特色显著：嘉兴地处浙江之东北、居杭嘉湖之腹心，是浙北地区的经济、文化、交通中心，有着马家浜文化7000多年的辉煌传承，形成了独具特色的蚕桑丝织文化、水乡文化、名人文化、藏书刻书文化及红色文化。事实上，仅嘉兴自秦汉至现代的名人，有据可考的便有7900余名（汉代11、三国时东吴23、西晋10、东晋4、南朝11、隋朝3、唐朝47、五代10、十国时南唐5、宋代234、元代154、明代1259、清代5740、近现代459）[①]，尤其明清时吕留良、朱彝尊、项元汴、陈书等，近现代王国维、李善兰、丰子恺、茅盾、朱生豪、李叔同、金庸等，在我国思想史、文学史、科学史上都有重大影响。故而嘉兴的历史文化遗存、山水盛景、名人墨客无不透露着与其他地区的不同风采。对嘉兴地域文化相关文献的搜集、整理与开发，必将成为区别于其他高校图书馆馆藏的特色文献资源。故决定避自身资源不足之短，扬地域文化璀璨之长，利用有限资金、人员，依托丰富的地域文化，进行地域特色馆藏的建设。

（2）持之以恒，在艰苦环境中逐渐壮大。从2006年9月开始，在梁林校区分馆筹建地方文献室，专门收藏嘉兴地区（本级、桐乡、海盐、嘉善、平湖、海宁）的地方文献与乡土文化读物，依据区域分开储藏。初时为不开放的资料室，无专人看管。待教育部的审核性评估结束后，于2006年12月底正式开放，并设专人管理。当时地方文献室环境较差，不通风，新家具散发的味道持久不散，据第一任管理员所言，起初一年她都只能待在地方文献室门外办公。2007—2012年，地方文献室得以逐渐发展壮大。先是2009年，地方文献室老师通过调研，在全馆会议上作了"本馆开展地方文献研究与开发的天时、地利、人和"专题报告，再次重申了进行地域文献专题建设的意义及优势，以及今后的发展方向；至2010年，依托地方文献室，图书馆成功申报了浙江省高校数字图书馆（ZADL）

---

① 本数据来自陈心蓉在嘉兴学院图书馆全馆会议上所作的"本馆开展地方文献研究与开发的天时、地利、人和"专题报告。

特色资源库"嘉兴名人研究全文数据库"项目；除了进行地方文献建设外，根据学校学科发展、图书馆发展，协助领导逐渐进行特藏文献、校友文库、政党文献专题建设。至 2013 年，新任馆领导为加大对特色馆藏的建设力度，决定筹建特色文献资源中心，包括地方文献室、红船文库、校友文库、特藏文库及特色展示厅，设特藏室组长 1 人，并新增馆员 1 人，负责特色资源建设，且将地方文献室、嘉院文库、红船文库、廉政文库等特色馆藏体系建设目标补写入了《嘉兴学院图书馆 2013—2015 年发展规划》，至此地域文献特色馆藏建设进入了更顺利的发展道路，其间图书馆依托特色文献资源中心申报 ZADL 特色资源库二期项目并获批。至 2016 年，随着学校岗位聘任与调整，新任馆领导决定大力发展特色馆藏建设，原特色文献中心升格为读者服务部独立分部，设负责人 1 人、管理员 1 人，业务上由馆长直接负责，组织上挂靠读者服务部，并筹建金庸专题文献室，打造特色文化走廊；不仅制定《嘉兴学院地方文献搜藏与推广方案》，明确了收藏范围、重点与方式，而且在馆领导带领下，开启了向当地政府相关部门，文联、档案馆等机构（部门）上门征集文献之路，文献收集亦有了新突破。

2. 地域特色馆藏建设的现状与成绩

地域特色馆藏现为嘉兴学院图书馆特色馆藏资源的重要组成部分，走实体馆藏与数字馆藏相结合的发展之路，包括地方文献、金庸文献、红船文献三个专题文献室，及"嘉兴名人研究全文数据库""红船精神研究与红色文化传播数据库""近代嘉兴进步报刊研究数据库"等特色数据库。

（1）纸质地域特色馆藏建设。

地方文献室。地方文献室筹建于 2006 年，以嘉兴地区历代地方志及政治、经济、文化、历史、社会、风土、人情、人物等相关文献典藏为重点，其中典藏朱彝尊、查慎行、茅盾、朱生豪、李叔同、金庸、王国维、徐志摩、沈曾植、张元济、丰子恺等嘉兴名人文献 1763 种 3000 余册。

金庸专题文献室。嘉兴学院金庸图书馆系海内外著名学者、作家查良镛（金庸）先生捐资建造，自 1992 年 12 月 2 日动工，于 1994 年 1 月竣工，并于同年 4 月 3 日开馆启用。因嘉院校区搬迁，2010 年原金庸图书馆藏书搬迁至梁林校区。

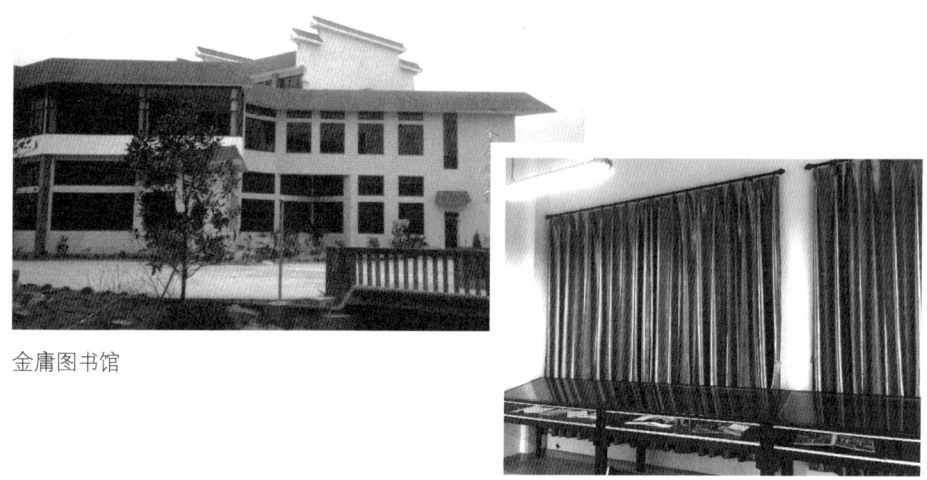

金庸图书馆

金庸专题文献室一角

为纪念金庸先生对学校发展的支持，并夯实研究者对金庸及其家族研究的文献基础，结合嘉兴名人文化建设及嘉兴学院校园文化建设，在梁林4号楼图书馆筹建金庸专题文献室，专门收藏金庸先生的著作（多个版本），媒体对金庸先生的各种报道文献，金庸先生的家谱、手稿、照片等资料，以及他人对金庸先生及其作品的研究文献，等等。

红船文献室。红船文献室前身为政党资料室，筹建于2007年，收藏58位早期共产党员相关文集、《红藏：进步期刊总汇（1915—1949）》等文献10000余册。其中《红藏》系于2014年由湘潭大学出版社影印出版，包含中华人民共和国成立之前中国共产党中央及其各级机构、组织、团体主办，或在其领导下创办的进步期刊151种，计428册3亿余字，是中国共产党成立以来第一次大规模整理的早期进步出版物，有"功在千秋的事情"之誉。因学校学科发展的需要，红船文献室已搬迁至嘉兴学院中国共产党革命精神与文化资源研究中心。

（2）地域特色数据库建设实践。

"嘉兴名人研究全文数据库"。该数据库系ZADL特色资源库一期建设项目成果，收集各学科领域的嘉兴籍名人及客籍名人 4000 余人的相关文献，包含论文、书籍、美术、音频、视频、档案等文献类型，总计元数据 3.1 万余条、全文数据 2.5 万余条。该项目验收评为优秀。

"红船精神研究与红色文化传播数据库"。该数据库是目前国内第一个对红船精神研究与红色文化传播相关文献做了系统采集与收录的数据库，系 ZADL 特色资源库二期建设项目成果，包含"红船精神研究"和"红色文化传播"两个子库，涵盖了原始文稿、影印文献、电子书、电子期刊、音频、视频、图片、美术作品等类型丰富的文献，总计元数据 3.5 万余条。其中"红船精神研究"子库专辟"早期共产党员早期著述（—1949）"文献库，收录了陈独秀、毛泽东、周恩来等 58 位中国共产党早期党员的著述（目录）。该项目验收评为优秀。

"近代嘉兴进步报刊研究数据库"。进步报刊是革命文化营垒的生力军，嘉兴作为中国共产党诞生之地，其进步报刊文化在全省乃至全国都具有特殊意义。据笔者统计，嘉兴近代进步报刊自 1897 年诞生至中华人民共和国成立，有据可查的在嘉兴地区创刊或由嘉兴籍人创办于外埠但以反映嘉兴为主要内容的进步报刊计至少有 170 种（含副刊），目前存 26 种。有鉴于此，以特色文献资源分部牵头，筹建近代嘉兴进步报刊研究数据库，并于 2016 年获批浙江省文化厅科研课题立项。该数据库定位为科学管理研究数据，分设"报刊"和"报刊人"两个子库。

3. 地域特色馆藏的开发、推广与服务成效

编写资料性、研究性文献充实地域文献。嘉兴学院图书馆除以购买、捐赠等形式充实特色馆藏文献外，还编写资料性、研究性地域文献以充实馆藏。近几年陆续编纂成《罗允尧文集》（罗允尧系校友，曾捐赠其毕生著述给地方文献室）1 册、《嘉兴学院专利文献全文集》8 册、《赴台搜集资料》（系红船文献）3 套 64 册等文献，目前正在进行金庸文献专题整理。出版的《嘉兴藏书史》《嘉兴刻书史》《嘉兴历代进士藏书与刻书》《浙江女性藏书》等专著，则着力于弘扬嘉兴乃至浙江丰富的藏书、刻书文化，颇得学界好评。

举办专题展览和主题活动，弘扬地域文化。结合"世界读书日""馆员素质大家谈"等活动，特色文献分部通过书评撰写、专题展览、主题征文、讲座等活

动，将地域特色文献如嘉兴近代报刊、本地人士著作和本地史志等文献进行重点展示和推荐，以期推广与弘扬。如"弘扬红船精神，推广红色阅读"（2015）、"嘉兴近代进步报刊文化与地方文献建设漫谈"（2016）等讲座；"图说金庸与嘉兴学院图书馆渊源""红船文献展览"等专题展览；"红船领航系列红色阅读征文"等阅读推广活动。嘉兴学院图书馆地域文化阅读推广取得一定成绩，先是"弘扬红船精神，推广红色阅读"主题阅读推广活动在首届全国高校图书馆阅读推广案例大赛中获华东赛区优秀奖，再是地域文献阅读推广作为案例被《书香满园：校园阅读推广》所收录。

提升自身科研水平，以服务教师进行地方文化研究。高校图书馆因所面对的读者文化水平均较高，尤其是面对教师等科研工作者的时候，对馆员自身素质也提出了较高要求。为给教师科研提供较好服务，在本职工作之外，馆员们颇注重自身科研水平的提升。如特色资源分部2位老师，自2010年至2018年共主持国家社科基金2项，教育部人文社科规划基金1项、青年基金1项，浙江省规划课题2项，市厅级及其他课题近20项，出版专著8部，均围绕地域文献、历史文献的研究与开发。因自身科研水平得以提升，固然能给教师在地方文化、地方文献研究上提供诸多有益建议与指导，尤其是地方文献室第一任馆员，辅导了以其为中心的"地域文献、文化研究"团队成员的课题申报，除其本人外成功立项了国家社科基金2项，教育部社科基金3项，省规划重点2项、一般4项。因此地方文献室成为学校诸多致力于地方文化研究、文献研究的教师常来查阅资料、探讨交流之地，赢得了他们的好评，如教师在其所著《嘉兴蚕桑史》《浙江民间传统线板文化研究》《浙籍名人与中国近代新音乐的发展》等专著的后记中，均对地方文献室的帮助表示了感谢。

二、河南师范大学图书馆

河南师范大学位于河南省新乡市，是一所历史悠久的省属重点大学，其前身可追溯至建于1923年的中州大学和建于1951年的平原师范学院。由于院系调整，学校先后更名为河南师范学院二院、河南第二师范学院、新乡师范学院，1985 年始称河南师范大学。河南师范大学图书馆因学校多次易名，也先后更名为河南师范学院二院图书馆、河南第二师范学院图书馆、新乡师范学院图书馆和河南师范大学图书馆。

1. 地方文献建设与推广发展之路

2011 年，河南师范大学图书馆在建馆 60 周年之际，提出建设新乡地方文献特色馆藏的构想，筹建了新乡文献保障与研究中心；2012 年 1 月，向全社会发出《新乡地方文献征集函》，正式全面启动新乡地域文献建设；2013 年 6 月，正式成立专门的地方文献收藏和研究机构——新乡地方文献整理中心，并免费向读者开放。自 2015 年 1 月起，图书馆与《河南科技学院学报》编辑部合作创办《新乡地方文化研究》专栏，以此为依托进一步推动新乡地方文献建设和新乡地域文化研究，并开展了一系列地方文献阅读推广活动。新乡地方文献收藏与研究虽取得了一定成效，但与周边地区的南阳汉文化、安阳殷商文化、开封宋文化等相比，仍处于相对落后的状况。为改变这一状况，2018 年，图书馆成立新乡地方文献收藏研究会，积极推动新乡地方文献建设更上一层楼。

2. 地方文献收集的内容、方式与规则

（1）新乡地方文献收集的内容和范围。一是新乡地区各级党政机关、社会团体、学校、企事业等单位及个人编撰或绘制涉及本地内容的具有保存价值的各类出版物、资料，包括地方史志（包括市县志、乡镇志、村志、部门行业志）、党史、年鉴、地图、画册、图像、地名录、文史资料、年报、简报、通讯、统计、会议资料及相关著述、资料汇编等文献及音像、电子制品等。二是民间流传的新乡地区谱录（家谱、族谱、宗谱等）、各类民俗景观图片、历史场景图片、金石拓片、书法、绘画作品、古籍、旧版图书、历史实物、歌册、账本、地契、反映新乡非物质文化遗产的文字和音像资料等。三是原籍新乡或曾在新乡任职、居住的各个时代具有一定影响力的人士著述、日记、信函、传记、字画、回忆录、著作手稿、声像资料等。

（2）收集原则。一是地域性原则，重点收集新乡四区八县地方文献，也收集

少量与新乡相关的周边地区文献。二是针对性原则，根据新乡的历史文化状况、产业结构等，有的放矢地收集本地正式、非正式的出版物，例如新乡的牧野文化、比干文化、潞王文化、新乡教育资料、平原省①文献都作为收集的重点。三是系统性原则，收集地方文献时，力求全面、连续和完整，例如新乡地域文献整理中心收集的各地区的年鉴和各种统计资料都具有时间上的连续性和内容的完整性。四是效益性原则，依据地域文献阅读群体、人数、次数、目的和地域文献价值，合理支配收集地域文献的费用，使有限的经费发挥最大的效益。例如，新乡地方文献中心在购买文献时，首先考虑的就是所选取的文献是否属于核心文献，在经费的使用上首先保证核心文献的购买。

（3）收集方式。一是举办相关活动，请市民、学生捐赠或分享，如举行"手抄新乡地方文献 50 天"阅读推广活动，读者可携带新乡地方文献，与大家分享。在读者自愿的情况下，可以捐赠给图书馆，或由图书馆进行复制。二是与博物馆、档案馆、文史研究室等机构合作，以交换、捐赠、复制的方式进行相关资料的收集。如图书馆与新乡市地方史志局、中共新乡市委党史研究室、新乡市博物馆、新乡市政协、卫辉市文化广播电影电视局、辉县市共城文化研究会、潞简王墓博物馆、新乡县统计局、凤泉区史志办公室、中州古籍出版社新乡分社等单位都保持着良好的合作关系，收集到了很多分散在这些机构的新乡地域文献。中共新乡市委党史研究室定期向图书馆捐赠《中共新乡大事记》《新乡党史》等文献，保证了此类文献的完整性和连续性。三是组织专门工作人员进行田野调查，这种方式比较适用于收集某一主题的文献。如图书馆为收集平原省文献，专门组织工作人员进行调查研究，然后收集整理相关材料。四是采购，从旧书店、造纸厂、古

---

① 平原省，旧省名，现已撤销。面积大约为 5 万平方千米，其范围大致是春秋时期诸侯国卫国的旧地。1945 年 3 月 29 日，河南新沦陷区被日军划为平原省，河南省保留原黄河以南的部分，设省公署于郑州。中华人民共和国成立后，设立平原省，省会新乡市，由中央直接领导。辖新乡、安阳、湖西、菏泽、聊城、濮阳等 6 专区，新乡市、安阳市 2 地级市。1952 年 11 月，平原省撤销，新乡、安阳、濮阳 3 专区，新乡市、安阳市 2 地级市划归河南省；菏泽、聊城、湖西 3 专区划归山东省。

玩城、网上书店、"书香世家"等地方细心采访，编列预算以购买方式取得。

3. 地方文献馆藏建设的现状和成绩

新乡地方文献馆馆藏现为河南师范大学图书馆特色馆藏资源的重要组成部分，走实体馆藏与数字馆藏相结合的发展之路，包括新乡地方文献整理中心、图书馆事业与文化发展研究中心及"新乡文库""新乡抗战文献资料库"等特色数据库。

（1）纸质地方文献馆藏建设。

新乡地方文献整理中心。2013 年 6 月，河南师范大学图书馆正式成立专门的地方文献收藏和研究机构——新乡地方文献整理中心，并免费向读者开放。该中心以收藏地方史和家庭史为主，包括档案、记录、传记、家谱、契约、石刻碑文、拓片、地图、年鉴、指南、旧报纸、海报、老照片、证书、口述历史等。现收藏有新乡地方文献 1 万余册，在平原省文献、新乡地方史志、新乡家谱、新乡农村基层档案和新乡籍作家作品等方面具有一定规模，初步形成新乡地方文献特色馆藏体系，成为新乡地方文献的战略高地。2015 年 4 月，河南师范大学图书馆被中共新乡市委宣传部、新乡市社科联授予首批"新乡市社会科学普及基地"称号。

图书馆事业与文化发展研究中心。该中心是依托河南师范大学图书馆建设的校级人文社科科研基地，具有科研评价与学科服务、科技查新与专利情报、地方文献与区域文化繁荣、图书馆史与图书馆事业发展研究 4 个研究方向，并同时组建了图书馆史研究团队、地方文献研究团队、科技查新服务团队和信息管理教学团队 4 个学术团队。因团队整合效应凸显，该中心于 2014 年获教育部人文社科项目，于 2015 年获国家社科基金、国家自然基金和教育部人文社科基金项目，年均发表 CSSCI 来源期刊 20 余篇，出版专著 10 余部。一批省哲社、省决策、省软科学、教育厅重点项目获批，并成为学校专业硕士申报培育梯队。举办全国性的图书馆史与图书馆事业发展研讨会和全国地方文献研讨会各 1 次。

（2）地方文献数据库建设实践。

"新乡文库"。2015 年 8 月 13 日，河南省人民政府和教育部共同签署了《河南省人民政府、教育部关于共建河南师范大学的意见》（豫政 [2015] 52 号），河南师范大学正式成为省部共建的高校，并提出建设成"有特色、高水平、区域示范性大学"的发展要求。图书馆在这一发展要求下，经过科学认证、广泛听取各方意见基础上，筹建了"新乡文库"。因所涉及的文献多与当地相关联，此类文献的作者或整理者也多为当地人，因此"新乡文库"除得到所属高校、各级地方政府的支持外，还积极争取出版社、媒体网络、社会团体、民间力量、高校科研院等当地社会各界的支持，有效地推动了"新乡文库"的建设。如与中州古籍出版社新乡分社合作，出版了《梅荷文集》《平原省教育史探赜》《百年春秋——张泗沟》等大量与"新乡文库"相关的书籍；借助新乡市人民政府网站、《平原日报》、《平原晚报》等媒体网络的宣传报道扩大地方文库的影响力，促使更多的人自觉参与地方文库建设并推动"新乡文库"的数字化建设。

　　"新乡抗战文献资料库"。新乡地方文献整理中心收藏的抗战文献以新乡地区（本级、卫辉、辉县、原阳、获嘉、延津、封丘、长垣、新乡）为主，同时收藏包括豫北地区在内的更大地域的抗战文献。此外，还收藏河南文献中涉及新乡抗战的抗战文献。新乡抗战文献的搜集以社会各界热心人士捐赠为主，如《卫辉风云》《晋冀鲁豫抗日根据地财经史料选编》《历史不能忘记——纪念抗日战争胜利50 周年》《河南抗战简史》《开国将士——郜国武》《抗战时期新乡损失调查》等抗战文献，极大地充实了新乡抗战文献宝库。除捐赠方式外，对收藏者不愿捐赠但又具有较高价值的文献采用购买的方式，如东京东洋文化协会 1939 年发行的日文原版《画报跃进之日本》，其中涉及新乡到开封的铁路建设和日军对周边地区的资源掠夺，文献中有多幅图片和图标，具有较高的文献价值，因此图书馆出资购买将其加以收藏。目前图书馆已将部分新乡抗战纸质文献资料扫描成电子文献，建立了新乡抗战文献资料库、新乡抗战文献老照片资料库，并对搜集到手的新乡抗战文献进行书名、书号、作者、出版社、捐赠人等信息的著录，建立书目数据库。在老照片资料库和书目数据库的基础上，对某些重要的文献做出提要和介绍，进一步扩大老照片资料库和书目数据库的功能，极大地方便了读者。

4. 分地阅读推广实践与成效

河南师范大学图书馆在新乡地方文献建设的基础上非常重视新乡地方文献的阅读推广，举办了"手抄新乡地方文献 50 天""新乡地方文献一月一展"等活动，积极打造符合本地特色的阅读推广活动。《新乡日报》《平原晚报》、新乡电视台以及光明网、新浪网、腾讯网、大河网、河南日报网等数十家媒体对手抄新乡地方文献和新乡地方文献一月一展等活动进行了报道，引起了良好的社会反响，进一步扩大了新乡地方文献在全校和社会上的影响。

"手抄新乡地方文献 50 天"阅读推广活动。自 2016 年起，图书馆联合校团委举办"手抄新乡地方文献 50 天"阅读推广活动，截至 2018 年底，已连续举办了两届。抄写对象均以新乡地方史志、文学类作品与师大文献为主，如《新乡五千年》《新乡历代名胜诗选》《卫辉府志》《铭记——新乡抗战》《钟灵新乡》《岳飞与新乡》《新乡地名故事》《辉县市志》《原阳文史资料》《比干文化研究》以及《河南师范大学校史》等反映新乡历史文化与师大校史的内容。活动得到了全校师生和社会各界的广泛关注，全校 20 多个院系均有师生参加，此外还有来自新乡市工商联、河南科技学院、新乡学院等校外读者。两年来，活动的参与读者累计 2400 余人次，收到读者的硬笔作品累计 1700 余份、软笔作品近 200 份。图书馆将优秀作品在新乡地方文献中心进行专题展览，同时配以朗读音频在新乡广播电视台手机客户端《直播新乡 App》及河南师范人学图书馆微信公众号推送。沽动还受到了当地多家媒体的关注，新乡电视台、新乡日报社等媒体对该活动进行了采访与实时报道。

"新乡地方文献一月一展"活动。于 2015 年启动的"新乡地方文献一月一展"活动，至 2018 年共举办了如新乡地方抗战文献展、新乡家谱展、新乡地图展、新乡地方文物展、新乡票证展、新乡地方文献综合展、新乡地方志展、新乡本土期刊展、新乡本土报纸展、新乡籍作家作品展、新乡名人文献展、师大文库展等数十次展览。一系列的新乡地方文献展活动吸引了众多读者的积极参与，起到了良好的阅读推广效果。下面列举几个具有代表性的展览。

新乡地方抗战文献展。为了铭记历史、警示后人，同时纪念中国人民抗日战

2016年"手抄新乡地方文献50天"现场

争暨世界反法西斯战争胜利70周年，在2015年4月23日世界读书日这天，图书馆举办了新乡地方抗战文献展。展览以新乡人民积极抗战的史料文献，辉县人民抗日斗争史、抗日战争回忆录等为主要内容，共计160余册。其中有1939年日本出版的杂志《画报跃进之日本》《1939年获嘉县保卫团档案》《抗战时期新乡损失调查》等珍贵文献资料。

新乡家谱展。新乡地方文献整理中心收藏新乡地区的家谱有近200种，大多来自社会各界的热心捐赠，这些家谱中包含了大量的优秀传统家风家训家规。为了让更多的青年学子了解与欣赏优良的家风家训家规、发扬中华传统文化的精髓，2017年3月23日，图书馆举办了新乡家谱展，不仅吸引了大量的青年学子，还得到了社会各界人士的广泛关注。牧野区王村镇文化站杨观粮先生来到月展现场参观，并捐赠了新乡地方文献；新乡市红色收藏专业委员会顾问、红旗区政协文史委特邀委员尚学德先生也来到月展现场阅览，并对月展工作表示赞赏；有些热心人士通过"新乡地方文献捐赠与文化研究"微信群等途径得知月展消息后表示将到馆参观并捐赠家谱等新乡地方文献。

新乡地图展。新乡地方文献整理中心自成立以来，一直重视收集有关新乡不同时期、不同地域的地图，既有为广大读者提供科学或一般参考的通用地图，又有为各种专门用途制作的专用地图。目前，中心共收藏新乡地图近百幅，而且种类多样、时间跨度大，如中华人民共和国成立初期的《平原省分县详图》、1950年的《新乡市地图》、1955年的《新乡专区分县区划图》、1969年的《新乡地区图》、20世纪80年代的《新乡地区黄河故道沙区林业现状、造林设计示意图》、1989年的《晋冀鲁豫接壤地区交通游览图》、1992年的《获嘉县政区图》、2005年的《新乡市交通旅游图》、2016年的《新乡市地图》和《新乡市区图》等。这些地图绘就了新乡的综合性历史和文化，如远古遗址、疆域、政区、民族、人口、文化、宗教、农牧、工矿、近代工业、城市、旅游、交通、战争、地貌、植被、动物、气候、灾害等。为了让更多的读者走进这浓缩的新乡历史和文化，2017年4月17日，图书馆举办了为期两周的新乡地图展，赢得好评。

新乡地方文物展。2017年6月29日，图书馆联合获嘉县同盟古玩城举办了新乡地方文物展。展品是从获嘉县同盟古玩城藏品中精选出的代表性物品，共计30余件，既有自汉魏南北朝至明清时期的瓷器、铜器、石器，又有获嘉县小杨庄木版年画的原版及作品。小杨庄木版年画扎根获嘉本土，至今已有400余年的传承历史，于2011年入选"河南省非物质文化遗产"保护项目。其以神像为主要内容，以中堂、祭祀为主要用途，以构图饱满、色彩明快为艺术特色，流传于豫北地区，影响广泛。参观者可以零距离与这些文物接触，甚至可以将1000多年前的砚台拿在手中欣赏、品味。该展展示和弘扬了新乡优秀传统文化。

新乡票证展。为了让文物活起来，让广大新乡市民及青年学子了解新乡的发展历史，2017年12月21日，图书馆与黄玉海先生合作，举办了新乡票证展。展览筛选出1950年至1996年的票证进行展出，共计616件（枚）。这些票证有河南省人民政府发行的粮票、油票，平原省财政厅发行的婴儿保育证、干部保健证、老年优待证，新乡市人民革命委员会发行的糖票、烟票、煤票、肉票，新乡市人民政府发行的副食品票、回民购买证、布票、线票，新乡市北站粮管所化纤厂发行的湿面条票……共分为11个系列。这些票证，体积不大，重量很轻，看似其貌不扬，有的甚至有些破旧，但是它们如实地记录了新乡沧桑岁月的记忆，聚焦着新乡时代变革的脉络。此次展览为观众全景展示了票证上的"老新乡"，让参观者感受半个多世纪来的生活变迁。

三、井冈山大学图书馆

井冈山大学位于中国革命摇篮井冈山所在地——江西省吉安市，创办于1958年，其间历经撤并和数易校名，2003年7月经教育部批准，由原井冈山师范学院、井冈山医学高等专科学校和井冈山职业技术学院合并，组建井冈山学院。2007年10月更名恢复为井冈山大学，并成为省部共同重点支持建设的高校。井冈山大学图书馆也由原井冈山师范学院图书馆、井冈山医学高等专科学校图书馆和井冈山职业技术学院图书馆合并组成。吉安，位于江西中部，是举世闻名的中国革命摇篮——井冈山所在地，古称庐陵，自秦置县，迄今2200余载，素称"金庐陵""江南望郡""文章节义之邦"。吉安历史悠久，不仅具有独特的红色资源、丰富的自然资源，而且培育了享誉中华、光耀千秋的庐陵文化。庐陵文化作为一种地域文化，内容十分丰富，包括以新干县大洋洲商墓出土文物为代表的青铜文化，以享誉天下的吉州窑为代表的陶瓷文化，以江西三大书院之一白鹭洲书院为代表的书院文化，以禅宗圣地青原山为代表的宗教文化等，具有鲜明的地方色彩，在全国乃至世界上都有较高的知名度。尤其是涌现了欧阳修、文天祥、杨万里、刘辰翁、解缙、周必大、杨士奇等一大批享誉海内外的政治家、思想家、文学家、史学家。历代科举进士累计有3000余人，状元、榜眼、探花有52名，占江西的1/3，为全国之最。[①]

1.地域特色数据库建设

2013年，井冈山大学图书馆自建"庐陵文化文献资源数据库""宋代庐陵文化名人研究数据库"两个地域特色数据库，面向全校和社会开通使用，为宣传庐

---

① 王晓峰.游遍江西·吉安卷：井冈圣景.南昌：江西人民出版社，2014：6.

陵人文精神，推动庐陵文化研究添上了浓墨重彩的一笔。

"庐陵文化文献资源数据库"。吉安自唐末五代以降，文风鼎盛，宋明两代人才辈出，文天祥、欧阳修、杨万里、解缙等古代庐陵先贤，均为中国古代思想文化界翘楚。在他们的背后，古庐陵的宗教、儒学、书院、科技、民俗等文化内涵博大精深、悠久丰厚，成为赣文化和中华传统文化的重要组成部分。庐陵文化不仅书写过中国古代文明的辉煌，也以其深厚的爱国主义精神和浩然正气影响着当代中国的民族精神。"庐陵文化文献资源数据库"收录有关庐陵文化研究的原始文献、研究文献，展示与庐陵文化有关的图书专著、学术论文以及文物、建筑、风光、民居、民俗等多种类型资料，全面反映了庐陵文化研究进展，为海内外从事有关人物研究、儒学研究、教育史研究、建筑民俗等研究的学者提供研究平台，使庐陵文化精粹的积累、传承和创造在中华文化研究中得以充分彰显。该数据库的建设为推动庐陵文化研究、促进江西经济社会发展、宣传江西人文品质，具有重要的文献信息资源支撑意义。

"宋代庐陵文化名人研究数据库"。收录除中小学教材、普及读物、书法字帖等之外的所有与宋代庐陵文化名人相关的资料，汇集其生平简介、著述作品（分为诗、词、文、集——除单篇诗、词、文之外的所有作品）以及后人的研究资料（分为会议论文、学位论文、报纸载文、期刊论文、图书专著五个部分）等三个方面的文献。

2. "红""绿""古"三位一体阅读推广活动的实践与成效

井冈山大学图书馆针对在校大学生对中国优秀文化经典认识逐渐弱化的趋势，立足本校、井冈山及其周边地区独特的红色资源、丰富的自然资源和厚重的历史文化，围绕"红""绿""古"三个地方特色领域开展系列阅读推广活动。通过一系列主题活动，让知识活起来，让历史活起来，让环境活起来，让阅读推广工作从有限到无限，从无形到有形，引导读者正确地认识历史、环境和自己。鼓励大学生阅读经典，引导大学生树立正确的读书观，"好读书、多读书、读好书"，培育爱国、民族精神。

（1）以"红"色为主线开展的阅读推广活动。吉安作为革命老区，红色资源独特且丰富，以井冈山为代表的革命遗址遍布全市，拥有保存完好的革命旧址、遗址 425 处近千个点，其中国家级红色文保单位 2 处 28 个点，省级红色文保单位 17 处，市、县级红色文保单位 78 处[①]。与其他地区红色资源相比，吉安红色资源具有旧址众多、保存完好、范围较大等优势。井冈山大学图书馆通过多种形式，探索将井冈山的红色资源转化为大学生的教育教学资源。图书馆与团委、井冈山研究所联合组织学生读者参观井冈山精神展览馆、井冈山革命烈士陵园、井冈山博物馆等，现场感受井冈山斗争的全貌；重走红军挑粮小道，感悟领袖崇高风范；帮助井冈山研究中心建立图书资料室，规范管理程序；配合培训学院和红色文化研究与传承应用协同创新中心的工作；在图书馆视听室定期举办"红色电影周"；整理出关于井冈山斗争的馆藏纸本、电子图书 200 多种，将之推荐给校内读者和社会读者，并创建井冈山革命斗争文献书目，让广大读者更全面地了解井冈山的历史文化。

（2）以"绿"色为主线开展的阅读推广活动。吉安有着丰富的自然资源，全市森林覆盖率达 66%，水质和空气质量均保持在国家一类标准以上，被誉为"绿色家园"。全市有 6 个国家级、8 个省级自然保护区和森林公园，三度入选"中国特色魅力城市 100 强"，2007 年荣获中国人居环境范例奖，同年获得"中国优秀旅游城市"称号，2009 年入选"中国十佳和谐发展城市"，2013 年荣膺"江西省文明城市"和"全国绿化模范城市"称号。井冈山大学图书馆立足吉安地区丰富的自然资源，以"绿"色为主线开展系列活动，让环境活起来。定期为生态环境与资源研究所整理提供相关书刊，收集推荐前沿信息，为科技服务地方添砖加瓦。为生科院资料室加工图书，并调拨 10 余万元资金购买重点学科所需图书资料。和吉安市青原区农业局签订免费信息服务协议，随时为农业科技人员提供各种信息服务，促进地方农业产业的发展。在学校、社区举办"美丽吉安""庐陵古韵"摄影展，摄影作品主题鲜明，艺术感染力强，让读者领略到现代吉安美丽的风光和古庐陵昔日的辉煌。

---

① 吉安市旅游局."红、绿、古"三色游——魅力吉安.财经界，2006（10）：104.

（3）以"古"色为主线开展的阅读推广活动。吉安是古庐陵的发源地，在漫长的历史长河中孕育了优秀的庐陵传统文化。欧阳修、杨万里、文天祥、解缙等历代名士先贤名扬四海，不仅绘就了"隔河两宰相，五里三状元"的人文画卷，而且铸就了"人生自古谁无死，留取丹心照汗青"的精神丰碑。井冈山大学图书馆立足本地区厚重的历史文化，2015年以"古"为主线举办了庐陵历史名人展、庐陵古建筑文化讲座和"庐陵古建筑"摄影展等系列阅读推广活动。活动旨在校园中弘扬、普及庐陵文化，远绍欧阳修、文天祥、周必大等庐陵先贤的"道德文章"的千秋风范，近承井冈山的革命精神，感受古庐陵的风采和现代"美丽吉安"的魅力，坚持社会主义核心价值观，充分发挥图书馆的文化传播作用。

第六章

分地阅读推广馆刊

分地馆刊的功能与特色

主要分地阅读推广馆刊

分地馆刊的提升策略

随着图书馆阅读推广活动的蓬勃发展，图书馆创办的内刊内报（以下简称馆刊）如雨后春笋般涌现。这对于发掘、推荐馆藏好书佳作和地方文献、激发读者的阅读情意和兴趣、提高读者获取知识和学问的能力等，都有着积极的作用和重要的意义。作为导读兼地方人文类小杂志的地方文化与地方文献推广类馆刊（以下简称分地馆刊），特别注重乡土人文，尤其侧重多角度多层次地介绍本地文化，已经成为宣传本地的文化名片，是反映本地文化底蕴的重要阅读推广服务刊物。分地馆刊不仅将知识性与可读性融于一体，还特别注重地方文化和图书馆业务的有机结合，富有怀旧的乡土情怀和厚重的地方文明，充满浓郁的书卷气息和进取的人文精神，凸显浓厚的地方风情和高雅的文化气韵。当地的地理风貌、人文景观、故事传说等均在导读刊物中有所反映，不仅唤起读者对地方文献的重视和阅读兴味，也彰显了本地的深厚的历史文化底蕴。在栏目设置和内容的选择上，区域特色十分明显，在装帧设计与内容选摘上都充分体现了高雅的审美品质和深厚的文化内涵。从阅读推广的角度来看，无论是史料充沛的风土民情之纪实性华章，亦或是为读者所喜闻乐见的专栏专题，均能达到提供阅读、推动阅读、指导阅读、交流阅读的目的。

　　与图书馆界比较单调的学术期刊相比，分地馆刊更具亲和力与人文底蕴，它们虽然多是由图书馆主办，但都跳脱出了图书馆的范围，走向更广泛的社会。它们承担起了图书馆与读者、与知识界，甚至是与政府沟通交流的桥梁作用，极大地拓宽了图书馆服务的范畴，值得肯定与宣扬①。分地馆刊的蓬勃发展与锐意进取，为我国全民阅读活动的推广做出了重要、积极的贡献，为创建书香社会、提升全民文化素养汇集了强劲的智力支撑，为社会公众的沟通交流搭建了良好的平台，体现了当代图书馆人尤其是阅读推广人的责任、使命与担当。

① 胡北 . 小馆刊，大文化 . 公共图书馆，2012（3）：84-85.

分地馆刊的功能与特色

当前，馆刊已被越来越多的图书馆所重视，尤其自 2006 年全国范围内的全民阅读推广活动开展以来，无论是各地的公共图书馆还是高校图书馆均加大兴办本馆馆刊力度，在引导国民阅读、建设书香中国、促进行业交流、宣传本馆服务、营造社会文化、整理地方文献、发展馆读关系等方面发挥了重要作用，做出了积极贡献。馆刊特别是分地馆刊，是图书馆开展导读工作的主要途径之一，其在一定程度上已成为指引读者走进图书馆、通往图书馆各类资源的一盏明灯。该类馆刊有别于图书馆编辑的信息交流类刊物，主要是针对读者、图书馆界、图书馆员等进行阅读推广的刊物，不公开销售，以相互赠阅的方式获得，是用于辅助阅读推广服务的媒介，是结合本馆馆藏资源，针对服务对象而提供的阅读推广服务。

一、分地馆刊的功能价值

馆刊是图书馆宣传本馆资源和服务的有效媒介与重要载体，是与读者进行沟通的桥梁、培养人才的基地、学术研究的平台、文化传播的使者、记录历史的档案[1]，同时也是馆际合作交流的重要平台，具有一定的资料价值。由高校图书馆创办的导读性馆刊还对校园学风与文风建设发挥着重要的引领作用，是履行高校图书馆教育职能的重要工具。分地馆刊除具有上述馆刊所具有的功能外，还具有以下功能。

---

① 许勇. 试论图书馆刊的兴办价值与编辑理念. 世纪桥，2010（15）：138-139.

1. 推广地方文献，传播地域文明

地方文献是关于一个地区历史、地理、社会、政治、经济、文化、教育、自然资源、风土人情等的各种资料，包括地方志、历代地方名人著作及传记资料和地方出版物等，是某一地域的文化积淀和历史产物，具有很强的使用和保存价值①。分地馆刊的兴办与持续发展为推广地方文献，进而传播地域文明提供了新的平台与渠道。分地馆刊刊名、栏目名称、装帧设计、内容展现等均可体现当地地域文化。其所收录文章的内容以地方文化类作品为主，多与本地文献掌故有关，每期均会收录一些描述乡邦人物与乡土风情的文章，其中既有对前人著述中言及本地文献的重刊，也有今人对本地风物的深切追怀，从图书和读书两个角度普及本地文化，讲述当地故事，在推广地方文献与传播地域文明方面发挥了重要价值。为其撰稿的作者也大多是当地知名文化人士，为提升刊物影响力及其品牌建设打下了坚实的基础。通过阅读该类刊物所刊载的文章，读者会对当地地域文化、人文逸事、名胜古迹、民风习俗、地理风貌、乡土景观、故事传说等有一个大概的了解，会增长很多见闻、学到很多知识，进而深刻理解本地地域文明。

2. 抢救挖掘区域文化资源，保存传承我国书籍文化

分地馆刊的显著特色之一就是对地方文献进行挖掘、抢救、整理与弘扬，对当地历史文化与历史文献进行考订考述。此外，它以丰富的本馆馆藏地方文献资源为基础，以本地遗存的深厚历史文化积淀为依托，不遗余力地叙述着当地人、本地事与地方书，积极地推介区域历史文化，充满着浓郁的乡土气息，已然成为民众了解当地地域文化、本地文明与地方文献的一个不可或缺的途径与载体。同时，分地馆刊还会精选本地文化名人名作，放眼经典名著与文学佳作，带领读者品味原作精华、领略文坛万象，述说着书事渊源。来自各行各业热爱阅读的作者与广大读者分享了他们关于阅读的切身感受。分地馆刊也会收录一些对经典名著剖析的文章以及对有影响力作家作品的评论，专业独到的解析与评述有着持久的

---

① 何怡.天津、香港、福冈公共图书馆与地方文献.图书馆工作与研究，2005(5)：61-63.

影响力和强烈的感染力，给予读者深刻的思索与启迪。从而奠定了刊物厚重的基调，为保存与传承我国地方文化和书籍文化做出了积极贡献。

3. 立足当地，面向全国，宣传地方特色

分地馆刊多采集本地民俗文化之风，以民间为立场亲近乡土，品读当地经典、弘扬地域文明、展现地方特色，从而引领地域风尚、传承地方文脉，进而面向全国，可使五湖四海的读者领略本地文明、了解地域文化，对本地文化特色的宣传与推介起到了重要作用，是展现当地人精神面貌的一个重要窗口。分地馆刊注重发掘传播地方文化和刊载最新热点佳作，所刊文章多具有存史价值，可对本地文化名人的著作与著述进行很好的推广，可使读者更好地品味本地特色，从而吸引全国各地的读者来此体味地域风采，也对本地区的社会经济发展起到了一定的促进作用。分地馆刊在栏目设置、版式设计、内容选择上也都会有意识地突出当地元素，选取能够多角度、深层次、全方位反映本地文化特色的资料为素材，进而展现给来自全国各地的读者，其已然成为宣传本地特色的重要渠道，也为全国读者带来了厚重的文化气息。此外，分地馆刊的持续发行还拓宽了图书馆反哺社会的渠道与职能，与当地民众乃至全国人民形成了良好的互动，使图书馆与读者以刊物为桥梁而达到了相辅相成的"双赢"局面，形成了相互促进的良性循环。

此外，分地馆刊还在推介本馆馆藏资源、报道业界动态、揭示本馆工作、反映用户需求、促进读者沟通、宣传本馆形象、加强阅读推广、提供信息服务、建设本馆品牌、开展社会教育、发布行业资讯、推送本馆信息等方面发挥了重要作用，进而为建设书香中国、促进全民阅读、弘扬祖国文化、提升公众素养等做出积极贡献，发挥不可磨灭的价值。

二、分地馆刊的出版形式

1. 出版频次

当前分地馆刊的出版频次多为半月刊、月刊或双月刊，也有部分季刊或半年

刊以及不定期出版。绝大多数分地馆刊的出版周期较为稳定，能按照既定的出版周期有规律地连续组织出版。但是也有小部分出版时断时续，连续性较差，有时甚至会出现中断现象，究其原因，一方面主要为从事刊物创编工作的人员变动、岗位调整或其他临时因素所导致，另一方面则是由于图书馆工作所具有的阶段性特征，刊物的出版也会随本馆工作进度适时而定。

2. 办刊模式

分地馆刊的办刊模式主要有以下三种：图书馆独立主办，图书馆与其他单位联合主办编刊，图书馆作为承办方参与编刊等。每种办刊模式各有优点。与书友协会合作办刊的部分刊物，便可以书会友，定期开展读书分享会，为读者交流读书心得、交换读书体会、分享阅读趣闻、沟通思想情感等搭建了一个面对面互动的平台与桥梁，如此便能最大化地发挥刊物的价值与作用。

3. 栏目设置

在栏目设置上分地馆刊多侧重于挖掘和弘扬本地优秀而深厚的文化底蕴，以体现地域文化、反映地方文明、凸显风俗民情风貌和人文地理风采。此外，刊物还会定期或不定期地设置各类不同形式、内容丰富的专题或开辟新的栏目与特稿专辑，以喜闻乐见的方式反映时下当地民众关心的与本地相关的人文逸事或文化时事。为了体现刊物的灵活性，有些刊物并无固定栏目，栏目名称是随着刊物内容的变化而变化的，与之对应的是其刊登文章的主题内容，并非既有的栏目名称，这样可能会出现文稿随机编排，结构较为松散，逻辑思路不通，内容缺少互相联系等问题。栏目名称往往与刊物的整体风格相似甚至相同，读者从中便可了解与解读刊物定位与风格，栏目数量的设置因刊而异，大多为6至8个。

4. 编刊风格

分地馆刊大多采用书香与人文并茂的编刊风格，以体现地方特色、推介地域文化。刊物的装帧设计流露出地方文化底蕴的平淡悠远与气韵萧疏的人文雅韵，从内容与设计上突出刊物自己的风格与特点，无论是装帧设计或是内在品质均凸显了高雅的审美品质和深厚的文化内涵，希望该类刊物再接再厉，能够积极整合各类资源，调动一切可能的手段和设计元素来满足读者在知识、文化、审美、趣味等多方面要求。

5. 发行方式

分地馆刊在发行纸质印刷版的同时，也有不少以电子版的形式在本馆主页上发布或提供下载，方便读者在线阅读。电子版馆刊常用的文件格式主要有PDF、图像和文本格式等，PDF与图像格式的电子馆刊显示效果可以与印刷版保持一致，版面美观、便于浏览、安全性高，但只适合于静态文件浏览；图像格式能够放大、缩小，但显示效果有时不太清晰；文本格式虽然会出现与印刷版馆刊版式不同的现象，但其显示效果和兼容性较好，占用磁盘空间少，便于实现复制、链接和检索的功能。但是电子馆刊也存在回溯数据不全、缺期、缺刊等问题与现象，有的也只提供近期的馆刊，读者无法清晰了解馆刊的历史活动过程和全貌，甚至找不到所需文章。[①]分地馆刊的索阅方式较为丰富，均可在创办本刊的图书馆内免费取阅，大多数图书馆还以邮寄的方式免费将刊物赠予其他图书馆和有阅读意向的个人，或放置于当地新华书店等合作单位处免费向社会公众公开发放赠阅。

---

① 沈筱璇.高校图书馆馆刊网络调查与分析.现代情报，2007（2）：106-108.

第二节　主要分地阅读推广馆刊

一、《秀州书局简讯》

1993 年，嘉兴市图书馆在馆内创办了一个后来名动全国乃至在世界上都有一定影响力的小书店——秀州书局。该书店由范笑我先生主持，他是一位对文化非常热心的人士，与全国文化名人如冰心、张中行、黄裳等人均有来往，这些文化老人有在当地寻找不到的图书时，就会给范笑我先生写信，拜托他来搜寻自己需要的图书。而范先生则将这些与各地文化人来往的信息，通通记录下来，编成一份份的简讯，取名《秀州书局简讯》（创办于 1994 年 4 月 15 日），起先是油印，后来改为打印，装订后邮寄到全国各地的文化人手中。渐渐地，《秀州书局简讯》成为全国文化人交流的一个平台，在 20 世纪 90 年代网络尚未兴起的时代，这是一个极其重要的文化交流平台，发挥了沟通全国文化人的重要作用。

《秀州书局简讯》每月一期，16 开，一期只有三四页。由于该刊所收录的文章字里行间氤氲着浓郁的知识性、地域性、趣味性、资料性，因而深受书界人士的喜爱。自创刊以来，好评如潮，冰心、萧乾、黄裳、姜德明、龚明德等著名作家、藏书家纷纷为它题字写信，分别以各自不同的方式，对它表示着热情的支持与鼓励。《秀州书局简讯》具有

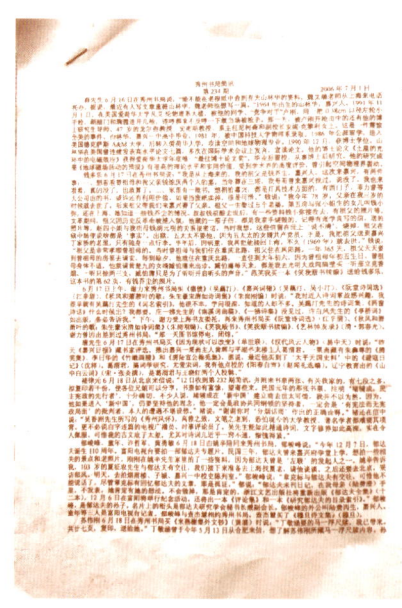

《秀州书局简讯》第234期

一定的地方色彩。嘉兴文化底蕴深厚，我国历史上第一部小说《搜神记》及其作者干宝便诞生在嘉兴。20 世纪以来，嘉兴文学大家层出不穷，如茅盾、丰子恺、徐志摩、朱生豪、金庸等。也许正是基于此，范笑我先生在《秀州书局简讯》中很重视对有关嘉兴的文化信息的搜寻、整理和积累工作，读者时常可以从中读到有关嘉兴的一些资讯。总而言之，《秀州书局简讯》是闲适的、有味的，闲读这样的文字时，就像在炎热的夏天坐在树荫下听一位老人絮絮叨叨地闲谈一样，让人感到了别样的舒服和惬意。惜 2006 年书店停止营业后，《秀州书局简讯》也随即停刊，成为绝响。

二、《温州读书报》

《温州读书报》创刊于 1997 年 1 月，由浙江省温州市图书馆、温州市图书馆学会主办，八开四版，每月一期。《温州读书报》定位明确：立足温州，面向全国，瞭望域外。编辑原则：一是注重信息量，更注重思想性；二是注重可读性，更注重可靠性。报虽不大，但文章却短小耐读，且内容多与温州本

《温州读书报》

地文献掌故有关，深受读者广泛好评。一版《文讯》，反映书界新闻和出版动态；二版《书窗》的《精品书廊》和《书刊选摘》子栏目开拓读者视野；三版《书香》分享读者读书体会；四版《瓯风》细数温州历史，各版之间内容虽有交叉，但分界比较清晰，便于读者浏览和作者投稿。

《温州读书报》创办 20 余年来，伴随着社会的进步而不断成熟。自创刊以来，《温州读书报》致力于传播地域文化，推介历史文献，激发读者的阅读兴趣，为营造书香社会添砖加瓦。它拥有一支稳定的作者与读者队伍，形成了比较鲜明的

特色，成为展现温州图书馆人乃至温州人精神面貌的一个重要窗口、介绍区域历史文化的一张鲜活名片，在社会上赢得了良好的声誉，产生了深远的影响。作为传播信息、沟通思想、交流文化、陈述观点、反馈意见的公共平台，《温州读书报》日益受到广大读者的关注和认可，得到了他们的信任与支持。

《温州读书报》充分发挥其优势，依托温州市图书馆丰富的馆藏资源，优选精编，促读者反思，给读者以启发；形成特色，自觉以抢救挖掘区域文化资源为己任，不遗余力地推介温州历史文化。《温州读书报》的持续发行，不仅与图书馆征集地方文献、开展学术工作和举办社会活动等日常业务相互促进，形成良性循环，而且拓宽了公共图书馆反哺社会的渠道与职能。

三、《温州通史编纂通讯》

《温州通史编纂通讯》创刊于 2011 年。除编纂动态外，《温州通史编纂通讯》还开辟了《史事考订》《文献丛谭》《学林忆往》《人物天地》《专题索引》等主要栏目，刊物围绕温州人、温州事、温州书，挖掘刊布史料。其收录的文章内容多集中于对有关温州历史文化与历史文献的考订考述。

《温州通史编纂通讯》

四、《濂溪》

九江学院图书馆馆刊创办于 2005 年 9 月，起初的刊名为《图书馆工作简报》，随后于 2010 年 10 月在总第 20 期的时候将其更名为《濂溪》，为内部正式刊物。《图书馆工作简报》侧重于图书馆工作，《濂溪》则越来越侧重于阅读推广。刊物主要设有《卷首语》《我与图书馆》《读书那些事儿》《木犀轩谭》等栏目，于2017 年新增《国学经典研读》和《雄辩高谈》栏目。之后每期根据稿件情况选择其中栏目或开辟新专栏。特色栏目《木犀轩谭》依然保留，旨在讲述九江的名胜古迹，同时展示和推荐九江学院图书馆的特色馆藏，弘扬和挖掘地方文献。新增的特色栏目《雄辩高谈》，主要收辑群讨论、线上线下的交流，有关治学、品书或就某个专题各抒己见的聊天记录，既接地气，

《濂溪》

又分享读者的智慧和其中滋味。《国学经典研读》主要刊载学校国学班的原创性佳作。《读书那些事儿》刊载书评、读后感和读书故事等；《我与图书馆》则主要展现读者与图书馆之间发生的故事，抒发与图书馆之间的情感。

随着馆刊网络版的发行，《濂溪》将在更大范围内为读者传递治学、书评、读后感、读书故事等信息，从图书和读书两个角度讲述九江特色故事、传播九江地域文化，成为读者谈天聊书、交流学习心得、碰撞思想火花的一个重要平台，成为大家了解九江学院图书馆及其读者的一个不可或缺的途径。《濂溪》目前有纸质本、网络版和微信公众号推送三种形式，未来将发掘更多的宣传渠道。

五、《水仙阁》

《水仙阁》（季刊）杂志是由浙江省海宁市图书馆、海宁市旅游行业协会联合主办创编的一份地方文献导读类小杂志，创刊于2007年，是中国阅读学研究会、中国图书馆学会阅读推广委员会指定为"书香园地"期刊之一。该刊栏目设计颇具匠心，目前设有《文献一勺》《特稿专辑》《海宁人物》《藏书春秋》《文史随笔》《读书台书话》《水仙阁雅赏》《馆情动态》等主要

《水仙阁》

栏目。

《水仙阁》杂志主要介绍海宁当地的名人文化资源、藏书读书文化、图书馆讲座、阅读推广活动等，收录的文章内容充满浓郁的乡土与人文气息。该刊办刊品位高，内容图文并茂，版面清晰疏朗，留存海宁文化影像，特色鲜明，亮点突出，在众多图书馆馆办内部刊物中颇有特点、别具一格。它以海宁市图书馆丰富的馆藏地方文献为基础，依托本市深厚的历史文化积淀，不仅反映了图书采购、借阅、新书推荐、藏书研究等图书馆日常工作，也体现了读者对地方人文的深切关注。

六、《尔雅》

《尔雅》原是我国最早的一部考释古代词义名物的书，现存 19 篇。《尔雅》是词典，也是儒家经典"十三经"之一。所谓"尔"是近乎正的意思，"雅"就是"雅言"，指特定时代官方的规范语。《尔雅》由词典而经典，它是中国书籍文明的一种象征，象征着个人学养的书卷气，家庭教养的书香味，乃至社会修养的书文化。此外，明代太仓籍大文学家、史学家王世贞的私家藏书楼亦以"尔雅"命名。

《尔雅》

2008 年春，以"尔雅"作为刊名的由太仓图书馆编辑出版的自办地方文化与导读类公益性刊物正式创刊。作为乡土人文导读型杂志，《尔雅》的一个显著特色就是对太仓文献的挖掘与整理，刊物以积极保存和传承我国悠久厚重的书籍文化与太仓辉煌灿烂的地方文化为己任。该刊被中国图书馆学会阅读推广委员会指定为"书香园地"期刊之一。

《尔雅》杂志有《乡土》《书卷》《初生》《尘世》等四个主要栏目，内容多以太仓历史文化、书评书话类文章和导读书目为主。《尔雅》杂志每两月出版一期，每期收录一些描述乡邦人物与乡土风情的文章，其中既有对前人著述中言及太仓的文献重刊，也有今人对太仓风物的追怀，发表的文章大致包括以下内容：娄东乡土民俗人情的回忆性散文，太仓历史文化的随笔性文字或是研究性文章以及太仓文化活动风貌的各种文讯；有关在太仓图书馆、乡镇文化站图书室等读书的回忆性文章；外地人士所写有关太仓的文章和太仓人所写的有关历史人文的文章；太仓名家、普通读者的书籍推荐、藏书经历、以书会友等内容；对可读性、思想性、文艺性、知识性等俱佳的各种新书、好书的评价，等等。《尔雅》杂志装帧设计流露出平淡悠远、气韵萧疏的人文雅韵，刊名"尔雅"二字别具匠心地设计成了书签的形式。其熔书卷雅气和乡情趣味于一炉，已得到了众多爱书之人的首肯。

七、《宁阳读书人》

《宁阳读书人》由山东省宁阳县图书馆编印，该杂志自 2011 年 4 月创刊以来，遵承"图书推介、阅读推广、文化传承"三位一体的办刊理念，立足地方文献，力求雅俗共赏，采取形式美与内涵美相结合的设计风格，图书推介导读的定位清晰，同时注重发掘传播地方文化和最新热点佳作，着力激发读者阅读兴趣。刊物如年有四季般分为春、夏、秋、冬四卷，一季一刊；每期突出一个主题，内容丰富充实；开本为 32 开，便于手拿传阅；装帧设计独

《宁阳读书人》

具匠心，精益求精。每期印制 1500 余册，发放范围覆盖全国 20 多个省市，具有鲜明的地方特色，为国内众多书友所喜爱并收藏。在建设学习型图书馆、加强馆际合作、推广全民阅读、提升宁阳县读书藏书氛围、促进文化交流等方面发挥了积极、重要的作用。

八、《籀园》

《籀园》是温州市图书馆创办的地方文化宣传与阅读推广类小杂志，16 开，每期约 88 页。《籀园》始创于 20 世纪 40 年代，由原温州市籀园图书馆刊发，曾为本邦图书馆事业做出突出贡献。该刊创办于 1940 年 4 月 30 日，终刊于 1941 年 3 月 31 日。

为继承先人业绩，发扬业界优良传统，推动温州市图书馆事业持续发展，2011 年温州市图书馆决定重新刊发《籀园》馆刊。新刊《籀园》为季刊，辟有"业界资讯""活动长廊""业务探讨"

《籀园》

"馆员天地"和"读者之窗"五大板块，下设有《温图动态》《分馆专递》《信息窗》《文化展厅》《籀园讲坛》《活动集锦》《社团活动》《统计分析》《探索与实践》《琅嬛走笔》《一瓣心香》《馆员抒怀》《籀园旧影》《馆员风采》《我与温图》《书人书事》《东瓯往事》《悦读空间》《品书录》等栏目，同时有《咨询台》《新书架》《借阅排行榜》《万花筒》《广角镜》《编读之间》等作为补遗。"服务大众、促进交流、倡导全民阅读"是办刊的宗旨，新刊《籀园》将一如既往地以"推广读书治学的风气，辅助国民教育的普及，提高民族文化的水准，增进人类生活的幸福"为己任，不断呼唤知识的春天。

九、《味书轩》

2014 年，在嘉兴图书馆建馆 110 周年之际，图书馆决定重新创办一份地方文献与阅读推广类的小杂志，取名"味书轩"，其名化用自明代嘉兴文人李日华的书斋名"味水轩"。该刊供内部交流，免费赠阅，其内容主要收录与本地文献、文化相关的文章。自 2014 年 7 月《味书轩》编出试刊号以来，后续还编有"纪念来新夏先生""纪念吴美娟女士""2014 年好书有约""纪念陶诚益先生""嘉图被劫善本抄本目录""吴藕汀药窗词画""2015 年好书有约""庄一拂逝世十五周年""纪念许培基先生""2016 年好书有

《味书轩》

约""许瑶光诞辰 200 周年文献整理"等内容丰富、形式多样、特色鲜明、底蕴厚重的专题。该刊内容以书评和嘉兴地方文献与地方文化类作品为主，作者也大多是嘉兴本地文化人士，受到了广大读者特别是本地一些老年读者的欢迎。若杂志未能按时编辑出来，这些读者便会时常来到图书馆咨询编辑进度，关心之情溢于言表，这也是对杂志的一种激励和鞭策。

十、《吴风书韵》

全民阅读推广活动已成为社会共识，政府高度重视，读者普遍接受。在此背景下，无锡科技职业学院图书馆高度重视阅读推广工作，依托与地域文化的高度融合，创立"吴文化书院"品牌，并以此推进图书馆"六个一工程"即吴文化书院专题库、吴文化书院大讲堂、吴文

《吴风书韵》

化书院读书台、吴文化书院读书会、吴文化书院博客圈、吴文化书院导读刊物建设，开展两大系列阅读推广活动即"新生阅读季"和"校园读书节"，赢得了校园师生的一片赞誉和一致好评，为校园文化建设和校园的社会美誉度做了一定的

贡献。《吴风书韵》导读内刊由无锡科技职业学院吴文化书院创办于 2014 年 10 月，为吴文化书院院刊，后转由无锡科技职业学院图书馆主办，刊物办刊宗旨为：采吴地民俗文化之风，集校园书香阅读之韵。刊物以图书馆文献资源和阅读服务为基础，弘扬吴地地域文化，培育校园书香氛围，搭建读书交流平台，铸造园区办学特色。

刊物在推广校园阅读、传递学院文化与形象等方面做了积极的尝试和有益的探索，赢得了校内外老师和图书馆界同行的广泛关注和一致好评，在高校图书馆界多次被专家就"立意新，栏目准，抓手好，推动校园文化建设"方面给予肯定和推介，在 2015 年 9 月成都召开的中国图书馆学会的阅读推广峰会上和同年 12 月召开的江苏省高校图书馆发展论坛上得到了与会专家的表扬和举荐。该刊在中国图书馆学会于 2016 年 7 月组织的全国图书馆"阅读刊物的阅读推广实例"征集活动中获得三等奖。惜今已停刊。

十一、《读书台》

《读书台》是常熟市图书馆于 2014 年创办的阅读推广类内刊，设有《卷首语》《特别推荐》《守望人文》《经典常谈》《马上读书》《铁琴铜剑》《游文书院》《书台怀古》《虞阳说苑》《温故知新》《新书架》《汲古阁》等主要栏目。《读书台》以"读书育人、读书树人"为办刊宗旨，是一本个性突出、特色鲜明、颇有韵味的阅读推广类杂

《读书台》

志，栏目的设置、版式的设计均突出常熟元素，所刊文章很多具有存史价值。

《读书台》是中国图书馆学会阅读推广委员会和中国阅读学研究会共同指定的"书香园地"之一，以充实鲜活的内容、新颖独特的视角、深沉动人的力量、

新锐进取的姿态作为办刊的指导思想。创办阅读推广类杂志《读书台》，希望能为构建"书香常熟"、推动全民读书活动的开展做出贡献。自2016年起，常熟市图书馆大力推动《读书台》立体办刊的创新项目，以《读书台》为基础，以立体阅读为核心，打造全方位、立体化、多层次的立体阅读模式。具体从四个方面进行创新推广：一是推出"读书台"系列文丛，形成"读书台"品牌；二是定期开展名家课堂活动，加强阅读指导；三是开展读者沙龙活动，建设读者团队，加强朗诵分享力度；四是开展阅读实践，通过阅读课堂、才艺展示等形式引导少年儿童多读书、爱读书。《读书台》立体阅读推广活动，是原有平面阅读模式的延伸，促进了图书馆事业的发展和公共文化服务效能的提升。

十二、《天一文简》

宁波市图书馆馆刊《天一文简》创办于2016年11月，初名"好书"，是一本导读类内部双月刊物，设有《书话书评》《原汁原味》《书里书外》《甬上旧事》《书人书事》《好书推介》等栏目。2017宁波读书周期间将其更名为《天一文简》。"简"者，一曰"简牍"，即纸张发明以前图书的形式、文化的载体；二曰"简约"，以精炼的文字、精深的读解，为读者推介经典好书，传承书香文明。该刊以普及性、知识性和可读性见长，既关注阅读的现实话题，又追寻阅

《天一文简》

读的历史脉络；既有原创的书人、书事、书话、书评文章，又有利用图书馆丰富的文献资源和独有的检索工具提供的信息。

《天一文简》的《书话书评》栏目所收录的文章，汇集了对宁波本地著名作家以及非甬籍作家的经典作品的评论与解说，内容多反映对本地当下热门作家的创作风貌与国内外名著的解读，网罗了众人对作品的不同理解；《原汁原味》栏目精选国内外著名作家的优秀作品，选取其中精彩片段，文体涉及散文、杂文、

小说等诸多体裁，带给读者愉悦阅读感受的同时也给予他们思辨的理性思考；《书里书外》栏目收录名家名作以及与阅读相关的文章，带领读者聆听书事述说、博览文坛万象，其内容多揭示书中社会与现实生活之间的联系，从中不仅可以领略作家与作品的见闻逸事，而且可以从其丰富的内容当中掌握一定的阅读技巧；《甬上旧事》是专门为宁波的人文、历史开辟的栏目，重在挖掘地方历史文脉，寻找本地文化记忆，其内容涉及甬上藏书故事、古籍与民国图书的书影书录、甬籍文化名人与书的故事等反映宁波人文历史的文章，将与宁波本地有关的文艺话题娓娓道来，令读者在倾听宁波旧日时光的风采时更加深入地了解宁波地域文化；《书人书事》栏目推介的是富于传奇色彩的人物故事以及严谨的考学，使刊物散发着深邃的思想光芒与厚重的历史文化底蕴；入选《好书推介》栏目的作品，读来耐人寻味、令人深思，给读者以深刻的启迪与深切的感悟。

十三、《凤麓之语》

宁波市奉化区图书馆馆刊《凤麓之语》创办于 2016 年 7 月。该刊为季刊，主要设置《馆内外活动》《凤麓讲堂》《春芽故事》《新书导读》《读者心语》《图书史话》《灯下聊书》《地方文献》等栏目。《凤麓之语》全方位报道奉化区图书馆的发展动态，介绍本馆的资源与服务，为读者与图书馆搭建了一个良好的沟通桥梁，使其可以更加便捷地与图书馆进行互动，也便于图书馆展示本馆工作与资源利用情况，如此读者就可以更加全面

《凤麓之语》

地了解图书馆。此外，《地方文献》栏目是该馆推广地方文献、弘扬地域文化的重要阵地，刊载有诸如《西坞街道村庄地名史说》《蓼斋遗梦》《多彩晦溪，养在深闺人未识》等文章，深得民众赞誉，深受读者喜爱。

十四、《梧桐影》

当前还有一批活跃于民间的读书组织，亦进行分地阅读推广，创办分地导刊，如民间读书组织梧桐阅社的《梧桐影》、问津书院的《问津》、上林书社的《上林书社》，地域特色鲜明，内容丰富，对图书馆分地导刊的编撰极具参考价值。以《梧桐影》为例于本节文末与读者分享。

《梧桐影》

梧桐阅社是由浙江省桐乡市读书人、爱书人，以及所有人文艺术爱好者自发组织的民间读书社团，以"以书会友、以友辅仁，分享悦读、传播书香"为宗旨，致力于阅读推广和地方文化研究。

社刊《梧桐影》是会员作品展示与交流的平台，集中体现了梧桐阅社的办社宗旨。该刊设立《芸窗书谈》《书林折枝》《江南拾遗》等六大栏目，不仅包括隽永的书评书话，也有清新的读书随笔。每期《梧桐影》出刊后，均放在桐乡市图书馆和新华书店等处免费向社会公开发放，或寄往全国各地。读书界名家傅璇琮、钟叔河、丰一吟、姜德明、扬之水、陈丹青、小思、陈子善、钟桂松、徐雁等均给予热情支持，相关媒体和书友纷纷撰文评论达数十篇之多，产生了良好的社会效应与广泛的社会影响。

分地馆刊不可替代的价值毋庸置疑，但是我们也不能忽视分地馆刊在建设过程中存在的问题，只有重视其价值且对其存在的问题直言不讳，该类馆刊才能生机勃勃、充满活力，进而才能可持续发展，为建设书香中国、推动全民阅读贡献力量。

对于图书馆来说，推动民众阅读的导读性报刊，理应得到图书馆倍加重视。然而部分图书馆，尤其地处较为偏远的图书馆尚未认识到馆办阅读导刊对推动全民阅读所起到的重要作用，对其不予重视，甚至认为可有可无。聂凌睿在调查中发现，有创办该类刊物的图书馆普遍尚未理性认识到此类刊物的重要性和工作量，部分图书馆甚至只是将刊物视为"面子工程"之一，并未配备专职人员专门从事馆办导刊的编辑工作，没有将具体的刊物编纂工作落到实处[1]，虽该调查至今已6年有余，但是其所反映的现象与暴露出的现实问题目前依然存在。此外，刊物定位不明确、特色不鲜明、获取渠道单一、互动欠缺、稿源不足、稿件质量平庸、编排随意等问题也亟待解决。

各级各类图书馆馆办刊物，因其办刊宗旨、目标定位的不同而发挥着不同的作用与价值，且被分为不同的类型。虽种类不同、价值各异，但同作为图书馆自办的刊物，必然有诸多相同之处，因此各类馆办刊物之间也定有可相互借鉴、相互联系的方面。尤其在解决当前馆刊存在的问题方面可借鉴的内容就更多了，因为同为馆办刊物，其面临的问题与存在的不足也都大同小异，多为馆刊普遍存在的问题，有很大的重合度，甚至基本上是一致的。所以分地导刊的提升策略，可

---

[1] 聂凌睿. 基于全民阅读推广的"非正式出版"的图书馆所编"小杂志". 南京：南京大学，2013.

以当前馆刊的提升策略作为参考与借鉴。

因此，我们通过研读当前研究馆刊提升策略的文献，提取了诸多文献中谈及的针对当前馆刊存在问题的解决方案，以及指明馆刊下一步创新发展的路径与对策，期望为分地导读类馆刊的提升给予一定的启示。各文献中具体的建议与策略详见下表。

图书馆馆办刊物质量的提升策略表

作者	策略	作者	策略
王洪波[1]	领导层面要重视网络电子馆刊建设	林晓青[2]	加大投入，解决经费问题
	馆刊定位要清晰明确		主动出击，解决稿源问题
	办刊要精心策划和组织		办出特色，解决栏目设置问题
	加强馆刊内容建设，突出特色		加强培训，解决编辑素质问题
唐淑香、孙娟[3]	馆领导要重视馆刊的编辑出版工作	聂凌睿[4]	进一步明确办刊宗旨和发展方向
	加强西部地区高校图书馆馆刊建设，缩小地区差距		整合作者资源，广开稿源，提高刊物编辑水平
	关注馆刊的多样化		加强对馆办"小杂志"的推广，亲近读者

① 王洪波. 辽宁省高校图书馆网络电子馆刊的调查与分析. 图书馆界，2014（3）：89-92.
② 林晓青. 国内图书馆内刊内报的现状调查分析——以2014中国图书馆阅读推广类十佳内刊内报为例. 新世纪图书馆，2014（11）：36-39.
③ 唐淑香，孙娟. 高校图书馆馆刊现状与启示. 图书馆研究，2009（3）：121-122.
④ 聂凌睿. 公共图书馆馆办"小杂志"调查与分析. 国家图书馆学刊，2012（6）：62-67.

（续表）

作者	策略	作者	策略
李玉艳①	明确办刊宗旨	沈筱璇②	规范性与灵活性
	保持刊物的灵活性		突出特色
	注重读者参与		编辑与编辑工作
	明确受众定位		稿件质量
	突出特色风格		网络技术的应用
	注重编辑工作	许勇④	运作规范
陈伟华③	定位明确		特色鲜明
	办出特色		主编精干
	充实稿源		稿件上乘
	丰富栏目		平台多样
	扩大宣传渠道	孙怡然⑥	明确馆刊宗旨特色
	提高编辑人员水平		多方征集优质稿源
姜传毅、董婷婷⑤	广开稿件渠道		注重馆刊编校与出版的规范化
	整合地区资源		拓展发行渠道
	加强各界推广		建立读者反馈机制

① 李玉艳.图书馆阅读推广类馆刊调查分析.情报探索，2014（12）：106-109.
② 沈筱璇.高校图书馆馆刊网络调查与分析.现代情报，2007（2）：106-108.
③ 陈伟华.图书馆阅读内刊发展策略研究——基于国内图书馆主要阅读内刊调查分析.内蒙古科技与经济，2017（9）：116-117.
④ 许勇.大学图书馆馆刊的现况调查.上海高校图书情报工作研究，2009（4）：14-18.
⑤ 姜传毅，董婷婷.新时代公共图书馆馆刊的调查与分析.河南图书馆学刊，2015（10）：40-42.
⑥ 孙怡然."211工程"院校图书馆馆刊现状调查与分析.河北科技图苑，2014（1）：69-71.

从表中可以明显地看出，诸位学者分别从不同角度为提升图书馆馆刊质量水平提出了自己的对策与建议，总的来说这些建议可以归纳为以下几点：刊物定位、读者受众、风格特色、稿件质量、编辑水平、栏目设置、推广宣传、灵活规范、组织策划、平台建设、领导重视、经费问题。

分地馆刊的质量提升与进一步发展也可以上述归纳的几个方面为方向进行努力。在此基础上，还要注重对馆刊进行包装与宣传，以增强馆刊的可读性与亲民性，不能让读者感觉馆刊的内容晦涩难懂，以至于对其敬而远之。此外，如何将地方文献、地域文化、本地文明与当前人民群众所关心的事情结合起来并通过分地馆刊以更加接地气的方式表达出来，值得所有地方文献类导读刊物思考。

同时，地域之间馆刊发展的不平衡与不充分也应该引起足够的重视。对当前分地馆刊的调查结果显示，此类刊物的兴办目前主要集中在像浙江、江苏、广东等经济条件较好的沿海地区，且以县市级图书馆为主，而其他地区的分地馆刊建设还相对落后。因此，在今后的分地馆刊的建设中，要对这种地区之间发展不平衡、不充分的状况引起重视，进行有力而有效的协调，给予较落后地区更多的机会与支持，使全国各地的人民群众都能阅读到反映本地文化特色、体现本地历史文明的导读刊物，进而为全民阅读战略贡献地方馆刊应有的力量。

第七章

新世纪以来分地
阅读推广活动推介

新世纪以来，公共图书馆、高校图书馆均开展了丰富的分地阅读推广活动。本章按照时间顺序，撷取了部分颇具特色且易借鉴的分地阅读推广活动，以飨同好。

一、塞上人文论坛（宁夏回族自治区图书馆，2014）

2014 年，宁夏回族自治区图书馆推出了大型公益讲坛"塞上人文论坛"。该论坛的重要使命之一就是全力推荐本地区回族名人、回族人事迹以及重要回族文献，并向读者推荐回族古籍文献的主要目录，成为宣传回族历史、弘扬回族文化、传播回族优秀文献知识的重要渠道。截止到 2017 年 5 月，论坛开讲近 80 场，参与听众多达 2.5 万人次。

二、笑我先生及其品牌服务（嘉兴市图书馆，2006）

嘉兴市图书馆馆员范笑我先生（笑我系笔名），自 2006 年 10 月起专事地方文献的征集与咨询，逐渐成为嘉兴市图书馆的一个品牌。范笑我先生同时还是上海图书馆设立的"网上联合知识导航站"下属地方文献咨询员。由于其博客在文化圈内有着较高的知名度，相对于图书馆网站上的来访人次及咨询数量，访问其个人博客的人更多。自微博兴起后，他把博客与微博的账号捆绑在一起，互动更为快捷方便，加上即时通信工具，让读者能及时实现与专家面对面交流。有请其帮忙查询资料的，也有人是来交流信息的，如某地挖到了什么石碑，自己又发现了某一条资料，或者买到了几部地方文献等。如遇到本馆无藏的地方文献，他还会说服拥有者让图书馆复制一份，借此收集到一批稀缺的地方文献。除了从事地方文化研究的人向范笑我先生咨询外，一些文化项目的建设也会请他出谋划策。

近年来，嘉兴兴建的一批名人纪念馆，如龚宝铨、王蘧常、沈钧儒、沈曾植等，范先生都全程跟踪进度，收集、挖掘、整理、提炼有关资料，为顺利建馆尽心尽力。自 2006 年 10 月起，笑我先生的笔记从"秀州书局"更名为"笑我杂记"，专记每日所得。因其不但将所见所闻所历记录在案，还摘抄所获资料，故为后人留下了内容丰富、线索清晰的一手与二手史料。①2010 年后，他又在新浪博客开设了"听讼楼"博客空间，内容承继《秀州书局简讯》。2018 年 1 月，又新开设新浪"听叩楼"博客，继续地方文献资料的整理记录。截至 2018 年 3 月底，其新浪博客访问量超过 138 万人次，天涯博客访问量超过 417 万人次，"听叩楼"博客访问量超过 3 万人次。

三、楮墨传香，盛世遗珍——烟台市珍贵古籍联展（烟台图书馆，2012）

2012 年 10 月 29 日至 11 月 7 日，烟台图书馆与烟台市古籍保护中心联合在烟台图书馆内举办了"楮墨传香，盛世遗珍——烟台市珍贵古籍联展"。展览采用写真挂轴的形式，每幅挂轴展示一部珍贵古籍，共展示珍贵古籍 60 部，每部古籍都有书影展示及版本介绍。展览共分宋元善本、明清善本、内府刻书、套版印书、胶东文献五大部分。图书馆展览结束后，联展在烟台市各县市区图书馆举行巡回展出。2014 年 11 月 3 日至 11 月 30 日，烟台图书馆再次在馆内举办了"楮墨传香，盛世遗珍——烟台市珍贵古籍联展"，之后又在烟台市及山东省省内高校图书馆举办巡回展出。同时，烟台图书馆还通过与《烟台日报》等当地主流媒体合作，加大本土人文资源的宣传推广力度，收到了良好的社会反响。

---

① 沈秋燕.总分馆体系下的地方文献工作创新实践与探索——以嘉兴市图书馆为例.图书与情报，2013（3）：112-114.

四、巴人读书节（宁波市奉化区图书馆，2012）

巴人（1901—1972）原名王任叔，宁波市奉化区大堰镇大堰村人。诗人、小说家、剧作家、杂文家、文艺理论家、鲁迅研究家、翻译家，中华人民共和国成立后任中国驻印度尼西亚首任大使。巴人身上的爱国主义精神及行为规范、思想品质等，都是值得学习与弘扬的。奉化区图书馆不仅设立名人特藏文献室——巴人纪念馆，还于 2012 年 4 月，启动了巴人读书节。该活动每两年举办一次，每届都有特定主题，至今已举办四届，参与人数达 20 余万人。2017 年被评为宁波市第三批公共文化示范项目。

五、尺素乡情——东莞近现代历史邮品与文献展（莞城图书馆，2013）

2013 年 8 月 20 日，莞城图书馆在馆内举办了"尺素乡情——东莞近现代历史邮品与文献展"。展览的所有藏品均是首次以实物的形式亮相，分为邮品和文献两部分。200 余件珍贵的展品还原了鸦片战争后至中华人民共和国成立前东莞社会民生与人文历史，反映了东莞本土的风俗人情，钩沉出当时的社会情况。展览期间，邀请东莞知名收藏家王晓强举办"话收藏，讲故事"讲座和"王晓强带你睇展览"活动。展览期间逢周六、周日的 10 时、11 时、15 时、16 时，由馆内专人免费导赏。8 月 20 日至 9 月 11 日于馆内举办"忆东莞——找寻失落的痕迹"活动。展览期间，凡是与图书馆分享与展览所展内容有关的故事或回忆的读者，莞城图书馆还送出了心意礼品。

六、"走读德清"活动（德清县图书馆，2013）

2013 年 4 月 20 日，德清县图书馆组织以"走乡村、读乡村、爱乡村"为主题的"走读德清"活动拉开序幕，莫干山是此次活动的首站。此后，德清县图书馆坚持每年举办"走读德清"活动，在"读莫干山水""读钟洛文化""读防风湿地""读新市古镇""读英溪风情"等5条经典线路基础上，于2014年新辟"杨墩风光行"等线路，于2015年又增"西部茶山行""桑葚忆情""平伯先生故里行""花泥五四"等线路，于2017年再开"何村夏日""紫岭乡音"等线路。

七、"书香廊坊"读书会之廊坊文化沙龙（廊坊市图书馆，2014）

"书香廊坊"读书会系列活动是廊坊市图书馆从2013年开始的阅读推广活动，自2014年3月起加入"廊坊文化沙龙"专题，旨在以廊坊地域文化为主线，以馆藏文献资源为辅助，广泛研讨廊坊本地文化内涵，展现廊坊历史具象，打造更多具有廊坊特色的文化符号。该沙龙获得廊坊市一批作家、学者鼎力支持，大学教授许振东、长篇小说家李铮、散文作家孟德明、诗人王克金、廊坊市广阳区群艺馆馆长赵德明等分别主持沙龙主题讨论，涉及历史人物吕端、刘琨、杨六郎及廊坊历史符号三关、督亢、龙河等诸多话题。廊坊文化沙龙自开讲以来，每月一期，2014年举行了11期，2015年举行了10期，2016年举行了9期，此活动在社会各界产生了广泛影响。

八、"中国梦——知仪征、爱仪征、兴仪征"地方文史知识大赛
（仪征市图书馆，2014）

为进一步贯彻习近平总书记系列讲话精神，充分利用仪征丰富的地方文献资源，激发全市人民知仪征、爱仪征、兴仪征的热情，2014年，仪征市委宣传部、仪征市文明办、仪征市文联、仪征市教育局、仪征市文广新局、《仪征信息》编委会、仪征市12345公共服务中心主办，仪征市图书馆、仪征市地方文献资料研究会、仪征市作家协会承办了"中国梦——知仪征、爱仪征、兴仪征"地方文史知识大赛。大赛题目诸如"请说出仪征地方文献陈列馆的教育主题""仪征最早

的地方，出现在西周今石碑路一带，叫作什么？""春秋伍子胥离楚奔吴，解剑渡江的地方叫什么？""西汉吴王叫什么？他曾在仪征境内铸钱的地方叫什么？""仪征盛氏三兄弟是指哪三人？""仪征的真州三绝是指哪三绝？""仪征有三个主要的传统祭祀节日，请问是哪三个？"等。大赛设一等奖 3 名，各奖励 600元；二等奖 6 名，各奖励 400 元；三等奖 10 名，各奖励 200 元；幸运抽奖 20名，各奖励 100 元。

九、以"古"为主线的阅读推广活动（井冈山大学图书馆，2015）

2015 年 5 月，井冈山大学图书馆以"古"为主线开展了"庐陵古建筑文化讲座"和"庐陵历史名人展"，"庐陵历史名人展"展出的同时，还推出了相关书籍，征集了读后感。同年 11 月，又开展了"庐陵古建筑"摄影展，根据建筑、民俗等领域的不同知识点组织摄影展活动。这些活动以通俗易接受的形式，让读者了解庐陵，了解庐陵的先贤、庐陵的文化。

十、东北沦陷时期史料宣传（长春市图书馆，2015）

2015 年恰逢中国人民抗日战争暨世界反法西斯战争胜利 70 周年之际，长春市图书馆利用自身馆藏，在总分馆开展了一系列"东北沦陷时期史料宣传"活动。有"历史照亮明天"系列讲座、"长春 9·19 抗战"座谈会和红色记忆故事会；名为"白山黑水英雄赞歌——纪念中国人民抗日战争暨世界反法西斯战争胜利 70周年"和"伟大的胜利"图片展、"继往开来——纪念中国人民抗日战争暨世界反法西斯战争胜利 70 周年剪报展"、"血染的辉煌，喋血的记忆——抗战历史文献展阅"、东北抗日英烈资料展、"历史这面镜子不能丢——纪念中国人民抗日战争暨世界反法西斯战争胜利 70 周年相关期刊文献资料展阅"和"忆往昔峥嵘岁月稠"红色经典图书推荐；"不灭的烽火"阅读传递及征文活动、"参观伪满皇宫，重温抗联故事"征文活动；纪念中国人民抗日战争暨世界反法西斯战争胜利 70 周年猜谜阅读活动；东北抗战歌谣和诗歌展；爱国主义教育电影展和舞台剧、"历史的天空"系列影片展演；"红色记忆"主题音乐会；"长春，你身边的历史"在线系列展示，等等。为了吸引更多的读者，长春市图书馆不仅与本市各大媒体积极互动，而且还通过图书馆的网站与微信公众平台对活动内容积极宣传，并且精心绘制了本馆的活动地形图，读者可以通过集赞的形式获得，在指定地点参与相应的活动还有精美礼品赠送。据长春市图书馆不完全统计，活动期间，该馆接待读者 20 多万人次，不仅有效宣传了本馆的地方特藏文献，而且深受读者欢迎与赞赏。

十一、呦呦有蒿——宁波市图书馆馆藏中医地方文献展（宁波市图书馆，2016）

2016 年 3 月 10 日至 3 月 24 日，"呦呦有蒿——宁波市图书馆馆藏中医地方文献展"在宁波市图书馆举行。宁波有着深厚的中医药文化，唐宋以来，涌现了一批名医，如陈藏器、日华子、赵献可、王纶、高武、柯琴等。这次展览，将宁波市图书馆地方文献阅览室所藏宁波古今中医文献呈现给读者。展览分为图片展和图书展两种形式。一楼大厅的图片展借助"天一展览"的平台，以屠呦呦先生所著图书和有关书籍作为引子，由甬上史志、医家医著、实用医书三部分组成，每一部书籍均有书影，并配上简明扼要的文字介绍、索取途径，其中不少书籍如百岁国医张沛虬的《药对经验集》和《仲景方临床应用》、国医大家钟一棠的《钟一棠医疗精华》等都是难得一见的珍贵书籍。同时在一些展板上还附有宁波中医文化小故事、小常识。读者在观赏完图片展后，可根据展板提示，前往二楼地方文献阅览室参观图书展。为响应宁波市中医界有关人士的呼吁，同年 4 月至 6 月，"呦呦有蒿——宁波市图书馆馆藏中医地方文献展"在宁波南塘老街国医堂、宁波市李惠利医院东部院区进行巡展；5 月至 6 月又在宁波市李惠利医院东部院区举行。在展览期间，馆藏图书作者、宁波市著名中医张沛虬老先生的孙子张增祥、大弟子王克勤还组织中医科的医生、药师前来参观学习。

十二、粤剧粤曲大家谈系列讲演（广州图书馆，2016）

粤剧粤曲大家谈系列讲演活动，是广州图书馆广州人文馆为弘扬岭南优秀传统文化，促进粤剧粤曲文化传播交流，与社会团体合力打造的。通过理论讲座、名家示范、戏曲表演等形式，实现学术交流、舞台实践与大众欣赏的无缝衔接。活动首讲为"粤曲伴奏赏析：兜搭——消失中的粤曲拍和艺术"，2016年5月21日，在广州人文馆内举行。这次活动由澳门粤剧粤曲文化研究学者沈秉和先生主持，广州著名演奏家梁文通先生主讲，粤曲唱家朱延章先生（广州）、何淑妍女士（澳门）、潘珮璇女士（香港）等作示范演唱。活动中梁文通先生与朱延章、何淑妍、潘珮璇三位嘉宾分别演示了《独倚望江楼》《卓文君》《秦琼卖马》《唐宫秋怨》《金枝玉叶》《潇湘夜雨》中的部分唱段，主持人沈秉和先生以互动问答的方式，向读者介绍音乐拍和者和演唱者在艺术配合上的特点。平日难得一见的粤剧乐器，如掌板、小提琴、扬琴、竹提琴、大三弦、电吉他、萨克斯、卜鱼、沙鼓、高边锣、京锣等也悉数登场。深圳粤剧团编剧萧柱荣先生看过讲演后评价道："内地的演唱追求好声好样，港澳更追求好味，所以，内地观众不闻此调久矣，不尝此味久矣。"一位专程赶来的粤曲玩家认为："此次讲座，让大家知道了唱家、玩家与戏剧家的不同。"活动不仅吸引了一众粤剧粤曲爱好者，还引来了不少新广州人和年轻读者慕名前来。

十三、手抄地方文献（朔州市图书馆，2016）

2016年7月5日至8月24日，朔州市图书馆与朔州市三晋文化研究会联合主办了"手抄地方文献"阅读推广活动，活动在朔州市图书馆四楼地方文献阅览室举行。在活动开展的第一天，就有近20位读者踊跃参与，年龄跨度下至12岁上到82岁。活动所抄写内容均为朔州市图书馆馆藏地方文献，《朔州文化名片》《朔州古诗选》《中国门神尉迟恭》等均是读者常选的誊抄对象。活动结束后，朔州市图书馆对誊抄作品进行了评奖，并组织了专题展览。朔州市图书馆工作人员张志弘强调："地方文献是一个地区文化发展的缩影与积淀，可以为读者认识家乡的历史与现状提供可靠资料，我们举办'手抄地方文献50天'阅读推广活动，旨在激发市民了解朔州、热爱朔州的情感。"2017年7月25日至8月23日，朔州市图书馆在地方文献阅览室继续举办"手抄地方文献30天"阅读推广活动。

十四、手抄新乡地方文献50天（河南师范大学图书馆，2016）

为了"以写促读、以读促知、以知促用"，河南师范大学图书馆于2016年10月12日至11月30日，与校团委共同举办了"手抄新乡地方文献50天"的阅读推广活动，抄写的文献以新乡地方史志、文学类作品及河南师范大学校史文献为主。这次活动除了河南师范大学的师生积极参与外，河南科技学院、新乡学院及新乡市工商联的读者也慕名而来，跨越多个年龄段。下至9岁的河南师范大学附属小学的小学生，上至79岁的卫辉市地方史专家耿玉儒老先生，大家纷纷执笔，认真阅读抄写，参与读者达1600人次。活动中，能够反映新乡历史文化与河南师范大学校史的文献成为读者热衷抄写的对象，如《新乡五千年》《新乡历代名胜诗选》《卫辉府志》《铭记新乡抗战》《钟灵新乡》《岳飞与新乡》《河南师范大学校史》等。活动累计收到读者的硬笔作品1300多份，软笔作品100多份。此外，活动期间，有200多名读者前去图书馆的地方文献中心参观学习或查阅资料，有效地促进了地方文献的阅读与使用；新乡电视台、新乡日报社等多家媒体都对活动进行了采访与实时报道。2017年，河南师范大学图书馆再次和校团委联合举办"手抄新乡地方文献"阅读推广活动，这次活动获得中共新乡市委党史研究室、新乡市地方史志局、新乡市社科联、河南科技学院学报编辑部、新乡学院牧野文化研究所等多家单位支持，读者反应强烈。

十五、《六角街灯》地方文献阅读推广活动（黑龙江省图书馆，2016）

黑龙江省图书馆于 2016 年 1 月 15 日，举办"怀念我们的旧日邻居——《六角街灯》读者恳谈会"。邀请《六角街灯》作者李文方先生从这部作品的创作缘起、生活积累、艺术构思等多角度为读者做了生动的解读。当天参与活动的 60余位读者反应强烈，分别从三代主人公的爱情故事、中俄（苏）文化对比、哈尔滨历史记忆、俄侨文学风格等与作者进行了交谈。同年 4 月 23 日，黑龙江省图书馆邀请李文方先生参与真人图书分享活动——共读《六角街灯》。

2016 年 5 月 12 日，黑龙江省图书馆举办了"北方丝路上的多元文化踏查寻踪之旅"，由李文方先生担任此次活动讲解，与近百名文学、摄影爱好者展开文化寻根之旅，探寻哈尔滨的欧式建筑遗存，体验哈尔滨的多元文化传统。成员们共踏查了菅草岭、法兰西木筋房、苏联驻哈尔滨领事馆、黄房子、工大土木楼、博物馆、霁虹桥和防洪纪念塔等地。其中，菅草岭是 20 世纪 20 年代初，第一代俄侨在哈尔滨创业和奋斗的主要集中地；法兰西木筋房是部分苏联专家来哈尔滨时所住地；黄房子是第三代俄侨的主要聚集地。一名读者在踏查之后表示："通过此次寻踪之旅，我欣赏到了哈尔滨的欧式建筑遗存，参观了老、中、青三代俄侨在哈尔滨的生活轨迹。组织方在活动中还给我们讲述了大量历史文化知识，我仿佛看到了三代哈尔滨俄侨在这片土地上的悲欢苦乐和青春梦想。"

由于《六角街灯》内容时间跨度较长，黑龙江省图书馆充分利用结合城市时代发展的方式来进行阅读推广。围绕这本书组织读书会、"一城一书（One City，One Book）"、真人图书分享、城市共读、文化踏查、展览等活动，唤醒了几代人对哈尔滨的城市记忆，拉近了读者与哈尔滨城、古老建筑、城市历史的距离。黑龙江省图书馆还针对不同社会群体展开不同的阅读推广活动，涵盖了高校学生、摄影爱好者、文学研究者、文化志愿者等。2016 年 9 月，由中国图书馆学会、韬奋基金会、中国出版集团公司等主办的"出版界图书馆界全民阅读年会（2016）"

上，"《六角街灯》地方文献阅读推广活动"荣获全民阅读案例一等奖。

十六、孝庄故里，魅力通辽——通辽市民族地方文献、书法、美术、摄影作品展（中国民族图书馆，通辽市各旗、县、市、区9所公共图书馆，2016）

2016年5月7日，由通辽市文化广播电视新闻出版局、民族文化宫主办，中国民族图书馆及通辽市各旗、县、市、区9所公共图书馆等单位共同承办的"孝庄故里，魅力通辽——通辽市民族地方文献、书法、美术、摄影作品展"在北京民族文化宫开幕。此次展览共展出有代表性的民族地方文献295册、书法作品7幅、版画作品7幅、摄影作品16幅，共计325册（件）。参展文献内容涵盖了史志、民俗、旅游、文化、文学、艺术、蒙古族医药、环境科学等19个类目，汇集了通辽市民族地方文献的精华。通过文献、书画、摄影作品的展示，生动形象地展示出通辽市特有的科尔沁文化的丰富内涵，促进通辽市民族地方文化体系建设，在中华文化的大背景下，绽放出属于科尔沁草原的文化风采。

十七、周文化图书展——岐山地方文献阅读推广周（岐山县图书馆，2016）

以征集到的地方文献为平台，2016年岐山县图书馆举办"周文化图书展——岐山地方文献阅读推广周"展览活动，开展"举办文献展，弘扬文化魂"的周文化系列地方文献专题展览活动，举办岐山籍作家文学作品展，举办岐山地方名俗文化作品展，开展岐山文史影视资料展播等，同时利用投影仪、电脑等数字设备播放各种地方文献数字资源。

十八、荆门市图书馆地方文献展阅活动（荆门市图书馆，2017）

2017 年，荆门市图书馆地方文献展阅活动分别在英博金龙泉（湖北）有限公司，荆门高新区、掇刀区，荆楚理工学院，龙泉中学举行。展阅的地方文献主要是反映荆门本地内容的图书、资料、书画、图片、谱牒等纸质文献及具有文化价值的电子文献。现场还举办了"扫码看书，全城共读"数字阅读推广等活动，流动图书车服务，发放地方文献《荆门文史资料》《走笔远山近水》等资料，并提供现场办理图书借阅证的服务。这种走出去的地方文献展阅有利于让更多的市民了解荆门的历史、地理、自然等各方面的情况，为进一步推广地方文献阅读夯实了群众基础。

十九、"故乡书情"（六盘水师范学院图书馆，2017）

在 2017 年世界读书日期间，六盘水师范学院图书馆以"故乡书情"为主题，开展了关于地方文献的系列推广活动，主要包括地方文献专题书展、地方文献阅读推广讲座、六盘水市名家讲堂，并针对地方文献开展"日读一小时，月读一本书"活动，从校内读者中开始推广地方文献。在后续的阅读推广中，拟以文献情景结合的模式向社会推广地方文献，主要是从民族文化文献、"三线"文化文献、红色文化、山地旅游文化等方面入手开展推广。在民族文化文献阅读推广中，图书馆联合校内六盘水市布衣文化研究中心，将已有的纸质民族文献与民族服饰、画册相结合，开展关于少数民族文化的讨论交流会，进行民族文献和民族饰品展览，举办民族故事会（穿戴民族服饰、饰品讲民族民间趣事），根据文字描述描摹民族元素图画等。在"三线"文化文献阅读推广中，图书馆选取了水城古镇中"三线"文化元素区域，让读者可以抱着《三线风云》坐在小火车上阅读、靠着"关寨站"的站牌翻阅，也可以在模拟的矿车隧道里昏暗的灯光下品味历史中辛勤的味道，感受前人的感受。

二十、"阅读·品享——发现：千年古镇松口之美"（嘉应学院图书馆，2017）

2017年，嘉应学院图书馆举办"阅读·品享——发现：千年古镇松口之美"的客家民俗文化阅读推广活动。一方面举办文化沙龙讲座，并邀请当地松口籍的地方民俗文化学者梁德新先生作为主讲人；另一方面联合学校团委、学生处举办以客家传统艺术、非物质文化遗产传承为内容的主题活动。整个阅读推广活动以"阅——客家古镇历史""读——客家民俗文化""品——客家悠扬山歌""享——客家传统美食""发现客家文化之美"为主题，将活动内容划分为"松口名胜古迹""松口民俗文化""松口客家山歌""松口客家美食""发现千年古镇：松口之美"等5个主题模块，采取"线上（宣传、报名、预阅读）—线下（展览、文化沙龙讲座、图书借阅、主题活动）—线上（活动全记录、主题阅读社区、馆藏资源推荐）"模式。该活动形象地以"阅图影""读图书""品艺术""享快乐""发现美"对馆藏地方文献进行价值挖掘，充分调动了读者的积极性，创新了阅读模式，有利于帮助读者养成长期阅读的习惯。

二十一、新乡地方文献展（河南师范大学图书馆，2017）

在2017年9月10日至16日河南省社科普及周期间，河南师范大学图书馆作为新乡市社会科学普及基地，筹备了"新乡地方文献展"等活动。9月12日至9月16日，上午8:00—11:30，下午3:00—6:30，河南师范大学图书馆在图书馆北三楼东新乡地方文献整理中心举办了"新乡市社会科学普及周免费开放日"活动。开放日当天有部分《平原省分县详图》和《河南师范大学图书馆读者手册》免费赠送。

二十二、"书香仪征，诗韵流长"仪征地方文献少儿诗歌朗诵会

（仪征市图书馆，2018）

2018 年 1 月 1 日，仪征市图书馆、扬州报业传媒集团小记者中心、仪征市春蕾爱心公益协会共同在澄虚阁城市书房举办了"书香仪征，诗韵流长"仪征地方文献少儿诗歌朗诵会。来自仪征全市的 29 名小学生，朗诵了与仪征相关的诗词作品。这次活动旨在通过诵读地方诗文的形式，让小读者们了解仪征地方文化，感受传统文化的魅力，增强大家"知仪征、爱仪征、兴仪征"的时代责任感。

二十三、地方文献馆揭牌仪式暨馆藏古籍及珍贵地方文献展览

（佛山市图书馆，2018）

2018 年 4 月 21 日 15 时 30 分，佛山市图书馆地方文献馆揭牌仪式暨馆藏古籍及珍贵地方文献展览在佛山市图书馆五楼文献馆开幕。此次展览是对佛山市图书馆地方文献的特色资源、特色服务进行展示宣传，特色资源主要包括馆藏珍贵古籍、族谱、契证、木鱼书、佛山本地作家作品 5 种类型；特色服务包括地方文献开发利用等。4 月 21 日至 5 月 10 日，在图书馆五楼文史展厅举办"藏家藏品藏无尽：家族地契展""地方文献馆特色资源展——佛山市图书馆馆藏珍贵古籍展""地方文献馆特色资源展——佛山本地族谱展""地方文献馆特色资源展——木鱼书展"等 4 个展览；与此同时，图书馆五楼古籍阅览室举办了"地方文献馆特色资源展——佛山本地作家作品展"。地方文献馆揭牌当天，广雅中学 58 届校友戴国雄将自己倾注 19 年心血编著的《广雅书院长卷》捐赠给了图书馆。同时，来自香港的区士泰、区士民、区士显三兄弟将家族祖传的在乾隆、嘉庆、光绪、同治、民国时期购买房产的契证捐赠给了图书馆，这套契证包括一间房屋从购地到建房屋、办契证到各时期换契证等全部证件，共计 15 间房屋的契证。此外，

佛山市民赵国清、杨铭将家族宗谱捐赠给图书馆，为市民寻根问祖提供线索。

二十四、武侠宗师，我读金庸（嘉兴学院图书馆，2018）

嘉兴学院金庸图书馆系海内外著名学者、作家查良镛（金庸，嘉兴海宁人）先生捐资建造。为纪念金庸先生对学校发展的支持，结合嘉兴名人文化建设及嘉兴学院校园文化建设，嘉兴学院图书馆于2016年底筹建金庸专题文献室，并进行金庸相关的阅读推广。继2017年开展"金庸与嘉院图书馆渊源展"后，2018年结合世界读书日活动开展第二届金庸阅读推广活动——"武侠宗师，我读金庸"主题征文活动。

二十五、诵三秦名家，品陕西佳作（陕西公共图书馆服务联盟，2018）

在2018年世界读书日期间，陕西公共图书馆服务联盟在全省范围内开展了题为"诵三秦名家，品陕西佳作"主题系列活动。系列活动包括陕西作家的作品诵读、作品赏评以及作品改编三项子活动。至活动结束，共收到11个联盟图书馆提交的诵读作品120个，赏评作品61个，改编作品51个。"诵三秦名家，品陕西佳作"之作品诵读活动邀请苏鑫担任诵读评委，从朗诵者的声音、情感、语流语感、吐字发音、作品的选择，对于作品作者、内容及背景的理解、配乐的选择等方面进行了全面的评价，评选出成人组及少儿组的获奖作品。

后 记

　　本书由嘉兴学院凌冬梅、嘉兴市图书馆郑闯辉、华东师范大学朱琳、宁波市奉化区图书馆林肖锦、嘉兴学院冯彦娟、嘉兴学院方吉萍、成都体育学院李洋、成都体育学院赵青编撰。具体为：第一章（凌冬梅）、第二章（郑闯辉）、第三章（凌冬梅、郑闯辉）、第四章（冯彦娟、凌冬梅、郑闯辉、朱琳）、第五章（方吉萍、凌冬梅、林肖锦）、第六章（李洋）、第七章（赵青），由凌冬梅负责统稿。